111 GRÜNDE ZU TANZEN

Lisa Bales

111 Gründe zu tanzen

Eine Liebeserklärung

SCHWARZKOPF & SCHWARZKOPF

Inhalt

Genießen Sie's!

Vorwort

Schweißperlen rinnen über die Stirn, das Herz schlägt wild gegen die Brust, manche stützen die Hände auf den Knien ab und holen ein paarmal tief Luft. Viele haben vergessen, wie gut es tut, jede Faser des Körpers zu spüren und in den Bauch zu atmen. Die Tanzlehrerin lächelt jeden Einzelnen an, dann dreht sie die Musik, die uns vor ein paar Sekunden noch durch den Raum getragen hat, aus, und mit einem Mal ist es still. Man hört nur ab und zu das Schnaufen der übrigen Tänzer, die plötzliche Ruhe breitet sich wohltuend im Tanzsaal aus, und jeder ist sichtlich zufrieden. Es ist, als hätten wir alles uns Mögliche in diese Choreografie gelegt, die Schritte und Bewegungen bis an die Grenzen des Machbaren ausgetanzt und könnten nun einfach nur müde und glücklich nach Hause gehen. Wir lächeln einander an, Reden ist nun nicht nötig. Das Tollste daran: Niemand hat diese Trainingseinheit als kräftezehrende Qual empfunden. Im Gegenteil. Mit Spaß und Leichtigkeit vergingen die letzten Minuten, ganz egal, ob wir uns die Schritte nun merken konnten oder zwischendurch charmant improvisiert wurde.

»Ich tanze, um dem Weibe näherzukommen.« Altkanzler Helmut Kohl hatte mit diesem berühmten Zitat natürlich nicht unrecht, doch es gibt (mindestens) 110 Gründe mehr, warum es sich lohnt, endlich mit dem Tanzen anzufangen (oder weiterzumachen). In diesem Buch möchte ich meine persönlichen Erfahrungen, Erkenntnisse, Beobachtungen und Anregungen schildern. Das Schönste wäre es, wenn Sie sich nach der Lektüre (oder währenddessen) Ihren Partner schnappen und die nächste Tanzveranstaltung besuchen. Oder Sie gehen alleine und lernen eventuell jemanden kennen. Es sei denn, Sie sind schon vergeben, dann sollte dieser Vorschlag lächelnd überlesen werden. Auf jeden Fall werden Sie neue Leute treffen, und allein das ist schon Gold wert. Man kann zu zweit tanzen, in der Gruppe oder auch alleine und dabei endlich den nötigen Abstand zu den täglichen Sorgen finden. Es ist nicht teuer, jeder von uns kann zu jedem Zeitpunkt damit anfangen, sich weiterentwickeln und neue Tanzstile ausprobieren. Es gibt unendlich viel Musik, die Sie garantiert noch nicht kennen und so viele Möglichkeiten, sich darauf zu bewegen. Egal, in welcher Stimmung Sie sind, tun Sie's. Sie werden Spaß daran haben. Und Ihre Gesundheit profitiert auch. Erleben Sie die innere und äußere Bewegung, die das Tanzen bewirkt, den Spaß, die Leidenschaft und Ästhetik mit dem daraus resultierenden Selbstbewusstsein. Gönnen Sie sich diese herrliche Auszeit vom Alltag, spüren Sie all Ihre Sinne und den Rhythmus, der Sie in eine andere Welt tanzen lässt. Ich wünsche Ihnen viel Spaß beim Lesen und Entdecken Ihrer ganz persönlichen 111 Gründe, zu tanzen.

Genießen Sie's!

Lisa Bales

1. Kapitel

Motive fürs Tanzen

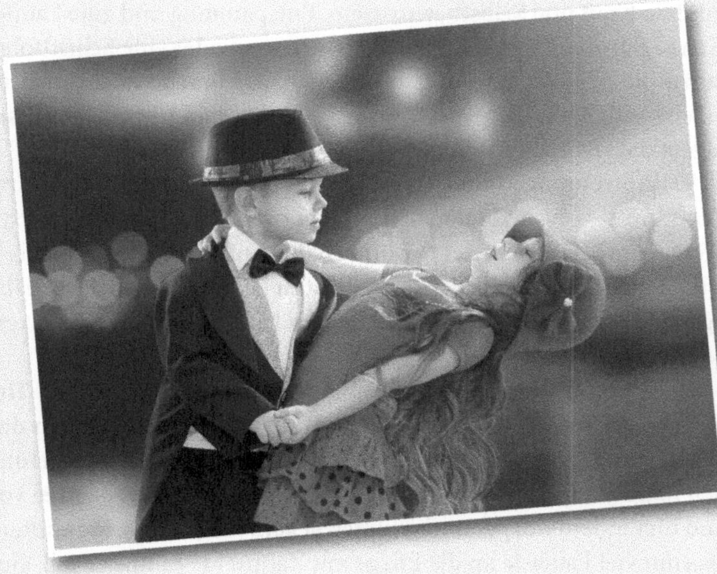

1. Grund

Weil es Trends gibt

Man dreht das Radio auf und bewegt sich zur Musik. Man singt beim Feiern laut peinliche Lieder mit und genießt die Wirkung des Tanzes. Oder man besucht einen Kurs, in dem einem die Schritte gezeigt werden. Jeder von uns hat schon einmal in irgendeiner Art und Weise getanzt. Jeder von uns kennt den Effekt, den das Tanzen auf uns hat. Kraft und Selbstbewusstsein, Entspannung und gute Laune. Ganz egal, ob man sich frei zur Musik bewegt oder eine Schrittfolge tanzt, die positive Wirkung auf Körper und Psyche erlebt man in jedem Fall. Millionen von Tänzern können nicht irren, wenn sie sagen, dass es Spaß macht.

Viele Strömungen und Trends gab es seitdem in der Geschichte des Tanzes, von meditativem Tanz über Kizomba, bis hin zu Psys »Gangnam Style« oder dem »Körperzellentanz« (YouTube-Kracher). Dass Tanzen auch heute den Nerv der Zeit trifft, beweisen die unzähligen Moves, die das Netz durchfluten und von Stars und Influencern verbreitet werden.

Der absolute Renner derzeit nennt sich »Zahnseiden-Tanz« (»The Floss«), der nicht nur in deutschen Kindergärten und Schulen der Hit ist, sondern auch Einzug in die Discos und Tanzschulen gefunden hat. Der Tänzer bewegt die Arme in drei Schritten parallel vor und hinter dem Körper und schüttelt gegenläufig dazu seine Hüften, was mit viel Fantasie an die Pflege mit Zahnseide erinnern soll. Geübte Kinder bekommen das in atemberaubender Geschwindigkeit hin.

Der Teenager Russell Hornung (bekannt als »The Backpack Kid«) hat »The Floss« erfunden und stahl Katy Perry die Show, die ihn im Mai 2017 in der US-Show *Saturday Night Live (SNL)* bei ihrem Song *Swish Swish* auf die Bühne gebeten hatte. Der Bursche mit dem namensgebenden Rucksack tanzte unbeirrt seine Moves und wurde weltbekannt, nicht zuletzt, da diese Bewegung von den Entwicklern des Videospiels *Fortnite* aufgenommen wurde und so Einzug in die Onlinewelt fand. Mehr als 125 Millionen Menschen fesselt *Fortnite*, in dessen Spielmodus »Battle Royal« in jeder Runde 100 Kontrahenten gegeneinander kämpfen, bis nur noch einer steht (in Deutschland freigegeben ab 12 Jahren). Tanzen gilt in diesem Spiel als wichtiges Statussymbol, ansonsten ist es aber kein zentraler Bestandteil. Und dennoch: Mehr als 70 Gesten und Tänze stecken als »Emotes« im Spiel, die sich gerne der Nerd- und Subkultur bedienen und auch alten Hits neues Leben einhauchen. Seitdem tauchen auf Facebook und Instagram zahlreiche Videos auf, in denen Kinder in möglichst hoher Geschwindigkeit »The Floss« tanzen. Dabei ist es egal, ob sie auf dem Pausenhof, dem Fußballplatz oder mitten im Supermarkt tanzen.

Ebenso bekannt wurde durch *Fortnite* der »Loser-Tanz«, ein Jubelritual, mit dem man den Gegner schmäht. Nicht nur Kinder tanzen diese Gesten, auch Stars wie der französische Weltmeister Antoine Griezmann oder der englische WM-Vierte Dele Alli haben den »L-Tanz« als Torjubel in die Stadien der Welt gebracht. Man springt dabei vom einen aufs andere Bein und formt mit den Fingern ein L auf der Stirn. »Take the L« heißt dieser Tanz, »nimm das, du Loser«, bedeutet er.

Jeder scheint im Tanzfieber zu sein, wenn man beobachtet, wer sich öffentlich im »Flossing« oder dem »L-Tanz« übt. Und je allgegenwärtiger das Internet wird, desto schneller verbreiten sich solche Trends und werden genauso schnell durch neue lustige Tanzschritte ersetzt. Wenn Sie also Ihre Kinder nicht mit Tänzen der vorletzten Saison nerven wollen, sollten Sie sich an diesen Puls der Zeit gewöhnen und einfach mittanzen. In speziellen YouTube-Tutorials können Sie die angesagten Choreografien lernen. Oder Sie lassen sich die »Zahnseide«, den »Dab« oder den »Loser-Tanz« von Ihren Kindern zeigen und bitten um etwas Geduld. Denn meistens werden diese antworten: »Das ist doch piep-einfach!«

2. Grund

Weil es uns in die Wiege gelegt ist

Ich beobachte Paula, das Baby meiner Freundin Suse. Wir sitzen in Suses Küche und trinken Tee, Paula hockt auf Suses Schoß und sieht uns interessiert zu. Immer wieder spricht Suse mit der Kleinen, die auch brav unverständliche Fetzen brabbelt, die von Suse anerkennend mit quietschhoher Stimme belohnt werden.

Aus Suses Handy ertönt plötzlich Beyoncés *Single Ladies*, der Klingelton, den sie trotz der Hochzeit mit ihrem Schatz nicht ändern möchte. Natürlich nicht, gegen Beyoncé kommt man nur schwer an, auch, wenn man auf einmal nicht mehr zu den »Single Ladies« zählt. Das Handy vibriert, und Beyoncé singt immer weiter, aber Suse denkt gar nicht daran, den Anruf entgegenzunehmen. Ich sehe sie fragend an. »Schau mal, was Paula macht. Immer, wenn dieses Lied kommt, lächelt sie und wippt mit.« Und tatsächlich. Die kleine Maus, die uns vorher nur fragend angeschaut hat, beginnt, auf ihren Pampers herumzurutschen und zu grinsen, als gäbe es nichts Schöneres auf dieser Welt. Ich staune sehr und denke plötzlich an die zahlreichen Videos, die beglückte Eltern von ihren Freestyle tanzenden Goldschätzen ins Netz stellen. »Die kleine Zuckerschnute hat den Rhythmus eben im Blut. Aus ihr wird bestimmt mal eine ganz große Tänzerin.« Suse platzt vor Stolz, und ich beginne, zu recherchieren. Ist es möglich, dass uns das Tanzen in die Wiege gelegt ist? Reagieren alle Babys auf Rhythmus, oder gehört Paula zu den wenigen?

Forscher berichten in der Frühausgabe der *Proceedings of the National Academy of Sciences*, dass wir Menschen die Reaktion auf den Rhythmus der Musik tatsächlich nicht erst lernen müssen, sondern der Drang zu tanzen angeboren ist. Doch auf was reagieren die Babys und Kleinkinder eigentlich dabei genau? Ist es der Rhythmus? Oder vielleicht die Melodie?

Wissenschaftler der Universität von York führten gemeinsam mit Kollegen vom finnischen Zentrum für interdisziplinäre Musikforschung der Universität Jyvaskyla eine Studie an Kleinkindern durch. Man spielte den Kindern, alle im Alter von fünf Monaten bis zwei Jahren, verschiedene Musikstücke vor, von Klassik über Percussion bis hin zur Sprache war alles dabei. Die kleinen Tänzer wurden gefilmt, und mithilfe der 3D-Motion Capture Technologie konnten die Daten und Aufnahmen schließlich professionellen Balletttänzern zur Bewegungsanalyse gezeigt werden. Diese bewerteten, wie sehr sich die »Choreografien« der kleinen Racker an dem Rhythmus der Musik orientierten. »Unsere Ergebnisse deuten darauf hin, dass es eher der Rhythmus ist, als andere Eigenschaften in der Musik, wie beispielsweise die Melodie, der die Reaktion bei Kleinkindern hervorruft«, erklärt Psychologe Marcel Zentner von der Universität York. »Wir stellten zudem fest, dass die Kinder umso mehr lächelten, je besser sie ihre Bewegungen mit der Musik synchronisieren konnten.«[1]

Die Studie ergab, dass Tanzen uns Menschen demnach im Blut liegt, die Reaktion auf den Rhythmus ist angeboren. Nahezu jedes Kind bewegt sich unaufgefordert, aktiv und spontan zu Musik, und das, bevor es zu sprechen beginnt. Dabei ist es egal, ob die Säuglinge mit ihren Eltern frühmusikalische Kurse besuchen oder nicht. Auch die Einstellung der Eltern zu Tanz und Musik hat dabei (Gott sei Dank) keinen Einfluss.

Kleinkinder reagieren also auf Rhythmus und Taktschlag, vermutlich, weil sie auch schon im Bauch der Mutter den Herzschlag hören und sich damit vertraut machen. Im Lauf der Kindheit und Jugend nimmt der Drang, spontan zu tanzen, scheinbar ab, dazu gesellt sich dann oft ein Schamgefühl. Wer früher keine Hemmungen beim Tanzen hatte, traut sich plötzlich leider nicht mehr. Schade eigentlich, denn Paula sieht einfach nur süß aus.

3. Grund

Weil man shoppen kann

Stopp! Wer jetzt mit den Augen rollt und denkt, dass das nun wirklich kein Grund zum Tanzen ist, irrt sich! Natürlich könnte ich jetzt mit Studienbelegen aufzählen, wie glücklich und motivierend neue Kleidung für ein Vorhaben sein kann, aber Fakt ist doch, dass jeder von uns (ja, auch die lieben Männer) neue Klamotten als etwas sehr Schönes empfindet. Die Beklemmung, wenn man mitten in der Tanzstunde merkt, dass das Oberteil rutscht und die Hose kneift, muss wirklich nicht sein. Oder wenn der Body kratzt und der Tanzschuh ausgebeult ist und nicht richtig passt. Wie soll eine Tanzstunde denn ohne das geeignete Outfit Spaß machen und effektiv sein? Und dabei müssen es gar nicht die teuren und bekannten Sportmarken mit den motivierenden Mottos sein. Es gibt auch eine Menge No Name Stores, die günstig und qualitativ hochwertige Tanzkleidung anbieten. Egal, ob Sie sich für Marke oder Unbekannt entscheiden – bequem, atmungsaktiv und belastbar sollte es sein.

Früher dachte ich, dass ich keine Tanzschuhe bräuchte und auch mit Straßenschuhen im Unterricht gut trainieren könne. Schnell wurde ich mit folgenden Problemen konfrontiert: Mit meinen Gummischuhen kam ich nicht von der Stelle, mit denen aus Leder schlitterte ich auf dem glatten Studioboden entlang. Außerdem war ich nicht beweglich genug, und meine Schuhe sorgten weder für Stabilität, noch passten sie richtig. Immer wieder rutschte ich an der Ferse aus dem Schuh heraus. Achten Sie deshalb unbedingt auf das passende Schuhwerk, Ihre Füße werden es Ihnen danken. Jeder, der einen Tanzkurs besucht oder regelmäßig tanzen geht, sollte sich Tanzschuhe zulegen. Diese haben die richtige Sohle für Bodenhaftung und Gleitfähigkeit und sind außerdem mit Riemchen oder Gummizug ausgestattet. Schuhe im Bereich Hip-Hop, Modern Dance, Jazz, Salsa oder Tango sind beispielsweise Dance Sneaker, die eine geteilte Sohle haben und dadurch im Mittelfußbereich flexibel sind. Dadurch bekommt der Fuß eine große Bewegungsfreiheit beim Tanzen. Lassen Sie sich beim Shoppen beraten, und genießen Sie die Vielfalt beim Tanzschuh-Kauf. Welche Absatzhöhe macht Ihnen Spaß, welche Optik? Glattleder oder Veloursleder, Synthetik oder Satin? Hauptsache, der Tanzschuh gibt guten Halt. Bei Leder ist zu beachten, dass es nach einer gewissen Zeit nachgibt und weiter wird. Deshalb muss von Anfang an auf den perfekten Sitz geachtet werden. Mit dem richtigen Schuh haben Sie mit Sicherheit mehr Spaß und Erfolg beim Tanzen.

Oder Sie gönnen sich schöne, enge Leggins in einer quietschbunten Farbe? Sie werden den Unterschied beim Bauch-Beine-Po-Training in einer Zumba- oder Jazzstunde merken. Für den nächsten feurigen Tangokurs sind neue, glänzende Schuhe bestimmt auch eine tolle Motivation, das Tanzbein zu schwingen. Oder darf es ein hübsches Kleid, ein Ballettoutfit oder die passende Fashion für den Hip-Hop-Kurs sein?

Mit der richtigen Ausrüstung kommt das Feeling, die Lust, positiv in die Unterrichtsstunde zu starten. Denn es gibt nichts Peinlicheres als eine im Schritt gerissene Hose beim Stretching. Glauben Sie mir.

4. Grund

Weil es Tanzfilme gibt

»Wenn Musik und Tanz Hand in Hand gehen, fesselt es Herz und Verstand gleichermaßen«[2], schrieb einst der französische Tänzer und Choreograf Jean Georges Noverre (1727 – 1810). An seinem Geburtstag, dem 29. April, wurde 1982 zum ersten Mal der Welttanztag ausgerufen, um den Tanz als Ausdrucksform zu würdigen. So verwundert es nicht, dass auch Filme mit Tanzeinlagen die Zuschauer seit Jahrzehnten fesseln. Wenn der gelungene Hüftschwung dann auch noch Teil eines ringsum stimmigen Films ist, ist alles perfekt. Dann schauen sogar die Nichttänzer gerne zu und freuen sich, wenn Kultsätze wie »Mein Baby gehört zu mir« jedes Jahr zu Weihnachten und Ostern im deutschen Fernsehprogramm laufen.

Als ich anfing, mit dem Tanzen richtig loszulegen, waren die *Step Up*-Reihen, *Honey* und *High School Musical* das Trendigste, was die Kids in dieser Zeit diskutierten und nachtanzten. Jede von uns wollte sich wie Jessica Alba bewegen, und in unseren Zimmern hingen Poster mit Aufdrucken wie: »Es ist mehr als nur Tanzen – es ist ihr Leben«. Außerdem waren wir alle in Zac Efron verliebt, der mit seinen Moves unsere Herzen schmelzen ließ und auch zum Vorbild für die Jungs wurde. Danach kamen Filme wie *Fame*, *Black Swan*, *Burlesque* oder *Mamma Mia!*, ebenso Serien wie *Flesh and Bone*.

Die Jugend meiner Eltern war geprägt von Filmen wie *Dirty Dancing*, *A Chorus Line*, *Footlose*, *Saturday Night Fever* und *Grease*.

Meine Großeltern fanden manche Szenen, beispielsweise aus *Flashdance*, etwas zu ordinär (jeder kennt die berühmte Szene, in der Alex auf dem Stuhl sitzt, den Kopf in den Nacken wirft und Wasser von oben wild über ihren Körper spritzt). Sie tanzten lieber zu *Babes on Broadway* mit der bezaubernden Judy Garland oder fieberten mit Ginger Rogers und dem weltberühmten Tänzer Fred Astaire mit, der die Entwicklung der Tanz- und Musicalfilme wie kein anderer geprägt hat.

Tanzfilme sind Trends. Jeder wollte so tanzen wie die Stars auf der Leinwand. Fred Astaire wurde für seine Stepptanznummern bekannt, John Travolta löste mit *Saturday Night Fever* Ende der 70er-Jahre eine Disco-Welle aus, die sich auch in der Musik und Mode der Jugendlichen widerspiegelte. Während die Tanzserie *Anna* lief, wollte jedes Mädchen Balletttänzerin werden. Und was wäre *Dirty Dancing* ohne die weltberühmte Hebefigur, die schon auf so mancher Hochzeitsfeier als Krönung des Tanzes nachgestellt wurde (oder zumindest versucht). Mit *The Time Of My Life* bringt selbst der schlechteste Dorf-DJ seine Disco zum Beben. In den 80er-Jahren wollte jede mit Patrick Swayze Dirty Mambo tanzen, David Hasselhoff sorgte mit seinem Limbo-Dance für Karibikfeeling. Und Channing Tatum machte 2012 mit *Magic Mike* den Männerstrip salonfähig. Es wurde schon immer getanzt, es wird noch sehr viele Tanztrends, Idole und Tanzfilme geben. Und dafür lieben wir es.

5. Grund

Weil es kreativ macht

Tanzen hat eine sehr inspirierende Kraft. Man verbringt Zeit mit sich selbst und erlebt den Körper in verschiedenen Zuständen. Von Power und Schweiß zu Ruhe und Gelassenheit. Ohne Handy und Laptop kann man sich seinen eigenen Gedanken hingeben und neue Impulse aufnehmen. So kann Kreativität entstehen. In vielen Tanzstunden bekam ich plötzlich neue Ideen für persönliche Visionen. Die Tanzwelt eröffnet jedem von uns die Möglichkeit, die Labyrinthe des Lebens neu zu gestalten. Denn wie in Choreografien ist es auch im Leben: Es gibt viele Arten, sie zu tanzen und zu spüren. Man muss nur die richtige für sich herausfinden. Macht man an der einen Stelle den Schritt etwas kleiner, kann man ihn an anderer Stelle größer tanzen und ist trotzdem noch im Rhythmus. Nebenbei bemerkt sind Tänzer Menschen, die Probleme kreativer lösen als andere – sie sind es gewohnt, auch die rechte, die kreative, Gehirnhälfte mit einzusetzen.

Oft bekomme ich nach einer Tanzstunde eine neue Sichtweise auf Dinge, die mich beschäftigen. Dann bin ich voller Tatendrang und freue mich auf das Gestalten meines Vorhabens. Natürlich inspiriert auch die Musik, auf die man tanzt. Ich weiß nicht, wie oft ich mit Ohrwürmern nach der Tanzstunde nach Hause gekommen bin und mich experimentierfreudig an den Herd gestellt habe. Dabei kamen einige interessante Gerichte heraus.

Besonders deutlich zeigt sich die Kreativität bei Kindern. Meistens genügt ein kleiner Anreiz, zum Beispiel zu Hause das Radio laut zu machen und gemeinsam mit der Mama oder dem Papa zum Lieblingslied abzurocken. Neben der Bewegung und Kreativität ist so das gemeinsame Eltern-Kind-Erlebnis ein zusätzlich positiver Effekt. Kinder tanzen sich frei und toben sich dabei richtig aus. Größere Kinder lieben es, sich mit Freunden einen eigenen Tanz auszudenken. Bewegung, Gemeinschaftssinn, neue Impulse – das alles steckt in dem Punkt »Tanzen macht kreativ«. Und Kreativität macht uns stark.

Die frühere deutsche Bundesbildungsministerin Johanna Wanka erklärte: »Kultur kann Lebensglück bedeuten. Dass Kultur angeboten wird und möglich gemacht wird, das ist das Entscheidende. Es ist unsere Aufgabe, dafür zu sorgen, dass jeder Zugang hat. Wichtigstes Ziel der Bundespolitik ist, Bildungsgerechtigkeit zu fördern.«[3] Sie eröffnete die Konferenz »Kultur macht stark. Bündnisse für Bildung – Engagement. Erfahrungen. Perspektiven«. Auf dieser Konferenz konnten Bündnispartner über das seit 2013 laufende Förderprogramm Erfahrungen austauschen. Über 16.000 Bündnispartner haben so Projekte, die überwiegend von Ehrenamtlichen betreut und außerhalb der Schulen angesiedelt sind, ins Leben gerufen. Mehr als 400.000 Kinder, Jugendliche und Angehörige konnten so in kulturellen Bildungsangeboten wie Tanzen oder Theater spielen ihrer Kreativität freien Lauf lassen und sich in den Angeboten austoben. Eine Idee, die von sehr vielen Kindern und Jugendlichen dankend angenommen wurde.

Tanzen schafft Platz für neue Gedanken, gibt Impulse und hilft, den rauchenden Kopf zu befreien. Also einfach mal lostanzen und auf die neuen Erkenntnisse gespannt sein.

6. Grund

Weil es unterhält

Ich liebe es, ins Ballett zu gehen und zuzusehen, wie schwerelos und synchron die Tänzer den Zuschauer in eine andere Welt transportieren. Ich liebe Musicals, in denen mit Power und Gefühl die Darsteller in wunderschönen Kostümen einer Geschichte mit Musik und Choreografie Leben einhauchen. Athletische Nummern im Zirkus, Fernsehsendungen, in denen getanzt wird, das sind die Bereiche, wo Tanz eine sehr wichtige Rolle spielt. Ich finde Hochzeitstänze schön und werde gerne von tanzenden Nummern unterhalten. Die Menschen fiebern den Showtänzen im Karneval entgegen, und Konzerte funktionieren ohne die hervorragenden Leistungen der Backgroundtänzer oft nur halb so gut. Nichttänzer stehen in der Disco an der Bar und beobachten die rhythmische Masse, die schon fast hypnotisierend und beruhigend auf den Zuschauer wirken kann.

1983 drehte man aufwendig Michael Jacksons Werwolf-Video zu seiner Single *Thriller*, eines der bekanntesten Musikvideos weltweit. In unzähligen Tutorials kann man step by step die Choreografie nachlernen. Und was wäre ein Halloween-Flashmob ohne diese spektakuläre Tanzeinlage?

Wenn ich davon spreche, dass Tanzen unterhält, darf ich auf keinen Fall Jay Laverys Tanzvideo unterschlagen, das bereits über 68.000 Mal geteilt wurde. Jay Lavery ist ein bescheidener Farmer, der sich hingebungsvoll um seine Tiere kümmert und dabei für nachhaltige Landwirtschaft und schonende Haltung seiner Tiere einsetzt. Vor vielen Jahren wurde er nach einer Rückenverletzung mehrfach operiert und bekämpft seine Schmerzen seitdem mit Yoga, Meditation und Tanz. Seine Lebensfreude hat sich durch diese Kombination nur noch vergrößert, wie man auf YouTube (einfach »Jay Lavery« eingeben) sehen kann. Der Farmer fegt den Ziegenstall tanzend aus und lässt dabei gut gelaunt und gekonnt die Hüften kreisen. Seine

Schmerzen merkt man dem sympathischen Farmer dabei nicht an. Jay ist homosexuell und möchte mit seinem Video für mehr Akzeptanz für jeden Lebensstil werben und auf die nachhaltige Form der Landwirtschaft aufmerksam machen. Diese kleine Tanzeinlage im Ziegenstall unterhält also nicht nur, sondern ist auch noch inspirierend und sinnvoll.

7. Grund

Weil es um Sex geht

Tanzen ist Trockensex. No more words needed.

8. Grund

Weil es Workshops gibt

Wer sich nicht dazu durchringen oder es zeitlich nicht einrichten kann, regelmäßig eine Tanzstunde zu besuchen, hat das große Glück, dass es viele Workshops gibt, die von zahlreichen Tanzschulen angeboten werden.

Workshops bieten den Vorteil, dass man in relativ kurzer Zeit schnell Einblicke in unterschiedliche Tanzrichtungen bekommen kann. Außerdem sind sie oft kostengünstiger als 10- oder 20-Stunden-Abos, die ebenfalls an vielen Tanzschulen zum »Reinschnuppern« vorgeschlagen werden.

Da ich schon häufig solche Intensivkurse besucht habe, kann ich jedem nur empfehlen, sich in den Tanzschulen nach Workshops umzuhören. Sehr oft laden Studios Tanzlehrer aus aller Welt ein, die nicht nur neue Musik, sondern auch das »gewisse Feeling« in ihre Choreografien und Unterrichtseinheiten mitbringen.

Das regelmäßige Besuchen einer Tanzstunde hat sehr viele Vorteile, aber meistens hat man dabei immer denselben Dozenten. Das ist natürlich nicht verkehrt, aber man sollte unbedingt auch andere Tanzlehrer und deren Unterricht kennenlernen. Jeder Lehrer ist anders; was man bei dem einen nicht versteht oder doof findet, kann ein anderer mit Charme und Spaß verkaufen. Das wissen wir noch aus unseren Schulzeiten, in denen man Mathe nur bei Herrn Hoffmann kapiert hat. Außerdem bringt jeder Lehrer Erfahrungen und Vorlieben in seinem Tanzbereich mit. Es gibt Dozenten, die mehr Wert auf Technik legen, und solche, bei denen man nach einer gelungenen Einheit Rotz und Wasser heult, weil man die Bewegungen der Choreografie bis ins Herz hinein gespürt hat. Und natürlich solche, die beides verbinden. Die Aufgabe des Tanzschülers liegt darin, von jeder Tanzstunde Erkenntnisse und positive Momente für sich mitzunehmen. Und sich immer wieder zu fordern, nicht nur bequem an der Ballettstange dem Lehrer zuzusehen, von dem man genau weiß, welche Übung als nächste drankommt. Probieren Sie Tanzrichtungen aus, auch solche, die Sie schon einmal gemacht haben. Der neue Lehrer wird Ihnen garantiert auch noch Dinge mitgeben, die Sie noch nicht wussten.

Ich habe schon viele Hip-Hop-Stunden mitgemacht. In diesem Stil fühle ich mich nicht beheimatet, und ich habe oft das Gefühl, dass diese Art zu tanzen bei mir merkwürdig aussieht. Trotzdem macht es mir Spaß, und ich bin ein Fan von neuen Erfahrungen. Dafür eignen sich Workshops perfekt. Man befindet sich auf einer Spielwiese, viele Leute mit Lust am Tanzen kommen zusammen, man lernt einen neuen Dozenten kennen, wird von anderen Teilnehmern inspiriert und kann einfach loslegen. Und wenn es einem keinen Spaß gemacht hat, probiert man es eben bei einem anderen Workshop noch mal, bevor man es ganz sein lässt. Auf jeden Fall ist man danach wieder um eine Erfahrung reicher. Oder glauben Sie, dass man einen 6-step (Hip-Hop-Abfolge) auch zu Tierlauten tanzen kann? Ich hätte das ehrlicherweise nicht für kompatibel erachtet, und trotzdem konnte uns Jackie, eine afroamerikanische Gastdozentin, beweisen, dass es nicht immer die bekannte Musik sein muss, um Spaß beim Tanzen zu haben.

9. Grund

Weil man sich Ziele setzt

Die meistgestellte Frage, die mich in meiner Arbeit mit Kindern begleitet, ist diese: »Lisa, kannst du eigentlich einen Spagaaat?« Kinder wollen Beweise, und dann muss man diese unbedingt schnell liefern können. Tatsächlich fand auch ich das als Zehnjährige sehr wichtig. Eine Tanzlehrerin, die keinen Spagat konnte, war für mich nicht so großartig wie die, die es draufhatte.

Ja, Kinder haben schon interessante Anforderungsmuster an uns Erwachsene. Was hat nun der Spagat mit »sich Ziele setzen« zu tun?

Als ich als 19-Jährige mit meiner Tanzausbildung anfing, waren wir nur Mädchen in der Klasse. Nur Mädchen und ein Junge. Nennen wir ihn Alexander. Alexander ist mittlerweile ein ausgezeichneter Tänzer, damals war er das auch schon. Aber er konnte als Einziger im Kurs keinen Spagat. Es waren irgendwann nicht nur unsere Dozenten, die ihm ans Herz legten, sich intensiv nach dem Training zu stretchen, um uns Mädels keinen Schritt mehr hinterher zu sein. Alexanders Ehrgeiz tat das schon von alleine, auch ohne die Ermutigungen unserer Lehrer. Und als wir nach einem anstrengenden Tag mit Ballett, Modern Dance, Jazz Dance, Stepptanz und Hip-Hop-Unterricht nach Hause ins Bett gefallen sind, ist er noch in der Schule geblieben und hat es sich im Schmetterlingssitz oder mit einem Bein auf der Ballettstange und mit Kopf zum Knie gebeugtem Oberkörper »bequem« gemacht. »Ich schaffe einen Spagat bis Weihnachten.« Und wir haben ihn gefragt, warum er das nicht zu Hause übt, zum Beispiel vor dem Fernseher. »Weil ich das daheim nicht machen würde. Ich habe mir ein Ziel gesetzt, und deshalb ziehe ich das jetzt auch durch.«

Um einen Spagat zu lernen, braucht man Zeit. Manche mehr, manche weniger. Die Sehnen und Bänder müssen sich in Ruhephasen erholen können, man muss sich immer ordentlich aufwärmen, und auch das Cool-down ist nicht zu unterschätzen. Außerdem tut es weh. Alexander war so unbeweglich, dass wir uns nicht sicher waren, ob er sein Ziel schaffen würde. Aber er belehrte uns eines Besseren. Am letzten Schultag vor den Weihnachtsferien waren wir alle sehr neugierig, sogar ein paar Lehrer kamen vorbei. Alex hatte es ja seit Wochen angekündigt, und es war Stichtag. Zu unserem Erstaunen rutschte er nicht nur in beide Frauenspagate (ein Bein vorne, das andere hinten, sowohl rechts als auch links), sondern stellte seine neue Flexibilität auch im Männerspagat (beide Beine seitlich) unter Beweis. Sein strahlendes Gesicht wird niemand von uns jemals vergessen.

Alexander hat gezeigt, dass es sich lohnt, Ziele zu haben und diese auch laut auszusprechen. Man muss dranbleiben und darf die Hoffnung nicht aufgeben. Das gilt für den Spagat, für den Tanzunterricht, fürs ganze Leben. Nehmen Sie sich ruhig ein paar Dinge vor, die Sie schon lange erreichen möchten.

Diejenigen, die jetzt unbedingt einen Spagat zum Ziel haben, können sich im Internet schlaumachen. Hier gibt es zahlreiche Tipps, wie man Flexibilität im Alltag erlernt. Man kann sich zum Beispiel beim Zähneputzen breitbeinig hinstellen und im Wechsel auf die Zehenspitzen oder die Fersen stellen. Klingt komisch, ist es auch. Aber es gewöhnt die Sehnen und Bänder an die neue Bewegung und beginnt sanft, die Beine »weich« zu machen.

10. Grund

Weil Kakadus tanzen

Wie jetzt? Kakadus können tanzen? Tiere tanzen doch nicht. Zugegeben, die meisten Tiere würden nicht wie Paula zu Beyoncé (Grund 2) abrocken und machen ihre Nummern im Zirkus nicht, weil sie von selbst auf diese seltsame Idee gekommen sind.

Man sprach Tieren die Fähigkeit, tanzen zu können, lange Zeit generell ab. Die zahlreichen Videos tanzender Tiere im Netz bestanden bislang nicht vor den Augen der Forscher, da sich die Tiere zwar gern, aber nicht synchron zur Musik bewegten.

Bis ein Kakadu namens »Snowball« mit seiner Tanzperformance das Internet begeisterte und die Wissenschaft vor neue Fragen stellte. Der Gelbhaubenkakadu beweist mit seinen Videos, dass er es rockig und soulig mag und Rhythmus im Blut hat. Außerdem veränderte Snowball seine Bewegungen, sobald man die Musik langsamer oder schneller abspielte. Interessant ist auch, dass der Kakadu nicht nur zu einem Musikstück tanzte, sondern mehrere Lieblingslieder hat. Natürlich stürzten sich Verhaltensforscher aus aller Welt auf den gefiederten YouTube-Star, und so ist die Annahme nicht verwunderlich, dass intelligente Vögel eben doch ein Gefühl für Rhythmen haben.

Die Wissenschaftler gehen davon aus, dass die Fähigkeit zur Nachahmung von Lauten wie der menschlichen Sprache eine Voraussetzung fürs Tanzen sind. Aniruddh Patel von der Tufts University in Medford analysierte Snowballs Videos und wies darauf hin, dass schon Charles Darwin musikalische Fähigkeiten bei Tieren vermutete. Dieser spielte einem Orang-Utan Lieder auf der Harmonika vor. Patel kommt im Fachmagazin *Current Biology* zusammen mit der Psychologin Adena Schachner (Harvard University) zu dem Schluss: Nicht nur Menschen können zu rhythmischer Musik tanzen, sondern auch Vögel – vor allem Papageien. Inwieweit nun die

Verbindung von sprachlichen und musikalischen Fähigkeiten eine Rolle spielt, können die Forscher allerdings nicht sagen.

»Wir müssen annehmen, dass der neuronale Mechanismus zum Erkennen unterschiedlicher Takte im Tierreich deutlich weiter verbreitet ist, als wir dachten«, erklärt der Verhaltensforscher Peter Cook (University of California in Santa Cruz), der seine Erkenntnisse mit anderen Forschern beim Jahrestreffen des weltgrößten Wissenschaftsverbandes AAAS in Chicago vorstellte und sich ebenfalls mit diesem Thema beschäftigte. »Es scheint so, als hätten wir Menschen einfach nicht richtig hingeschaut.« Weiter vermutet er: »Möglicherweise spielt die Sprachfähigkeit eine Rolle, ist aber nur ein Faktor unter vielen.«[4]

Egal, ob Sie sich Videos von tanzenden Seelöwen zu den Backstreet Boys oder wippende Elefanten und Belugawale anschauen – es sieht einfach nur süß aus. Also lassen Sie sich von den tanzenden Tieren anstecken und werfen einen Blick auf Snowballs Tanzeinlagen (YouTube). Wer da nicht selbst das Tanzbein schwingen möchte, ist selber schuld.

11. Grund:

Weil es Beziehungen auffrischt

Grund 7 habe ich kurz auf den Punkt gebracht: Tanzen ist Trockensex. Tanzen spielt eine sehr große Rolle, wenn es um Lust und Liebe geht. Nicht umsonst haben Tänze wie der Tango oder Salsa einen erotischen, feurigen Ruf. »Tanze Samba mit mir, Samba, Samba die ganze Nacht.« Tony Holiday gibt uns hier einen inspirierenden Tipp, wenn der Alltag die Beziehung routiniert und einen selbst bequem werden lässt. Denken Sie doch einmal an die aufregende Anfangszeit mit dem Partner zurück. Die Hormone spielen verrückt, man möchte die Welt umarmen, und das flatternde Gefühl nach etwas

Neuem lässt einen nicht still sitzen. Doch dann ist da plötzlich der tägliche Trott, der sich schneller einschleicht, als manchem lieb ist. Gewohnheiten sind nichts Schlechtes, aber neue Impulse können frischen Wind in die Partnerschaft bringen. Dabei kann es helfen, Perspektiven zu verändern und gemeinsam neue Dinge auszuprobieren.

Zum Beispiel mit der besseren Hälfte einen lateinamerikanischen Tanzkurs zu besuchen. Viele Tanzschulen bieten Schnupperkurse an, man kann es einfach einmal ausprobieren, bevor man eine Liebesflaute akzeptiert und die Gründe dafür beim anderen sucht.

Das gemeinsame Tanzen kann dabei die Perspektive auf die Partnerschaft verändern, dominante Frauen dürfen sich endlich einmal führen lassen, Gleichberechtigung hin oder her. In einer Partnerschaft sollte man sich natürlich auf Augenhöhe begegnen, aber im Tanz bestimmt nun einmal der Mann die Richtung der Frau und den Verlauf des Tanzes. Vielleicht genießen Sie ja die traditionelle Rollenverteilung und bemerken Veränderungen in Ihrer Ausstrahlung und Ihrem Körperbewusstsein. Möglicherweise fühlen Sie sich in diesem erotischen Miteinander ja sexy, stark, selbstbewusst. Oder Ihr Partner wirkt plötzlich anders auf Sie, wenn Sie sich gemeinsam dem Feuer fremdländischer Rhythmen hingeben und den Kontakt und die Bewegung mit Ihrem Schatz genießen. Dieses Abenteuer kann auf jeden Fall zu Hause für Veränderungen sorgen …

In diesen Tänzen darf ein Mann wieder ein Mann sein und die Dramaturgie des Tanzes bestimmen. Für die Frau bietet es die Gelegenheit, ihre Weiblichkeit aus dem Winterschlaf aufzuwecken und sich ihre Sinnlichkeit zurückzuholen. Eine perfekte Gelegenheit, einen Tanzkurs zu besuchen und der Beziehung etwas Gutes zu tun. Denn heiße Rhythmen auf dem Parkett sorgen für heiße Rhythmen im … Sie wissen schon, was sich auf Parkett reimt.

12. Grund

Weil es herrlich ist, den Schweinehund zu überwinden

Jeder von uns kennt das. Eigentlich wollten wir nach der Arbeit noch Sport treiben, die schweißtreibende Zumba-Stunde geht von 19 bis 20 Uhr, wir nehmen uns fest vor, immerhin diese konsequent einmal in der Woche zu besuchen. Früher hat das doch auch geklappt, während der Schulzeit waren wir aktiv, da stand sogar dreimal in der Woche Sport auf dem Programm. Und plötzlich haben wir keine Lust mehr dazu, müssen uns überwinden, nach einem langen Arbeitstag das Haus noch einmal zu verlassen. Vielleicht kaufen wir uns Fitness-DVDs oder abonnieren Yoga-Lehrer auf YouTube, sehr entschlossen, wenigstens daheim noch etwas für Körper und Geist zu tun. Doch auch hier ist der Abend auf der Couch einfach zu verführerisch.

»Gehen wir nach der Arbeit noch etwas trinken?«, fragt der Kollege, obwohl genau das der Tag für Ihre wöchentliche Tanzstunde ist. Und schon ist er da: der Kampf mit dem inneren Schweinehund. »Du kannst doch nächste Woche gehen, du hast dir heute Morgen sowieso das Knie an der Bettkante angestoßen. Das tut beim nächsten Mal nicht mehr weh, dann hast du auch viel mehr Spaß an der Stunde. Außerdem fragt dich sonst nie ein Kollege, ob ihr noch etwas machen wollt. Du arbeitest hart und viel, man kann sich doch mal etwas gönnen. Du lebst schließlich nur einmal.« Ja, unser Schweinehund ist um keine Ausrede verlegen, und so ist das einzig Regelmäßige in Ihrem Trainingsplan die Abbuchung der Stunden von Ihrem Konto.

Aber warum fällt es uns so schwer, etwas, was uns guttut, gerne und konsequent umzusetzen? Warum frisst der innere Schweinehund all unsere herrlichen Absichten auf und hinterlässt ein Gefühl der Unzufriedenheit?

Oft sind es die viel zu hohen Erwartungen an uns selbst, die uns von vornherein aufgeben lassen. Unser Schweinehund denkt nicht langfristig, er will Belohnung, und zwar sofort. Deshalb ist es wichtig, dass Sie diesen kleinen Mistkerl überlisten.

Also definieren Sie Ihre Ziele so präzise wie möglich, und halten Sie diese realistisch. Außerdem sind Vorgaben gut, um das Vorhaben auch überprüfen zu können. Und vor allem: Kämpfen Sie nicht gegen Ihren inneren Schweinehund, denn er meint es ja gar nicht böse mit Ihnen. Er glaubt nur, dass Sie Ihre Tanzstunden nicht schaffen werden, und möchte Sie vor Muskelkater, Stress im Choreografie-Lernen und Überforderung bewahren. Also hilft nur, den Schweinehund anzunehmen und ins Leben zu integrieren. Denn je öfter Sie sich überwinden müssen, tanzen zu gehen, desto öfter kämpfen Sie gegen sich selbst.

Wenn die innere Stimme mal wieder sagt, »Stepptanz, das ist viel zu schwer, das schaffst du eh nicht«, dann seien Sie ehrlich zu sich selbst. Sie wissen genau, dass Sie es schaffen können, Sie trauen sich vielleicht nur nicht.

Wenn Sie vor dem Training schon denken, dass Sie oft in die Tanzstunde gehen müssen, um Erfolge zu erzielen, werden Sie schnell den Spaß daran verlieren. Sie MÜSSEN nämlich nicht tanzen gehen, Sie DÜRFEN. Formulieren Sie Ihre Gedanken in etwas Positives um, es ist kein Problem, mit einem vollen Terminkalender noch Zeit für dieses aufregende Hobby zu haben, sondern eine Herausforderung.

Halten Sie sich Ihre Ziele vor Augen. Wie viel Zeit brauche ich, um auf der Hochzeit meines Bekannten tanzen zu können? Überfordern Sie sich nicht, kleine Schritte überlisten den Schweinehund viel leichter als zu große Vorhaben. Stellen Sie sich vor, wie schön das Gefühl ist, wenn Sie abends Ihre Tanzstunde besucht haben. Wenn Sie endlich doch in den verstaubten Steppschuhen, die Sie sich vor Jahren gekauft haben, lostanzen. Wenn Sie auf dem Hochzeitsbankett den ganzen Abend eine ausgezeichnete Figur machen.

Egal, welche Ziele Sie haben, zeigen Sie Ihrem Schweinehund seine Grenzen. Und wenn der Kollege das nächste Mal nach einem Feierabendbier fragt, schlagen Sie ihm vor, er soll Sie in den Tanzkurs begleiten. Zusammen macht es noch mehr Spaß, und das Bier danach schmeckt doppelt so gut.

13. Grund

Weil es manche Situationen erfordern

Es gibt Situationen im Leben, da wird getanzt. Nicht unbedingt wie in einem Bollywood-Film, aber manchmal kommt man einfach nicht drum herum. Das Zauberwort lautet hier »Vorbereitung«. Damit wird man bei Abschlussbällen, Hochzeiten oder in der Disco nie mehr am Rand der Tanzfläche stehen müssen. Durch die Tanzschule hat man immer die passenden Moves parat! Denn es ist doch so: Niemand traut sich bei den klassischen Tänzen beim Abschlussball der Schule oder bei der Hochzeit bei Verwandten auf die Tanzfläche. Das liegt daran, dass viele die klassischen Tänze nicht beherrschen. Wenn man diese aber in der Tanzschule einmal gelernt hat, vergisst man sie auch nicht mehr so leicht. Und dann, wenn die Standardtänze rum sind, kann man mit anderen coolen Tanzmoves punkten!

Tanzen bedeutet in vielen Situationen nicht nur, dass man eine Schrittabfolge halbwegs sauber zur Musik abliefern kann, es hat auch mit gewissen Benimmregeln, Haltung, Stil und Umgang mit dem anderen Geschlecht zu tun. Es hilft also nicht nur, Ihre tänzerischen Fähigkeiten zu verbessern, sondern liefert auch noch einen Leitplan, an dem man sich in solchen Lebenslagen orientieren kann.

Als ich damals mein Abi in der Tasche hatte, hätte ich nicht gedacht, dass es einen so großen Wirbel um unsere Abschlussfeier geben würde. Ich kannte so etwas nur aus amerikanischen Liebesfilmen und war plötzlich selbst mittendrin. Da gab es dann Themen wie »Welches Kleid passt zu mir?« und »Welche Frisur hält den ganzen Abend?«. Selbstverständlich kam auch die Frage auf, wer meine Begleitung werden könnte, zu was getanzt wird und mit welchen Bewegungen man sich nicht blamieren würde. Tatsächlich ging es dem kompletten Jahrgang so, auch den Nerds, von denen man nicht gedacht hätte, dass sie sich für ein solches Event interessieren würden. Manche von uns überlegten, nicht zur Feier zu kommen, weil sie nicht tanzen konnten. Obwohl man auf diesem Fest nicht tanzen muss, sondern auch herumsitzen oder -stehen kann, spielte das Tanzen an diesem besonderen Ereignis eine große Rolle für uns alle. Es ist eben doch etwas Traditionelles, egal, ob man letztlich einen Walzer oder Headbangen zum Besten gibt. Glücklicherweise hatten wir einen sehr netten Sportlehrer, der den Abiturienten einen freien Nachmittag widmete und uns die einfachsten Grundschritte zeigte. Einen Walzer kann man in zehn Minuten lernen, wenn man möchte. Dieser kleine Crash-Kurs hat sich für uns damals wirklich gelohnt, sodass wir alle einen entspannten, tanzfreudigen Abend hatten. Auf diesem Wege nochmal Danke an Herrn Michl.

14. Grund

Weil es tolle Frisuren gibt

Männer sind bei diesem Thema klar im Vorteil. Natürlich gibt es auch hier interessante Varianten, mit ausrasierten Mustern und Namen, aber meistens genügt etwas Styling-Gel, et voilà. Bei den Damen ist es da schon komplizierter.

Ich habe langes Haar, früher ging es sogar bis zum Allerwertesten. Meistens hatte ich die Mähne zu einem Pferdeschwanz gebunden, manchmal auch geflochten. Bis wir im Jazz-Dance-Unterricht Pirouetten geübt haben. Ich drehte mich auf dem Standbein um die eigene Achse, bis mir mein Haargummi, an dem ein kleines Metallteil befestigt war, in mein Gesicht schlug. Schmerzhaft, um ehrlich zu sein. Tipp Nummer eins: Spezielle Haargummis benutzen, die schützen vor Haarbruch und sind weniger angriffslustig.

In der Tanzausbildung hieß es plötzlich, dass die Haare beim Ballettunterricht unter einem Haarnetz zu einem Dutt gesteckt werden müssten. Ich hatte noch nie ein Haarnetz in Gebrauch, und die zahlreichen Haarnadeln stachen unangenehm in meine Kopfhaut. Dann gab es eine Zeit, in der ich einen Pony hatte, den ich ebenfalls mit vielen Nadeln in einem tiefen Seitenscheitel weggesteckt habe. Tipp Nummer zwei: breite Spangen benutzen. Man benötigt weniger, sie halten besser, und das Haar bricht nicht so leicht ab.

Das Thema Frisuren beim Tanzen beschäftigt mich seitdem mehr, als mir lieb ist. Praktisch soll es sein, funktional und dennoch hübsch. Weg mit den Strähnen, freie Sicht in der Tanzstunde ist wichtig.

Natürlich liegt man mit dem guten alten Pferdeschwanz nicht verkehrt, aber es gibt so viele tolle Frisuren, die Sie sich als Langhaarmädchen fürs Training zaubern können. Dabei sehen diese so hübsch aus, dass man sie auch perfekt im Alltag und im Job tragen kann. Da diese Frisuren ein wildes Tanztraining durchstehen müssen, sind sie zuverlässig und halten vieles aus. Wenn es dann doch etwas mehr sein soll, einfach mit Haaraccessoires aufpeppen – denn was wäre Tanzsport ohne Glitzer und Glamour? Im Folgenden stelle ich nun ein paar Frisuren vor (mittellanges bis langes Haar), die Sie gerne ausprobieren können. Mit dem richtigen Styling kommt dann auch die Vorfreude fürs Training.

Duttvariation: Spätestens seit Meghan Markle den »Messy Bun« salonfähig gemacht hat, kann der klassische Dutt ein wenig lässiger und frecher ausfallen. Selbstverständlich haben einige Tanzrichtungen strenge Vorgaben, was die Haare betrifft, doch für eine spaßige Tanzstunde kann es eine verspielte Frisur sein. Auf YouTube und Pinterest gibt es zahlreiche Anleitungen, wie Sie den »Messy Bun« nachstylen können. Wer die für den Look signifikanten losen Strähnen (kann bei langen Strähnen störend sein) lieber nicht haben möchte, kann auch mit einer romantischen Variante des Dutts punkten. Hierzu einfach das Haar eng an der Kopfhaut entlangflechten, ansonsten den Dutt wie gewohnt fixieren. Egal, ob Sie die Variante »undone« oder »klassisch« wählen, wichtig ist das Feststecken der Haare, gerne auch mithilfe von Haarspray.

Dutch Braids: Diese zwei Zöpfe eignen sich hervorragend für langes Haar, das im Training aufgeräumt werden muss. Einfach einen Mittelscheitel ziehen, obere Haarpartie links in drei feine Strähnen teilen, Zopf flechten. Dabei je Reihe links und rechts eine Strähne fest von unten mit einarbeiten. Im normalen Zopf enden, dann das Ganze rechts wiederholen. Es sieht stylish aus und hält bombenfest.

Variante Pferdeschwanz: Je nach Haarlänge kann man den Zopf mit Haargummis untergliedern, den Pferdeschwanz flechten, ihn antoupieren oder den Haargummi unter einer Strähne verstecken. Das gibt der beliebten Frisur noch ein wenig mehr Pepp, Zeitaufwand gleich null.

Das ist nur ein minimaler Einblick in die zahlreichen Frisuren, die Ihnen das Tanzen versüßen und Ihrem Look das gewisse Etwas verleihen. Wenn Sie nun noch beherzigen, Ihr Haar nicht nach jeder Einheit mit Shampoo und Conditioner zu waschen (man kann Haare überpflegen), sondern einfach nur mit Wasser auszuspülen, steht Ihnen als Tanzhaarexperte nichts mehr im Weg.

Für Frauen mit kurzem Haar eignen sich Bänder, Spangen oder ein Haarreif. Im Internet oder in Zeitschriften gibt es dafür ebenfalls eine Menge Ideen, wie auch eine Kurzhaarfrisur für die Tanzstunde perfekt in Szene gesetzt werden kann.

15. Grund

Weil man der Frau mal den Gefallen tun kann

Nachdem sich der vorherige Grund um die Frisuren der Damenwelt drehte, möchte ich nun an die Männerwelt appellieren: Liebe Jungs, Männer, Burschen! Falls Sie nach den ersten Gründen immer noch keinen Drang verspüren sollten, loszutanzen, tun Sie Ihrer Liebsten doch einfach mal den Gefallen. Sie müssen es ja nicht gleich zu Ihrem neuen Lieblingshobby erklären. Aber manchmal macht auch Ihre Frau Dinge für Sie, auf die sie keine Lust hat. Wenn Ihre Herzdame also schon länger den Wunsch hegt, einen Tanzkurs zu besuchen, lassen Sie sich nicht länger bitten. Sie wollen doch mit Sicherheit keinen Streit, wenn Ihre Frau alleine zum Tanzen geht und dann von einem fremden Mann durch die Choreografie geführt wird. Außerdem tun Sie nicht nur Ihrer Frau den Gefallen, sondern auch Ihrem Körper, der bestimmt nicht traurig ist, wieder einmal ordentlich bewegt zu werden. Anstatt sich zu wehren und auf den Fußballabend zu bestehen, könnte man auch versuchen, die Interessen des Partners zu verstehen und wenigstens einmal auszuprobieren. Es gibt wirklich Schlimmeres, als seine eigene Frau zu berühren und sich auf diese Art näher zu kommen. Das hoffe ich zumindest. Lesen Sie noch einmal Grund 7 und 11 nach, spätestens hier verstehen Sie, was ich meine.

Außerdem bin ich mir sicher, dass Sie folgende Situation kennen: Sie gehen in die Disco, niemand tanzt. Jeder steht irgendwie an der Bar herum, in kleinen Grüppchen. Irgendwann kommt »der Song«, worauf die Mädels abgehen. »Jessy, komm, das ist UNSER Lied.« Und dann tanzen die Girls, die sich stundenlang hübsch gemacht haben und nur so tun, als wären ihnen die umstehenden Jungs egal. Natürlich haben Sie es jetzt schwer. Mädchen machen gerne einen »Tanzkreis« (manchmal werden sogar die Handtaschen in der Mitte auf den Boden platziert), der nur schwer von einem Mann durchbrochen werden kann. Wenn sich dann einer traut, der leider tänzerisch so gar nicht überzeugen kann, werden die Freundinnen zu Hilfe geholt. Diese sorgen mit interessanten Moves dafür, dass der arme Mann, der sich doch nur in die Höhle der Löwinnen getraut hat, wieder herausbefördert wird. Und dann tanzen wir Mädels weiter, in der Hoffnung, dass sich vielleicht jemand anderes anpirscht. Ich muss zugeben, schwer für euch. Wer tanzen kann, ist hier allerdings klar im Vorteil. Ich habe schon oft beobachtet, dass Frauen mit Männern tanzen, die eigentlich optisch nicht unbedingt gut zusammenpassen. Allerdings konnte sich in allen Fällen der Mann unfassbar gut bewegen. Etwas, worauf Frauen stehen. Also Jungs, schnappt euch eure Frau, zeigt ihr, dass ihr es auch draufhabt. Ihr könnt von einem Tanzkurs nur profitieren.

Ältere Generationen haben es doch auch geschafft. Da gab es noch keine Disco, sondern Tanzveranstaltungen. Ebenfalls traute sich niemand zu tanzen, jeder hing in seinem Grüppchen herum. Und wenn die Band dann anfing zu spielen, hat sich der mutigste Junge zu den Mädchen gewagt und eines zum Tanz aufgefordert. Natürlich hat dieses in der Regel nicht abgelehnt, es war der Sechser im Lotto, mit dem Platzhirsch tanzen zu dürfen. Und dann hatte man eine Tanzrunde, bestehend aus drei bis fünf Liedern, Zeit, sich zu unterhalten. Genauso wie die anderen Paare im Raum, die sich mittlerweile ein Beispiel am Mutigsten nahmen. Wer Gefallen aneinander fand, ging dann an die Bar, wo er ihr einen Sekt-Orange ausgab. Irgendwie romantisch, oder? Ich glaube, Ihre Frau fände es schön, wenn Sie nicht zu denjenigen gehörten, die in der Tanzrunde sitzen bleiben müssen, weil Sie es nicht beherrschen. Wenn Sie heute von der Arbeit nach Hause kommen, verblüffen Sie Ihren Schatz. »Guten Abend, darf ich um diesen Tanz bitten? Einfach nur, weil ich dich liebe?« Ich bin mir sicher, bei einer solchen Aufforderung wird sich Ihre Frau gerne an Ihre Schulter schmiegen und dem Rhythmus hingeben.

16. Grund

Weil (Ihre) Kinder tanzen

Nicht nur Paula (Grund 2) tanzt gerne. Alle Kinder tanzen spontan ab etwa zehn Monaten zum Beat, es ist uns in die Wiege gelegt, steckt in unseren Genen. Sogar Säuglinge nicken mit dem Kopf oder wackeln mit den Armen, wenn ihnen ein Lied gut gefällt. Der Rhythmus der Musik bringt den Körper dazu, sich automatisch zu bewegen. Auch die Frühmenschen haben bemerkt, dass gemeinsame Bewegungen die Gruppe größer erscheinen lassen, wodurch sich die Überlebenschancen erhöht haben. Es gab also die rhythmischen Bewegungen, noch bevor sie wussten, was der aufrechte Gang ist. Ich war noch auf keinem Fest oder Konzert, an dem nicht irgendwo am Rand ein Kind mitgetanzt hat. Die Kreativität und der Bewegungsdrang der jungen Menschen kann und sollte unbedingt mit Sport bewahrt werden. Denn mit dem Heranwachsen, spätestens mit der Einschulung und der damit verbundenen Anpassung an gesellschaftliche Normen, werden Kinder eingeschränkt. Tanzen eignet sich hervorragend, um die kindliche Entwicklung sowohl psychisch als auch physisch zu fördern.

Wie auch bei uns Erwachsenen stählt das Tanzen den gesamten Körper, sie werden stärker und trainieren die Muskeln. Das Körperbewusstsein verbessert sich, sie lernen durch die rhythmischen Bewegungen zur Musik ihre Gefühle mit Vorstellungsfähigkeit zu verknüpfen und die Emotionen in den Tanz zu transformieren. Nebenbei stärkt das gemeinsame Tanzen die soziale Kompetenz eines Menschen. Dies sind wesentliche Grundbausteine in der Entwicklung von Kindern. All das, was uns Erwachsenen beim Tanzen guttut, gilt auch für die Jüngeren unter uns. Nur, dass WIR von Kindern lernen können. Wo wir uns erst einmal aufraffen müssen, springen Kids schon stundenlang gut gelaunt herum und denken sich Tänze aus.

Unglücklicherweise gibt es in der »Generation Smartphone« auch genug negative Beispiele. Wo es früher kein Problem war, einen Purzelbaum zu machen, oder auf einem Bein zu stehen, können die meisten Mädchen und Jungen nicht einmal mehr im Stehen ihre eigenen Füße berühren. In meiner Arbeit mit Kindern beobachte ich das leider viel zu häufig. Dabei gibt es so tolle verschiedene Tanzarten, die schon Kindern ab drei Jahren Spaß machen. Der Fun-Faktor ist hier das Wichtigste. Nicht jedes Kind ist dazu gemacht, Ballerina zu werden. Oft haben Eltern die falschen Vorstellungen von den Hobbys ihrer Sprösslinge. Lassen Sie Ihre Kinder ausprobieren, manchmal liegt eine Abneigung am Tanzen nicht an der Sportart an sich, sondern an dem Stil.

Kreativer Kindertanz: Im kreativen Kindertanz (geeignet für Kleinkinder bis Grundschulalter) werden Bewegungsabläufe spielerisch mit viel eigenem Freiraum eingeübt. Hier kommen oft Tücher, Instrumente oder Bänder zum Einsatz.

Hip-Hop: Im Hip-Hop-Unterricht können größere Kinder cool sein und sich weiterentwickeln. Vielleicht ja später sogar mit Breakdance weitermachen? Weite Kleidung unterstützt diese Tanzart auch für übergewichtige Kinder, sie ist nicht an spezielle Körpermaße gebunden.

Jazz Dance: Dieser Unterricht ist für Kinder, die auf die Charts abfahren, sehr geeignet. Mit Hüfte, Isolationen und oft schnellen Tanzabfolgen wird man hier voll auf seine Kosten kommen.

Abstufungen: Abstufungen wie Modern Dance (oftmals viele Bodenteile, freie Ausdrucksform) oder Musical-Tanz sind genauso zu empfehlen.

Stepptanz: Ebenso der Stepptanz, der definitiv zu Hochleistungssport zu zählen ist. Ein schweißtreibendes, rhythmisches Training für den gesamten Körper.

Ballett: Selbstverständlich ist auch Ballett gut. Mit anspruchsvoller Körpertechnik werden Konzentration und Koordination geschult. Außerdem ist Ballett die Grundlage aller anderen Tanzarten. Dazu kommen wir noch in Grund 62. Durch die gleichen Bewegungsabläufe an der Ballettstange, im Raum und der Diagonalen kann Ballett hier für manche Kinder allerdings langweilig werden, auch wenn sie noch so süß im Tutu aussehen.

Rock 'n' Roll: Für die Kinder, die gar nicht zu bremsen sind und schon gute koordinative Fähigkeiten besitzen, ist Rock 'n' Roll zu empfehlen. Der schnelle Grundschritt, verbunden mit akrobatischen Elementen, powert garantiert auch Ihr Kind mit Spaß am Tanzen aus.

Viele Tanzschulen mischen die Stile miteinander. Jazz Dance kann durch die Abstufung Lyrical Jazz Elemente aus dem Modern Dance beinhalten, Ballettübungen kommen auch in vielen anderen Unterrichtsformen vor. Außerdem ist jeder Tanzlehrer anders. Wenn Ihr Kind also gerne tanzt, dann fördern Sie es. Lassen Sie es Stile und Dozenten ausprobieren, in jeder Stadt gibt es Schnupperkurse und günstige Angebote. Außerdem ist Tanzen längst nicht mehr nur für Mädchen. Zeigen Sie Ihrem Sohn, dass man Kraft und Ausdauer braucht und er den Mädels gegenüber damit vielleicht sogar einen Vorteil hat. Was wäre Tanz ohne die starken Männer, die die Tänzerinnen über die Bühne schweben lassen? Was wäre »Step Up« ohne Channing Tatum?

Und das Wichtigste: Besuchen Sie dann die Tanzauftritte, und seien Sie stolz, wenn abends nach dem Training das neu Erlernte noch kurz gezeigt werden muss.

2. Kapitel

Was Tänzer erleben

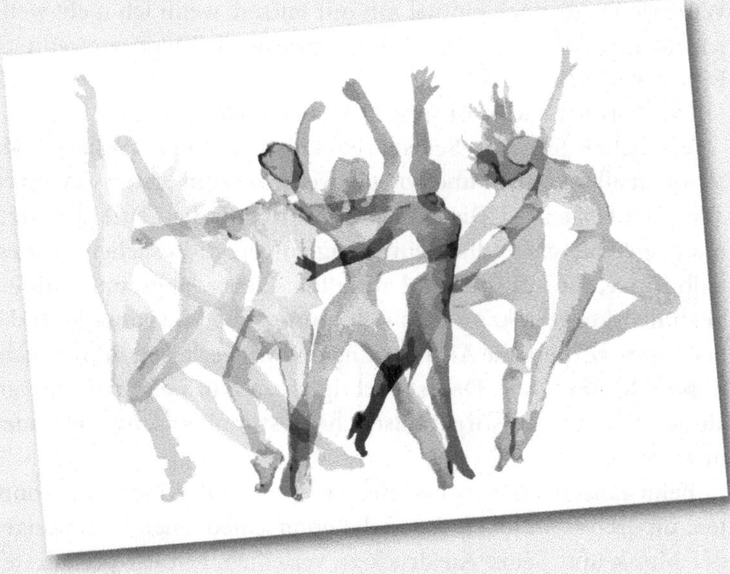

17. Grund

Weil es Selbstvertrauen schenkt

Tanzen schenkt Selbstvertrauen und hilft jedem von uns bei der Identitätssuche. Während Kinder Choreografien einfach versuchen nachzumachen, trauen wir uns oft nicht. Immer ist der Gedanke, ob man das überhaupt kann, präsent. Wird man mich auslachen, wenn ich in der ersten Reihe vorne beim Lehrer stehe, aber nichts kann? Wird die Dame noch einmal mit mir tanzen, wenn ich nicht weiß, wie man sie führt? Bin ich in der Gruppe noch akzeptiert, wenn ich Fehler mache?

Die Antwort darauf ist simpel: Niemand ist perfekt.

Versuchen Sie, Ihre Selbstzweifel abzuschalten. Woher sollen Sie denn alles können und wissen, wenn Sie zum ersten Mal einen Tanzkurs besuchen? Die Schritte sind fremd, die Leute sind neu, man ist selbstverständlich ein wenig aufgeregt. Besuchen Sie deshalb Kurse, die auf Ihr Level zutreffen. Lieber langsam in Stufe 1 beginnen, steigern kann man sich immer. Die Musik maskiert dabei unsere körperliche Anstrengung und wir verlassen immer mehr unsere Komfortzone. Das ist wichtig, denn nur, wenn wir uns verausgaben, wird der Körper ausreichend stimuliert, und wir trauen uns mehr zu.

Beim Tanzen lernen wir wieder das, was wir als Kind schon konnten: unseren Emotionen durch die unterschiedlichen Stimmungen der Musik und Tänze Ausdruck zu verleihen. Mit der geförderten Kreativität wird so auch unser Selbstvertrauen gestärkt. Jedes Mal, wenn Sie einen neuen Tanzschritt lernen und Emotion in diese Bewegung hineingeben, vertrauen Sie mehr in sich selbst und fühlen sich wohler. Übertragbar ist das auf alle Lebenssituationen, in denen Sie Erfolgserlebnisse feiern. Natürlich gibt es auch Menschen, denen es nicht so leichtfällt, Tanzschritte im Gedächtnis zu behalten. Wenn diese dann noch in einem Kurs sind, dessen Geschwindigkeit ihre körperlichen und geistigen Fähigkeiten übersteigt, ist Frustration vorprogrammiert. Wie wäre es dann, sich in einem Improvisationskurs oder freiem Tanz die Freude an Bewegung zurückzuholen? Die Merkfähigkeit wird sich dadurch in jedem Fall verbessern. Denn tanzen kann jeder.

Aber es sieht oft nur bei denjenigen ästhetisch und attraktiv aus, die es regelmäßig üben. Wenn Sie es dann beherrschen, werden Sie zum Vorbild für andere. Vielleicht möchte der Kollege, dass Sie ihm etwas zeigen oder sogar beibringen? Sie sind plötzlich nicht mehr nur am Rand der Veranstaltung, sondern mittendrin. Schrittabfolgen kann man üben, das passende Styling ist schnell gemacht, aber Lässigkeit und Leichtigkeit, ein überzeugendes selbstbewusstes Auftreten, das sind Eigenschaften, die man nicht einfach so herbeizaubern kann. Beobachten Sie Tänzer. Im Fernsehen, auf YouTube, in Filmen oder am besten real bei Auftritten. Tänzer sind Menschen, die vor Selbstbewusstsein strotzen, die mit starkem Ausdruck und Lebensfreude die Bühne in einen magischen Ort verwandeln. Körperliche Anstrengung sieht man diesen Künstlern nicht an, die Füße schweben und versprühen eine Leichtigkeit, von der wir auch gerne etwas haben würden. Doch das Wünschen alleine hilft uns nicht weiter. Man kann diese Leichtigkeit, die jeder von uns in sich trägt, genauso üben wie die Schritte in einer Choreografie.

Beginnen Sie in der Tanzstunde damit, Ihren Körper wahrzunehmen. Wie geht es mir? Tut etwas weh? Welche Haltung habe ich eingenommen? Bin ich heute traurig oder fühle ich mich wohl? Beschäftigen Sie sich mit sich selbst. Betrachten Sie sich im Spiegel beim Training. Einfach nur ansehen, ohne zu urteilen. Welche Haltung haben Sie nun eingenommen? Können Sie eine aufrechte Haltung im Unterricht beibehalten? Deshalb ist es wichtig, in leichteren Kursen zu starten. In den höheren Levels ist man zu sehr damit beschäftigt, dem Unterricht irgendwie zu folgen, statt an der Präsenz und dem Auftreten zu arbeiten. Bleiben Sie aufrecht, genießen Sie die paar Zentimeter, die Sie plötzlich an Größe gewinnen.

Der Spaß am Tanzen wird Ihre Einstellung zu vielen Dingen im Alltag ändern, mit guter Laune lässt sich manches einfach lässiger lösen. Aber vielen Menschen fällt es gar nicht so leicht, die innere Einstellung zu überdenken. Es gibt Personen, die den ganzen Tag geknickt und mit einer Trauermiene herumlaufen. Für diese Leute ist es ganz wichtig, Selbstvertrauen über die Körperhaltung zu erlangen. Wer aufrecht durchs Leben geht, wird von seinen Mitmenschen anders wahrgenommen und behandelt. Wer positives Feedback zu seinem Auftreten bekommt, wird auch im Geist irgendwann die Haltung mit dem neuen Selbstbild verknüpfen.

Also könnte man durch Spaß am Tanzen das Training an der Körperhaltung nutzen. Jeder kann zu den Menschen gehören, die Freude versprühen und mit beiden Beinen im Leben stehen. Ein gesundes Selbstvertrauen macht es möglich.

18. Grund

Weil es romantisch ist

Ich erinnere mich noch gut an diese eine Sommernacht, als ich in München unterwegs war und an der Ampel anhalten musste. Ich schaute etwas gelangweilt aus dem Autofenster, als mir plötzlich auf der gegenüberliegenden Straßenseite ein junges Paar auffiel. Sie schlenderten nebeneinanderher, als er aus dem Nichts ihre Hand nahm und sie drehte. Sie kicherte, und auf einmal tanzten die beiden. Einfach so, auf dem Platz zwischen dem Justizgebäude und dem Park, in dem die heroinsüchtigen Gestalten ihr Unwesen treiben. Ich dachte immer, so was gibt es nur im Buch oder Film. Es sah so schön aus, wie die beiden da tanzten, unter der Laterne, dass ich beinahe das Umschalten auf Grün verpasst hätte. Es war ihnen egal, ob sie jemand sah, es spielte keine Rolle, wo sie waren, es gab nur sie beide. Und mich, wenn man es genau betrachtet. Rückblickend habe ich das Gefühl, diesen besonderen Moment gestört zu haben, aber sie nahmen mich nicht wahr.

Tanzen ist eine sehr gefühlvolle und romantische Angelegenheit. Dabei muss man keine ausgefallene Schrittfolge abliefern können oder jahrelang geübt haben. Ganz im Gegenteil. Der Zauber und die Romantik entstehen in seiner Einfachheit. Die Körperwärme des anderen spüren, den Geruch wahrnehmen, sich aneinanderschmiegen und die Welt um sich herum vergessen. Den berühmten Schieber kann jeder tanzen. Einige Damen lehnen dabei ihren Kopf an der Schulter des Herrn an. Man kommt sich so nahe, dass Blicke manchmal mehr als tausend Worte sagen. Natürlich ist auch ein Gespräch möglich, besonders, wenn man sich noch nicht so gut kennt. Allerdings neigen nervöse Menschen dazu, viel zu viel von sich zu geben, um die Unsicherheit zu überspielen. Also lieber einfach mal diesen romantischen Moment genießen und Zeit und Raum um sich herum vergessen. Man kann sich dabei in den Augen des anderen verlieren und sich vielleicht sogar einen Kuss stehlen. Bestes Beispiel hierfür sind Hochzeitstänze, in denen das Paar von Zuschauern umringt ist, aber nur noch Augen für sich hat. Da werden schon einmal ein paar Tränchen verdrückt.

Romantik braucht keine perfekte Kulisse, sie braucht einfach nur diesen einen besonderen Moment, den man mit dem Partner erlebt. Gemeinsam im Rhythmus zu wiegen, jeder seinen eigenen Gedanken nachhängend und doch eine Einheit zu werden. Es sind Gefühle, die entstehen und die man nirgends kreieren kann.

19. Grund

Weil man Zeit wahrnimmt

Jeder von uns nimmt Zeit anders wahr. Aber wir kennen alle den Moment, in dem die Zeit einfach nicht vergehen möchte. Im Mathe- oder Physikunterricht zum Beispiel, zumindest in meinem Fall. Oder aber, wenn die Zeit verfliegt, man schaut kurz auf die Uhr, und plötzlich ist die Stunde aus. Mir ging es als Kind jede Woche so, wenn ich meine Tanzstunde besuchen durfte. Die Zeit ging so schnell vorbei, dass ich traurig war, wenn ich wieder eine ganze Woche darauf warten musste. Und diese Woche war sehr lang im Verhältnis zu der einen Tanzstunde.

Für Menschen, die eine Pause vom Tanzen gemacht haben und irgendwann wieder anfangen, spielt Zeit auch eine große Rolle. Je nachdem, wie lange sie nicht in Übung waren, sind die Erwartungen entsprechend hoch oder gering an sich selbst. Wer regelmäßig Tanzstunden besucht hat, wird konditionell fit und beweglich gewesen sein. Und diese Menschen erschrecken oft, wie schnell sich die Muskeln wieder zurückbilden und man starr und unflexibel wird. Eine lange Pause vom Tanzen bedeutet leider auch, dass das Erlernte plötzlich nicht mehr so rasch abrufbar ist. Allerdings vergisst der Körper Bewegungsabläufe und Übungen nicht so schnell. Er ist glücklicherweise sehr intelligent, und wer dann wieder fleißig dabeibleibt, wird auch bald erneut Erfolge verbuchen können.

Auch für Menschen, die sich sehr schwer im Merken der Schritte tun, ist Zeit ein wichtiger Faktor. Je nachdem, wie viel Zeit sie brauchen, um Bewegungsabläufe in ihrem Gedächtnis und schließlich auch im Körper abzuspeichern, wird das Tanzen immer automatischer. Das kann beim einen sehr schnell gehen und schon in der Stunde selbst geschehen. Andere Tänzer müssen eine oder sogar mehrere Nächte darüber schlafen, um sich Schritte und Techniken einspeichern zu können.

Und dann ist da nicht nur die Frage, wie lange man braucht, um sich etwas zu merken, sondern wie lange man es dann auch behält. Es gibt Choreografien, die habe ich so verinnerlicht, die kann ich seit mehreren Jahren immer noch abrufen. Die Musik läuft, und mein Körper tanzt automatisch. Dann gibt es aber auch Schrittfolgen, die ich nur in meinem Kurzzeitgedächtnis abgespeichert habe und auch, wenn sie nicht lange her sind, einfach nicht mehr hervorholen kann.

Das Zusammenspiel von »sich Zeit lassen« und »schnell werden« spielt auch in Choreografien eine große Rolle. Mit dem Einsetzen von Pausen, Innehalten, Stille und Geschwindigkeit kann man hier die Dynamik und den Rhythmus eines Tanzes beeinflussen. So kann es sehr spannend sein, wenn auf der Bühne eine Zeit lang einfach mal nichts passiert. Der Zuschauer muss Zeit bekommen, Dinge auf sich wirken zu lassen. Die sollte man ihm auch geben.

Und zu guter Letzt werde ich nie vergessen, wie wir im ersten Semester der Tanzausbildung aufgeregt im Foyer der Akademie standen und von den Absolventen alles gezeigt bekamen. Eine sehr männlich aussehende Tänzerin sagte damals zu uns: »Ihr werdet sehen, mit der Zeit wird sich euer Körper verändern. Besonders im Gesicht.« Ich fragte mich, was sie damit gemeint hatte. Doch schon nach ein paar Wochen stellte meine Familie Veränderungen an mir fest, selbst habe ich es erst später bemerkt. Das Gesicht wurde definierter, mein Babyspeck verschwand, plötzlich sah man meine Wangenknochen, sogar der Hals wurde irgendwie »länger«. Ob das nun schön ist oder nicht sei dahingestellt. Aber jeder Tänzer, auch wenn er es nur zum Spaß als Hobby ausübt, wird mit der Zeit merken, wie sich sein Körper verändert.

Zeit spielt beim Tanzen eine große Rolle und beeinflusst unseren Körper, das Training und kann die eine oder andere Einstellung zu Dingen ändern. Ich finde es spannend zu beobachten, wie unterschätzt der Faktor Zeit ist und welche großen Auswirkungen er dabei einnehmen kann.

20. Grund

Weil es Spaß macht

Man kann sich die Glücksgefühle wie mit Autos, die in der Garage geparkt sind, vorstellen: Jedes wartet brav, bis es endlich losfahren kann. Wer tanzen geht, lässt die Gute-Laune-Mobile durch die Autobahnen des Körpers fahren, mal schneller, mal langsamer. Auf den zahlreichen Straßen kurbeln sie unsere Emotionen an und lassen sogar den kleinen Zeh vor Freude kribbeln, wenn wir ordentlich abfeiern oder eine Choreografie mit Power und Gefühl zum Besten geben.

Tanzen macht Spaß, hilft gegen Stress, entspannt und versprüht Glück. Viele geraten beim Tanzen in einen regelrechten Rausch und genießen das Abschütteln der alltäglichen Probleme. Durch die Bewegung steigt die Serotoninproduktion, die uns ausgeglichen und zufrieden macht. Außerdem wird das Kreativitätshormon Adrenocorticotropin (ACTH) vermehrt produziert. Dadurch entspannt sich der Körper, der Geist wird aber hochleistungsfähig. Das Tanztempo sorgt dafür, dass schon nach wenigen Übungssekunden Endorphine freigesetzt werden. Das sind körpereigene Stoffe, deren Wirkung mit Drogen vergleichbar ist. Allerdings viel harmloser, sie sorgen »nur« dafür, dass man sich losgelöst, glücklich und zufrieden fühlt. Wer zu vertrauter Musik tanzt, wird sofort die Ausschüttung der Endorphine spüren, bei manchen Sportarten dauert der Start der Gute-Laune-Macher im Körper dagegen etwas länger. Beim Tanzen spürt man sofort eine Veränderung, schlechte Laune hat es mit einem Mal schwer.

Jeder von uns weiß, wie Bewegung dem Körper als Allheilmittel guttut. Und wer dann noch den gesamten Körper zur Lieblingsmusik schwingen lässt, bekommt schnell ein Lächeln im Gesicht. Besonders, wenn er mit Freunden diesen Fun-Faktor genießen und spielerisch negative Emotionen und überflüssige Pfunde abschütteln kann. Taylor Swifts Hit *Shake it off* ist das beste Beispiel für den Spaß an Bewegung. Einfach alles abschütteln, tanzen, tanzen, tanzen, und zwar lange und heftig. Spaß haben, egal, was die anderen sagen, sich einfach bewegen, weil man die Füße nicht mehr still halten kann.

Längst ist es erwiesen, dass bei dynamischen Bewegungen nicht nur die Konzentration der Stresshormone Cortisol und Adrenalin im Blut sinkt, sondern gleichzeitig der Serotoninspiegel deutlich ansteigt. Und das allein schenkt uns große Glücksgefühle. Wer dann im Training seinen eigenen Rhythmus findet, zu ansteckender Musik tanzt und in den »Flow-Moment« kommt, fragt sich vermutlich irgendwann, warum er nicht öfter tanzen geht. Diese Frage können nur Sie sich beantworten. Also verschreiben Sie sich diese Wohlfühl-Kur, und schalten Sie die Musik ein. Yes, we shake it off!

Wer jetzt einen Shake-it-off-Ohrwurm hat – sehr gut! Lied anmachen und loslegen!

21. Grund

Weil es Hochleistungssport ist

Leistungssport bedeutet das intensive Ausüben einer Sportart, mit dem Ziel, bestmögliche Leistung zu erbringen. Im Breitensport hingegen besteht weder Konkurrenzkampf noch Leistungsdruck, er ist als Freizeitgestaltung für jedes Alter geeignet.

Tanzen kann dabei sowohl easy als auch im Bereich der Hochleistung ausgeführt werden. Wer intensiv trainiert und das Bestmögliche aus einer Trainingseinheit mitnimmt, wird schnell merken, dass die Gesundheit im Bereich des Spitzensports das Wichtigste ist. Nur ein vollkommen funktionsfähiger Organismus kann Höchstleistungen erbringen. Zu den physischen Beanspruchungen zählen dabei Hypermobilität, Koordination, Kraft, Schnelligkeit und Ausdauer. Berufstänzer unterliegen dabei auch psychischen Belastungen wie

Leistungsdruck, Konkurrenzkampf, ständiger Kritik und psychischer Stabilität als Grundvoraussetzung.

Wer die körperliche Leistung eines Tänzers mit der eines Leistungssportlers vergleicht, wird zu dem Ergebnis kommen, dass auch der Tanz als Hochleistungssport bezeichnet werden kann. Das Messen von definierten systematisch quantitativen Leistungen ist beim Tanz nicht möglich. Es ist vielmehr die Tatsache, dass ein Tänzer täglich an seinem Limit arbeitet, um die körperliche Leistungsfähigkeit zu steigern und die anspruchsvolle Koordination zu schulen. Um das Leistungsniveau zu verbessern, müssen Tänzer stets an ihrer Perfektionierung arbeiten. Genauso wie bei einem 100-Meter-Läufer, der teilweise unter körperlichen Schmerzen trainiert, bis er mit sich zufrieden ist.

Das Erlernen des tänzerischen Berufes ist ein langwieriger Prozess, der wie bei anderen Hochleistungssportlern im Kindesalter beginnt. Es ist ein höchst anstrengender und anspruchsvoller Sport, der Tanztechnik, eine offene Persönlichkeit und Ehrgeiz erfordert. Außerdem ist es eine Kunstform, die Magie ausstrahlt, die den Körper als Ausdrucksorgan nutzt und sowohl Außenstehenden als auch dem Tänzer selbst ein maximales Vergnügen beschert.

Und wer nicht vorhat, Tanz zu seinem Beruf zu machen, kann auch im Hobbybereich durch intensives, anspruchsvolles Training »Hochleistungssport-Luft« schnuppern.

Meine damalige Tanzlehrerin hat immer gesagt, Stepptanz ist Hochleistungssport, und wer im Ballett an der Stange nicht nach zehn Minuten in Schweiß gebadet ist, macht es nicht richtig. Aussagen, die sich bei mir zum Thema Tanz als Hochleistungssport eingebrannt haben. Kaum zu glauben, dass manche Menschen Tanzen nicht als Sportart sehen.

22. Grund

Weil man Körperbewusstsein entwickelt

Tanztechnik und Tanzbewegungen erfordern Kenntnis über die Körpersprache und setzen damit Körperbewusstsein voraus. Wer tanzt, bekommt ein Gefühl für Leichtigkeit und Schwere, ein Gefühl für Wahrnehmung und Gewicht. Im Tanzunterricht lernt man, Gewicht abzugeben, an den Partner, den Boden oder sogar sich selbst. Wer sich traut, durch sein eigenes Körpergewicht in eine Dehnung zu gleiten, wird merken, wie effektiv Gewichtabgeben und Loslassen sein können. Man entwickelt ein Bewusstsein für eigene Grenzen, die man sich selbst gesteckt hat. Gedanken wie »ich kann das nicht« oder »ich bin zu schwer« werden beiseite gefegt oder stoppen einen in dem Prozess, sich selbst kennenzulernen und einen Umgang mit dem Körper zu entwickeln.

Durch Wahrnehmung der Hände, Füße, Stimme oder der Atmung dringt man oft in bewusstseinserweiternde Bereiche des Körpers, mit denen man sich vorher noch nie auseinandergesetzt hat. Oft ist man dann überfordert und lernt damit erneut die Bedeutung von Loslassen kennen. Dadurch entwickeln wir mit der Zeit ein Gespür für den Körper und verstehen, wie wir ihn beim Tanz, aber auch im Alltag einsetzen können.

In Übungen wie »Bewegung vom Brustbein aus starten« oder »in jeden Millimeter des Körpers atmen« wird der Blick auf den Körper geschult und die Wahrnehmung geschärft.

Die Körperhaltung liefert beim Tanzen Informationen über unsere Persönlichkeit und definiert die Einstellung, in der wir uns selbst und anderen gegenüber stehen. Deshalb ist es beim Tanzen wichtig, sich stetig persönlich und im körperlichen Ausdruck weiterzuentwickeln, um die eigene Identität zu stärken.

Durch Bewegungen und das Ausprobieren der eigenen körperlichen Fähigkeiten wird im Tanzunterricht neben dem Selbstbewusstsein so auch die Körperbeherrschung trainiert. Man verbessert die Motorik, schärft den Gleichgewichtssinn, schult die Koordination, schafft eine Verbindung zwischen Körper und Geist und entwickelt so schlussendlich Selbstwahrnehmung.

Körperbewusste Menschen kennen sich selbst und haben eine positive Ich-Stärke. Und genau diese Eigenwahrnehmung kann durch das Tanzen geschult werden und fürs Leben neue Perspektiven eröffnen. Wer sich seiner selbst bewusst ist, entwickelt gleichzeitig Bewusstsein für den Körper. Selbst-Bewusstsein (Grund 17) durch Körper-Bewusstsein, genauso umgekehrt.

23. Grund

Weil man Aufregung spürt

Vor meiner ersten Ballettstunde als Grundschülerin war ich sehr aufgeregt. Vor meiner ersten Steppstunde auch. Als ich als Teenager zum ersten Mal im Jazz und Modern Dance war, wurde die Nervosität auch nicht besser. Mein erster Workshop, die erste Tanzstunde in der Ausbildung, sie kosteten Nerven.

Und dann waren da ja noch die Auftritte, die man als Tanzschüler oder Profi hat. Egal, wie oft ich Erlerntes vortanzen sollte, egal, ob vor meinen Eltern, einem großen Publikum oder den Dozenten, ich war immer aufgeregt.

Und in Momenten, wo ich es hätte sein sollen, wie beispielsweise dem Vortanzen an der Tanzschule, um in die Ausbildungsklasse zu kommen, war ich es nicht.

Es ist ein merkwürdiges Gefühl, manchmal ist es da, manchmal nicht, mal setzt es ungeahnte Kräfte frei, mal blockiert es uns.

Und es begleitet uns alle, egal ob Tänzer oder nicht, sowohl im Profibereich als auch im Hobbyverein. Es kann Lampenfieber und Prüfungsangst, aber auch Freude auf die Tanzstunde oder Präsentation sein. Wer wochenlang mit seinem Partner für die Hochzeit den Eröffnungstanz übt, wird ihn möglichst fehlerfrei am Tag der Hochzeit tanzen wollen. Natürlich sollte man sich dabei nicht unter Druck setzen, dieser Tanz gehört nur dem Brautpaar. Doch auch wenn man es schafft, die Gäste auszublenden und nur für sich zu sein, wird eine schöne Portion Aufregung das ganze Spektakel begleiten.

Aufregung ist nichts Schlechtes. Sie beweist, dass uns etwas wichtig ist, dass wir uns um etwas Gedanken gemacht haben und nicht wissen, was uns erwartet. Werden alle in der Tanzstunde nett zu mir sein? Ist es schlimm, dass ich keine Jogginghose, sondern Leggins für meine erste Hip-Hop-Stunde angezogen habe? Fällt auf, dass ich noch nie getanzt habe?

Das Gefühl der Aufregung wird meistens von Erleichterung begleitet. Man hat etwas geschafft, ist vielleicht auch stolz auf sich. Das können schon Kleinigkeiten sein, wie die Überwindung, sich im Unterricht nicht immer zu verstecken, sondern auch einmal nachzufragen, wenn einem der Bewegungsablauf nicht klar ist, und sich in die erste Reihe zu stellen. Oder der Mut, endlich einen Poledance-Kurs zu besuchen, weil man das schon immer wollte, sich aber nicht getraut hat.

Es ist völlig in Ordnung, aufgeregt zu sein. Denn sobald man dann endlich tanzt, schalten sich die Zweifel und Sorgen ab, und man spürt nur noch die Glücksgefühle, die einen Freudentanz im Körper aufführen. Ohne ein bisschen Aufregung wäre das Tanzen etwas Langweiliges.

Außerdem kann die richtige Dosis an Nervosität sehr hilfreich sein. Wer diesen kleinen Adrenalinschub bekommt, wird wacher und konzentrierter. Es gilt, die Aufregung für sich zu nutzen und nicht in Panik und Lampenfieber abzudriften. Für Menschen, die negative Erfahrungen in ihrer letzten Tanzstunde gemacht haben, wird es möglicherweise zur Herausforderung, erneut den Kurs zu besuchen. In einer meiner Unterrichtsstunden bin ich einmal über meine Hose gestolpert und schmerzhaft auf meinem Hintern gelandet. Die übrigen Schüler haben versucht, nicht zu lachen, aber es muss wohl sehr lustig ausgesehen haben. Für manche Menschen mag es merkwürdig klingen, aber ich war sehr aufgeregt, diese Tanzstunde in der darauffolgenden Woche wieder zu besuchen. Würde man mich bei der Übung, die mir zum Verhängnis wurde, plötzlich beobachten? Werden die Umstehenden genau schauen, ob mir heute wieder ein Missgeschick passiert? Ich konnte mein Kopfkino, wie ich erneut am Boden liege und von den anderen ausgelacht werde, nur schwer abschalten. Doch genau diese Eventualitäten, die in mir Aufregung auslösten, machten mich behutsam, ich führte die Übung mit Bedacht aus und schaffte es, die Angst vor negativen Bewertungen abzuschalten. Und siehe da: Es klappte (nicht zuletzt durch das Tragen einer anderen Tanzhose)! Die enorme Aufregung wich dem Glücksgefühl, es hinbekommen zu haben. Mein Highlight an diesem Tag war obendrein, dass ich in der Lage war, mich nicht als Außenstehender in der Gruppe zu sehen. Ja, ich war die, die blöd hingefallen war, aber ich war dennoch ein Teil der Tanzgruppe und wurde eben nicht von den bösen Feinden ausgelacht. Wir waren ein Team, in dem jeder von uns aufgeregt war, ob ihm dasselbe passieren könnte, was bei einigen Kollegen übrigens später auch der Fall war. Ist es nicht schön zu wissen, dass wir alle im selben Boot sitzen und jeder von uns mit Aufregung zu kämpfen hat? Das Entscheidende ist, wie wir damit umgehen und es schaffen, sie als etwas Gutes zu betrachten. Für mich ist Aufregung sowohl im Tanzen als auch im ganzen Leben wie ein Gewürz fürs Essen. Sie macht es im richtigen Maß spannend und interessant.

24. Grund

Weil man seinem Partner vertraut

Solotänzer sind an niemanden gebunden, sie verlassen sich nur auf ihr eigenes Können. Wer aber mit einem Partner tanzt, muss sich auf ihn verlassen können. Umgekehrt genauso. Beide müssen die Schritte sicher beherrschen und bei Fehlern des anderen in der Lage sein, sofort zu reagieren. Er muss bei Hebungen da sein, sie auffangen. Sie muss sich trauen, sich komplett fallen und führen zu lassen.

Vielen von uns fällt es schwer, Kontrolle abzugeben und Vertrauen aufzubauen. Doch nur so ist Paartanz, in jedem Tanzstil, möglich. Wenn der Tanzpartner einen Fehler macht oder etwas anders tanzt, als man für sich selbst als korrekt empfindet, ist das auch in Ordnung. Man muss dem Gegenüber zugestehen, dass er/sie das Bestmögliche getan hat, und das in dieser Form schließlich auch akzeptieren. Man ist ein Team und kämpft nicht gegeneinander.

Bei über 70 Paartänzen aus aller Welt muss es ja funktionieren, auch wenn man sich eventuell mal auf die Füße steigt. Denn nur Tanzpaare, die einander vertrauen, kommen weiter und können gemeinsam Grenzen durchbrechen. Wer Hemmungen hat und Bewegungen stoppt, weil er sich unwohl fühlt und nicht loslassen kann, nimmt sich selbst ein Stückchen der Bewegungsqualität weg.

Erinnern Sie sich an Sarah Lombardis *Shades of Grey*-Choreografie mit Robert bei *Let's Dance*? Ein Tanz, in dem sie sich mit Sprüngen und Hebungen dem Tanzpartner hingegeben hat, eine Choreografie, die mit Höchstwertung bepunktet wurde und von der sie selbst sagte, hier sei der Knoten geplatzt. Dieser Tanz war ein einziger Fluss, ohne zu stoppen führte eine Bewegung in die nächste, nahtlos, spektakulär und mit einer großen Portion Vertrauen in die eigenen Fähigkeiten, aber besonders auch in die des Tanzpartners. Hier konnte man deutlich sehen, welchen Mut es braucht, einander zu vertrauen und loszulassen, aber auch, dass es sich lohnt, gemeinsam zu tanzen und nicht jeder für sich.

Doch was passiert, wenn der Lebenspartner/-in plötzlich unbedingt tanzen lernen möchte, Sie selbst aber keine Lust oder Möglichkeit dazu haben? Vertrauen Sie dem Partner nun auch, wenn er mit einer Kollegin einen Tanzkurs besucht? Oder sie mit dem besten Freund, der Ihnen schon länger ein Dorn im Auge ist? Tanzen bedeutet, gemeinsam Spaß zu haben, sich sehr schnell sehr nahe zu kommen, eventuell sogar Leidenschaft zu verkörpern. Können Sie Ihre Bedenken frei äußern und sich Vertrauen schenken, oder führt das zu der einen oder anderen Diskussion?

Für Profitänzer ist das Normalität, hier findet man Ehetanzpaare, Geschwister- oder rein sportliche Tanzpaare. Doch für Menschen, die einen Partner suchen, ist Tanzen nun einmal keine verkehrte Möglichkeit, die neue und aufregende Nähe zu spüren und sich auf sein Gegenüber einzulassen.

Wie auch immer man dazu stehen mag, Vertrauen sollte eine wichtige Rolle dabei spielen.

Auch bei Gruppentänzen ist es wichtig, aufeinander zu achten. Mehr dazu in Grund 103.

25. Grund

Weil Musikanlagen ihren eigenen Willen haben

Die liebe Technik. Sie kann uns Fluch und Segen zugleich sein. Wir sind auf sie angewiesen, und wenn sie nicht funktioniert, fühlen wir uns einsam und verloren. Aber gerade das kann einem neue Perspektiven eröffnen und eine Tanzeinheit kreativ und mal anders ablaufen lassen.

Ich war in meiner Tanzstunde, und eigentlich war alles wie immer. Damals war es noch eine Hobbystunde, wir waren etwas zu laut und fröhlich, als es in einer Profi-Klasse der Fall gewesen wäre. Unsere Tanzlehrerin kam gestresst zu uns, sie musste ihren Sohn aus der Schule holen und jetzt die Horde aufgewühlter Tanzschüler unterrichten. Beim Einlegen der CD stutzte sie etwas, irgendein Knopf reagierte nicht wie üblich. Wir halfen ihr (alle), jeder wollte die Musikanlage wieder zum Laufen bekommen. Unsere arme Lehrerin versuchte, die elf Schüler von der Anlage wieder wegzuscheuchen und Ruhe zu bewahren. Unser Technikfreak bekam es schließlich hin. Zehn Minuten war es möglich, dem Unterricht wie gewohnt zu folgen. Wir absolvierten unser Warm-up wie gehabt. Als die Sprünge an der Reihe waren, begann die Anlage zu stottern. Mit jedem Aufkommen unserer Trampel-Füße zitterte die Box, und die Lautsprecher an den Decken stöhnten auf. Nach der Übung ging nur noch die rechte Seite, Schüler auf der linken Seite hatten keine Musik mehr. Die Laune unserer armen Dozentin sank immer mehr, da wurde irgendwann mit dem Tanzschuh auf die Anlage geklopft, gerüttelt und gedrückt, aber diese lachte uns nur aus und schaltete schließlich auch die rechte Box ab. Nein, heute sollte einfach kein normales Training stattfinden. Natürlich hatte keiner von uns Ersatz dabei. Wo heute jeder Schüler Handy, Tablet oder iPod als Musikquelle im Nu anbieten kann, hatte ich einen Gameboy im Rucksack. Und zur Tetris-Musik wäre die Übung nicht unbedingt vorteilhafter geworden.

In dem Kurs war ein Mädchen, das sehr gut singen konnte. Das wussten wir bis dahin allerdings noch nicht. Sie begann, einfach aus Spaß das Lied unserer Choreografie anzustimmen und auf die Sitzbank zu trommeln. Das machte sie verdammt gut, wir waren sehr überrascht. Und so kam es, dass wir die restliche Stunde mit Live-Musik unseren Tanz übten und es zu einer der lustigsten Tanzstunden meines Lebens wurde.

Auch während eines Auftritts ließ uns einmal eine Musikanlage im Stich. Wir tanzten, und plötzlich war es still. Wir brauchten alle ein bisschen, bis wir begriffen, dass uns gerade die Musik abgesoffen war. Ein seltsames Gefühl, fast so, als wäre man plötzlich nackt. Wir wussten nicht, ob wir weitertanzen sollten, von vorne beginnen oder stoppen. Die Beleuchtung funktionierte einwandfrei, sodass man unsere ratlosen Gesichter schön auf dem Silbertablett erkennen konnte. Die Gruppe entschied sich wortlos fürs Weitermachen. Da wurde unser Schnaufen und Getrampel plötzlich nicht mehr so schön kaschiert, Musik macht eben doch eine ganze Menge aus, wenn es um elegantes Auftreten geht. Das Interessante war dabei die Reaktion des Publikums: Sie waren mucksmäuschenstill. Jeder bemerkte, dass da etwas schiefgelaufen war, auch wenn meine Mama bis heute behauptet, dass man gedacht hätte, es gehöre so. Meine Freundinnen sind da in der Regel gnadenloser in ihrem Urteil, doch auch sie waren von diesem Missgeschick irgendwie fasziniert. Unsere Gruppe tanzte plötzlich, als ginge es um Leben und Tod. Wir tanzten die Schritte noch größer, gaben alles, was wir konnten, um von der fehlenden Musik abzulenken. Unsere Dozentin beobachtete das Szenario von der Bühnenseite und brach nicht ab. Wir bekamen tosenden Applaus. Ich gehöre nicht zu den Leuten, die sich gerne selbst loben, aber ich war sehr stolz auf meine Gruppe und mich. Wir hatten so lange für diesen Auftritt geackert und geprobt, eine Musikanlage konnte uns diesen Moment nicht zerstören. Und gerade weil wir plötzlich in einer Ausnahmesituation waren und noch genauer auf die Situation reagieren mussten, tanzten wir die Bewegungen, wie wir es noch nie zuvor geschafft hatten. Und um ehrlich zu sein, bin ich rückblickend froh, dass es so gekommen war. Es hat mir gezeigt, dass ein Tänzer nie aufgibt und spontan auf Eventualitäten reagiert. Und dass ich auf meine Gruppe sehr stolz sein konnte.

26. Grund

Weil es Cool-downs gibt

Logisch, von Warm-up hat jeder von uns schon einmal gehört. Dass es wichtig ist, aufgewärmt in die Übungen und das Training zu starten, ist uns klar. Aber nicht alle wissen, dass das Cool-down, also das Wieder-Abwärmen nach dem Training und der Vorstellung, genauso wichtig für Tänzer ist. Auch für mich hieß es nach dem Training immer, sofort nach Hause, ab unter die Dusche. Von Cool-down hatte ich lange Zeit keine Ahnung.

Dabei reduziert das Cool-down das Verletzungsrisiko (nach Vorstellungen um über 80 Prozent) und ist entscheidend für die schnelle Regeneration für Körper und Geist. Wer seinen Körper ganz bewusst wieder abwärmt, führt ihn in den Ruhezustand zurück und gibt ihm schnellstmöglich die Möglichkeit zur Erholung, während die Reparaturprozesse in Gang gesetzt werden.

Auslaufen, Ausschwingen oder Dehnen gehören zu den aktiven Maßnahmen, die um das Sechsfache schneller Stoffwechselschlacken abtransportieren als passive Maßnahmen wie Sauna, heiße Dusche oder Massage. Wer am nächsten Morgen wieder startklar sein muss, sollte sich über ein Cool-down also ernsthaft Gedanken machen.

Bei Anfängern muss das Cool-down dabei nicht lange sein, trainierte Tänzer hingegen müssen dem Körper Zeit geben, um von der hohen Belastung wieder herunterzufahren. Auch ist abends das Cool-down länger als am Morgen, da in der Früh der Organismus noch nicht zu seiner Höchstform angekurbelt ist. Bei warmen Temperaturen ist ein längeres, aber dafür weniger intensives Cool-down nötig.

Wichtig ist, dass das Cool-down der Entspannung dient, es bedeutet keine Zusatzbelastung nach der Tanzstunde. Damit das Blut nach einer intensiven Tanzstunde nicht einfach im Muskel stockt, sollte man sich 5–15 Minuten Zeit nehmen und noch nicht gleich völlig verschwitzt in die Umkleidekabine oder zum nächsten Termin sprinten. Andernfalls kann einem schwindelig oder übel werden, da dem Kreislauf weniger Blut zur Verfügung steht. Außerdem verzögert sich die Regeneration des Muskels, da die Abfallprodukte im Muskel liegen bleiben.

Durch leichte Muskelarbeit wie Auslaufen wird die Muskelpumpe aktiviert, das venöse Blut wird in Richtung Herz befördert. Das beschleunigt die Ausschwemmung von Stoffwechselschlacken aus dem Muskel.

Da nach dem Training die erhöhte Herzfrequenz die Umlaufgeschwindigkeit des Blutes beschleunigt, kann man sich mit dem Cool-down den Abtransport von Abfallprodukten zunutze machen.

27. Grund

Weil es alle Sinne anspricht

Tanzen aktiviert jeden unserer Sinne: Sehen, Riechen, Schmecken, Hören, Tasten und den oft vergessenen Gleichgewichtssinn.

Hier eine Beschreibung von *Spiegel online*, welche Hirnregionen und Sinneseindrücke beim Tanzen aktiviert werden:

»Die Musik wird im Innenohr in elektrische Impulse umgewandelt, die vom Hörnerv an das Hörzentrum im Gehirn geleitet werden. Der Nucleus geniculatus medialis ist durch die Hörbahn mit der Hörrinde verbunden. Er hilft, den Beat in der Musik zu erkennen, und löst unbewusste Reaktionen aus, etwa das Wippen der Füße. Die Tanzschritte werden im Frontallappen des Hirns geplant. Entsprechende Nervensignale gelangen von dort an die Muskeln. Der Precuneus ist wichtig für Orientierung und Raumsinn. Der Lobus anterior cerebelli, ein Teil des Kleinhirns, erhält Rückmeldungen aus dem Rückenmark und hilft dabei, Tanzschritte und Musik ständig zu synchronisieren. Durch die Körperbewegung und den Musikeindruck wird im Gehirn Dopamin ausgeschüttet, das Glücksgefühle auslöst. Mit dem Groove lässt die Kontrollfunktion des Gehirns nach. Es feuern Nerven, die eher für Bindung und Nähe zuständig sind.«[5]

Gleichgewichtssinn: Man dreht sich und bewegt den Körper in viele verschiedene Richtungen. Dabei muss man sich abfedern und die Balance halten. Anforderungen, die den Gleichgewichtssinn enorm schulen. Damit werden wir stark für andere Sportarten und den Alltag und schützen uns außerdem vor Stürzen und Verletzungen.

Tast- und Fühlsinn: Man berührt beim Tanzen nicht nur den Partner, sondern auch sich selbst und spürt beispielsweise den Untergrund, auf dem man sich befindet. Man merkt auch, wie es einem selbst geht. Wie fühle ich mich gerade? Habe ich Spaß? Welche Emotion bringt diese Bewegung mit sich? Nicht umsonst beinhaltet Emotion das Wort »motion«.

Vor allem für blinde und gehörlose Tänzer ist dieser Sinn sehr wichtig. So können taube Menschen durch das Fühlen des Beats auch Rhythmus erleben.

Hörsinn: Die Ohren erkennen, in welcher Richtung sich das Geräusch, zum Beispiel der sprechende Tanzlehrer oder die Musikanlage, befindet. Außerdem differenziert es zwischen hohen und tiefen Tönen, sowie zwischen laut und leise.

Das Geräusch wird als Schallwelle in der Ohrmuschel aufgefangen und an das Trommelfell weitergeleitet. Die Vibration des Trommelfells wird über Hammer, Amboss und Steigbügel an das Innenohr übertragen und dort zu Nervenimpulsen verarbeitet, die dann zum Gehirn übermittelt werden.

Sehsinn: Die Augen helfen uns bei der Orientierung im Raum, sie liefern uns Informationen über die Form, Symmetrie und Größe von Bewegungen, ob es hell oder dunkel ist und was unserer Meinung nach gesehen werden soll. So ist es beim Tanzen für das Nachmachen von Bewegungen sehr wichtig, genau hinzuschauen, damit uns auch die kleinen, die wichtigen Details nicht entgehen. So erkennen wir auch Abstände zu den übrigen Teilnehmern oder ob wir in der Choreografie synchron in der Gruppe tanzen.

Geschmackssinn: Wir können süß, salzig, sauer und bitter unterscheiden, seit Kurzem auch »umami« (Fleischgeschmack). Vor allem besteht der Geschmackssinn aus dem Geruchssinn, da viele kleine Bestandteile der Nahrung durch den Rachen von hinten in die Nase gelangen und die Riechrezeptoren reizen.

Beim Tanzen schmecken wir zum Beispiel unseren Schweiß oder Blut, wenn man sich unvorsichtig auf die Zunge beißt.

Geruchssinn: Dieser Sinn verbindet Gerüche mit Gefühlen. Ich werde nie den Geruch der ersten Tanzschule vergessen, die ich mit sechs Jahren betrat. Mit der Luft gelangen die verschiedenen Duftstoffe in die Nase, an deren Riechschleimhaut etwa drei Millionen Riechzellen sitzen, die mit feinen Sinneshärchen ausgestattet sind. Jede Riechzelle ist nur für einen einzigen Duftstoff zuständig. Sobald dieser beim Einatmen an Ihren Sinneshärchen vorbeizieht, melden diese das dem Gehirn, wodurch wir ungefähr 10.000 verschiedene Gerüche wahrnehmen können.

Tanzen ist eine Sportart, die jeden Muskel und jeden unserer Sinne anspricht. Es ist eine Erlebnisreise für den Körper und zeigt, was dieser alles so draufhat. Es ist wichtig, dass unsere Sinne nicht verkümmern und einschlafen. Vielleicht kann man sich in jeder Tanzstunde einen anderen Sinn vornehmen, auf den man sich konzentriert. Eventuell verändert sich dadurch ja die Qualität der Bewegung? Auf jeden Fall trainiert es die unglaubliche Leistung, die unser Körper erbringen kann.

28. Grund

Weil es geborene Tänzer gibt

Da steht man im Tanzunterricht und plagt sich seit Wochen mit ein und derselben Übung, und plötzlich kommt ein Schüler aus dem Nichts und kann es auf Anhieb. Komisches Gefühl, zugegeben. Oder die Ballettlehrerin entdeckt an der Kollegin hinter einem an der Stange, dass sie die perfekte Fußform hat. Ganz begeistert animiert sie die Übrigen, doch bitte einen Blick auf diese Prachtfüße zu werfen. Richtig komisches Gefühl.

Bei manchen von uns sehen gewisse Bewegungen einfach merkwürdig, angestrengt und unbeholfen aus. Da können wir noch so viel trainieren, es gibt immer andere, bei denen es leichtfüßig und viel cooler wirkt als bei uns. Das ist leider Tanzalltag. Aber wir können nichts dafür. Studien haben jetzt erwiesen, dass es »geborene Tänzer« gibt. Vielleicht war Michael Jackson einer von ihnen, wir können es nur erahnen. Fakt ist, dass es solche und solche Tänzer gibt. Und dass das Können der absoluten Tanzüberflieger nicht nur das Ergebnis jahrelanger Übung ist, sondern laut einem israelischen Forscherteam auch an zwei bestimmten Genvarianten liegt, die Extrovertiertheit und Kreativität fördern.

Dabei wurden 85 Tänzerinnen und Tänzer genetisch analysiert, außerdem mussten die Künstler Fragebögen ausfüllen, die auf Eigenschaften wie Einfühlungsvermögen und Ausdrucksfähigkeit abzielten. Interessante Studienbestandteile, um herauszufinden, ob man zu den »geborenen Tänzern« gehört.

Die Forscher ließen sich nicht beirren, sondern verglichen die genetischen Profile und Fragebögen mit einer Gruppe aus 91 Sportlern, denen eine ähnliche Körperbeherrschung und Konzentration wie bei Tänzern nachgesagt wird. Eine weitere Gruppe, 872 Menschen ohne sportliche oder tänzerische Spezialbegabung, wurde ebenfalls zum Vergleich herangezogen.

Dabei zeigten Tänzer ein ganz charakteristisches genetisches und persönliches Profil auf. Besonders zwei Genvarianten, nämlich die für den Serotonintransport und solche, die einen Rezeptor für das Hormon Vasopressin enthalten, fielen dabei auf. Diese stehen nämlich mit der kreativen Ausdrucksstärke von Tänzern in Verbindung. Serotonin beeinflusst direkt die Gehirnaktivität und steuert die Wahrnehmung und Gefühle. Vasopressin kann die Ausdruckskraft modulieren.

Die Wissenschaftler um Richard Ebstein von der Hebräischen Universität in Jerusalem gehen davon aus, dass sich im Laufe der Menschheitsentwicklung diese künstlerische Veranlagung ins Erbgut eingeschrieben hat. Untersuchungen von Musikern und Athleten zeigten dabei ähnliche genetische Merkmale.

Wir merken also, dass bestimmte Eigenschaften des »Tänzer-Typs« bei manchen Menschen stärker ausgeprägt sind als bei anderen, weniger graziösen Zeitgenossen. Laut der Studie also ein erhöhter Sinn für Kommunikation, ein Hang zum Symbolischen und Zeremoniellen und eine starke Spiritualität. Ich finde es irgendwie schön, dass jeder meiner Religionslehrer ein geborener Tänzer war. Viele hatten vermutlich gar keine Ahnung davon. Jedenfalls wissen wir jetzt endlich, dass es nicht schlimm ist, wenn es andere einfach sofort draufhaben. Wir können gelassen antworten: »Ich brauche eben länger, ich gehöre nicht zu den geborenen Tänzern. Dafür habe ich es mir erarbeitet, das ist viel cooler, als sich nicht bemühen zu müssen.«

Dank an diese Studie!

Ich gehöre definitiv nicht zu den geborenen Tänzern. Lange konnte ich nicht mal im Stehen meine Füße berühren, geschweige denn die Nase mit gestreckten Beinen zum Knie führen. Ein Spagat war für mich ein fernes Ziel, mehr als fünf saubere Liegestütze schaffte ich nicht, und die Schritte von Choreografien wollten einfach nicht in meinem Gedächtnis bleiben. Wenn ich sie dann endlich halbwegs abgespeichert hatte, war ich nie im Timing, immer zu schnell, weil ich zeigen wollte, dass ich es noch wusste. Aber ich hatte eine besondere Stärke – meinen Willen. Ich finde, auch diese Eigenschaft zeichnet letztendlich einen Tänzer aus. Niemals aufzugeben. An dieser Stelle möchte ich also auch die Nicht-Geborenen-Tänzer ermutigen. Man kann alles schaffen, alles lernen, auch wenn man sich anfangs schwerer als andere tut. Erfolge von Menschen, die sich plagen müssen und erst langsam steigern, sind mindestens genauso wertvoll wie das Erreichte der Überflieger. Also bitte dranbleiben, auch wenn es manchmal schwerfällt. Denn egal, ob man fürs Tanzen geboren ist oder nicht – solange es Spaß macht, hat man den wichtigsten Grund, das Tanzen zu lieben.

29. Grund

Weil man schwitzt und trinkt

Es existieren Menschen, die immer dachten, sie könnten nicht schwitzen. Und plötzlich erleben sie in einer Tanzstunde, wie sich ein nasses Oberteil und Schweiß bis in die Unterhose anfühlen können. Außerdem gibt es Leute, die in der Tanzeinheit entdecken, wie herrlich Wasser schmecken kann.

Damit unser Körper im Training nicht überhitzt, kühlt er uns durch Schwitzen ab. Das Gehirn aktiviert die Schweißdrüsen, Wasser wird zu den warmen Muskeln und von dort zu den kleinen Blutgefäßen der Haut transportiert, die Schweißproduktion beginnt. Durch die Poren tritt das Wasser nun mit den Mineralstoffen und Abfallprodukten als Schweiß an die Hautoberfläche aus. Das Verdunsten des Schweißes kühlt und lässt die Körpertemperatur sinken. Die dünne Schicht der Mineralstoffe bleibt auf unserer Haut zurück und macht den salzigen Geschmack und das Brennen in unseren Augen aus.

Wer nun also schwitzt (bei Trainierten bis zu drei Liter Schweiß pro Stunde an heißen Tagen!), muss dem Flüssigkeitsverlust entgegensteuern. Denn ohne Wasser sind kein Blutkreislauf, kein Stoffwechsel und keine Wärmeregulation möglich. Unser Körper besteht bis zu 80 Prozent aus Wasser. Durch Urin, Atmung, Stoffwechsel und Schweiß geht dabei eine Menge Flüssigkeit verloren – und damit auch die Mineralstoffe.

Wer nun also tanzt, muss trinken, um leistungsfähig bleiben zu können. Andernfalls bekommt der Körper Stress und kann nicht regenerieren, Muskelkrämpfe, Kopfschmerzen, Schwindel oder sogar Erbrechen können die Folge sein. Das kennen wir nicht nur vom Sport, sondern beispielsweise auch von langem Stau im heißen Auto, wenn wir keine Möglichkeit zu trinken haben.

Schön, also trinken wir. Aber wie und was? Ich habe in einer Tanzstunde mal beherzt zur Wasserflasche gegriffen und sie stolz fast ausgetrunken. Die übrige Stunde konnte ich nicht mehr springen, mein Gluckerbauch tat weh, die Kohlensäure stieß die ganze Zeit auf, und ich musste dringend auf die Toilette. Also bitte ein paar Trinkregeln beachten!

Niemals durstig ins Training gehen, vor dem Tanzen trinken. Bei einer 60-minütigen Unterrichtseinheit reicht es, danach Flüssigkeit zu sich zu nehmen. Ist das Training länger, sollte man schon während der Belastung den Wasserhaushalt auffrischen. Aber bitte in kleinen Mengen über das Training verteilt, nicht in wenigen großen. Und dabei auf Kohlensäure verzichten. Diese übt einen leichten Dehnungsreiz auf den Magen aus, der im Training unangenehm ist. Außerdem werden kohlensäurehaltige Getränke nur verzögert vom Körper aufgenommen, also lieber stilles Wasser trinken. Noch besser: leicht gekühlte Saftschorlen, drei bis fünf Teile Wasser auf einen Teil Saft. Diese bieten rasch Energie, Mineralstoffe und Spurenelemente. Unverdünnte Fruchtsäfte, Cola, Limonade und Energydrinks verzögern die Flüssigkeitsaufnahme und sind dabei genauso ungeeignet wie Kaffee oder Alkohol zum Auffüllen der Flüssigkeitsreserven.

Am besten ein Sportgetränk wählen, das Natrium (reduziert die Harnausscheidung und regt zur höheren Trinkmenge an) und Kohlenhydrate (liefern Energie) enthält. Ja, ein Tänzer erlebt so einiges im Unterricht. Auch, dass er eben doch schwitzen kann und ein erfrischendes Trainingsgetränk gewisse Eigenschaften haben sollte. Vor schweißtreibenden Tanzeinheiten also ruhig schon vorher genug trinken, um den Wasserhaushalt ordentlich aufzufüllen.

3. *Kapitel*

Der Tanz in seiner Einfachheit

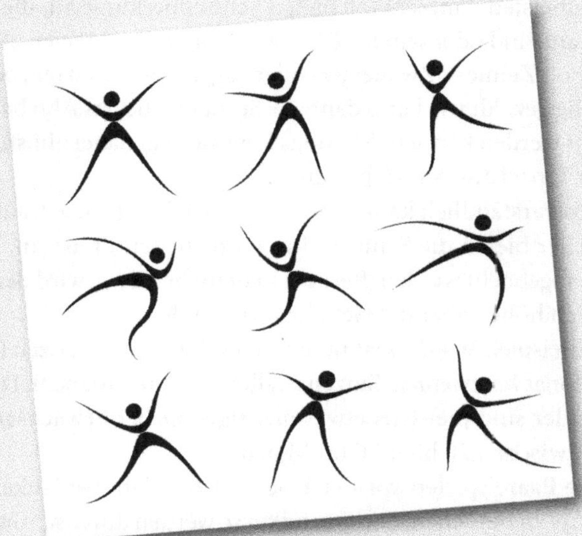

30. Grund

Weil es günstig ist

Tanzen im Club kann teuer werden. Das beweisen die hohen Eintrittspreise, die man für einen Freitagabend in seiner Lieblingsdisco mittlerweile hinblättern muss. Doch wie sieht es eigentlich mit Tanzschulen aus? Muss man hier auch sparen, um eine Stunde mittanzen zu dürfen? Die Antwort lautet Jein.

Die meisten Tanzschulen bieten Schnupperkurse an, die fast immer gratis sind oder selten 5 € für 90 Minuten übersteigen. Auch gibt es sehr oft Zehner-, Zwanziger- oder sogar Flatratekarten, bei denen einmalig gezahlt wird und dann die Stunden, die das Abo beinhaltet, besucht werden können. Meistens kommt man dabei günstiger weg, als nur Einzelstunden zu bezahlen.

Selbstverständlich kann man auch regelmäßig Tanzstunden nehmen. Hier bieten die Schulen ihre monatlichen Preise an, die vom Konto abgebucht werden. Besucht man mehr Kurse, wird der Beitrag natürlich höher, aber die Gebühr pro Stunde sinkt.

Ein Beispiel: 36 €/Monat für einmal wöchentlich Tanzen (Ballett); 50 €/Monat für zweimal Tanzen (Ballett und Streetdance). Die Preise für Kinder sind meistens etwas niedriger als bei Erwachsenen und liegen zwischen 20 bis 45 € im Monat.

Viele Paare spielen vor der Hochzeit mit dem Gedanken, einen Tanzkurs zu besuchen. Die Grundkurse werden durchschnittlich für 75 bis 150 €/Person angeboten und beinhalten circa acht bis zehn Unterrichtseinheiten à 90 Minuten.

Fortgeschrittenenkurse liegen hier mit 80 bis 180 €/Person etwas höher, beinhalten aber auch häufig Zusatzleistungen wie Tanzpartys oder Vergünstigungen bei anderen Kursen.

In Tanzkursen, die speziell nur einzelne Tänze vertiefen (zum Beispiel Slowfox), zahlt man etwa 40 bis 80 €/Person für vier bis sechs Unterrichtseinheiten.

Auch Privatstunden werden von den meisten Schulen angeboten, die pro Stunde bei etwa 50 € liegen. Teuer, aber man hat einen Privatlehrer, der auf niemanden sonst eingeht und einem in Ruhe alle Fragen beantworten kann.

Eine Alternative zu Tanzschulen bieten Vereine, die durch geringe Mitgliedsbeiträge finanziert werden. Im Verein zahlt man circa 10 € monatlich für den Tanzunterricht des Kindes, in der Tanzschule je nach Alter bis zu 60 €.

Auch Workshops oder »Crash-Kurse« können sich lohnen, die mit 40 bis 70 €/Person für drei bis vier Einheiten à 60-90 Minuten günstig sind. Allerdings muss man hier schnell sein, da die Plätze schnell weg und heiß begehrt sind.

Die Ausrüstung fürs Tanzen kann wie bei jeder anderen Sportart von günstig bis teuer sein. Meistens genügen das passende Schuhwerk (Schläppchen, Steppschuhe, Tanzschuhe …) und die richtige Kleidung, die aus Privatklamotten (Leggins, Kleid, etc.) bestehen kann. Für Auftritte kann dann etwas genäht, geliehen oder gekauft werden.

Wer sich über die individuellen Preise seiner Tanzschule informieren möchte, sollte einfach bei den entsprechenden Dozenten nachfragen.

Und wem das alles zu teuer ist, der schaltet YouTube ein und macht da eine Tanzstunde mit. Oder holt sich eine Tanz-DVD. Oder schaltet das Radio ein und groovt mit. Oder macht es wie das Pärchen in Grund 18 und tanzt einfach los.

31. Grund

Weil es (oft) raumunabhängig ist

Gerne erwähne ich wieder das Paar aus Grund 18, das einfach auf der Straße angefangen hat zu tanzen. Oder kennen Sie die Flashmobs, die in Einkaufszentren, Flugzeugen, Marktplätzen oder sogar in Kirchen aufgeführt werden? Gehören Sie vielleicht zu den Tänzern, die beim Abwasch die Hüften kreisen lassen? Oder im Auto beginnen, laut mitzusingen und den Kopf zu bewegen? Tanzen kann man überall, sogar unter der Dusche. (Achtung: Rutschig!)

Natürlich tanzen die meisten von uns im Unterricht, bei einem Auftritt oder einer Hochzeit. Hier ist man nun mal an Ort und Zeit gebunden. Aber dennoch gibt es zahlreiche Möglichkeiten, auch unabhängig von einem Raum tanzen zu gehen.

Manchmal beobachte ich Improtänzer und freies Tanzen, bei dem sich die Menschen im Park treffen. Haben Sie schon einmal unter freiem Himmel getanzt? Vielleicht haben sogar Passanten zugeschaut? Freies Tanzen bedeutet, loszulassen, sich Raum zu geben für große und kleine Bewegungen, eckige und runde, weg von starrem Muster und vorgegebenen Choreografien. Das findet meistens in sehr großen Räumen/Hallen statt, aber selbstverständlich auch draußen. Wo sonst kann man wirklich loslassen und durchatmen?

Der Trailer zu einer Tanzperformance-Group, deren Namen ich nicht mehr weiß, die ich aber bis heute beeindruckend finde, hat sich mir als Jugendliche stark eingeprägt: Gefilmt wurde ein Zebrastreifen, auf dem die Darsteller einfach mit ihrer Choreografie losgelegt haben. Mitten im nervösen Feierabendverkehr. Und nein, die nicht beteiligten Leute waren nicht genervt, ganz im Gegenteil. Sie wurden auf ihrem Nachhauseweg mit etwas Wunderschönem überrascht, und statt zu hupen, um die Tänzer zu vertreiben, wurde wild applaudiert. Man kann überall tanzen und die Emotionen der Menschen drum herum abholen. Ähnlich wie bei Straßenmusik, nur dass es da niemand von uns befremdlich findet, wenn auf der Straße Kunst gemacht wird.

32. Grund

Weil es keine Ausreden mehr gibt

Wir wissen mittlerweile, wie herrlich es ist, den Schweinehund mit Spaß zu überwinden (Grund 12), auch wenn die meisten von uns Sportmuffel sind. Damit es nun keine Ausreden mehr gibt, hier noch ein paar Fakten: Die Weltgesundheitsorganisation WHO rät allen über 15-Jährigen, pro Woche zweieinhalb Stunden Ausdauersport zu betreiben sowie zusätzlich zweimal in der Woche sämtliche Muskeln des Körpers durch gezielte Übungen zu kräftigen, um möglichst lange ein gesundes Leben führen zu können.

Aber lassen sich Bewegungsmuffel dazu motivieren? »Am ehesten dann, wenn sie schon einmal erlebt haben, wie gut Bewegung tut«, erklärt Sabine Köglberger, Leiterin des Trainingszentrums am Institut für Sportmedizin und Gesundheitsmedizin im Medicent Linz. Und dafür eignen sich Boogie-Woogie, Foxtrott, Samba & Co besonders gut, denn Frau Köglberger fügt hinzu: »Tanzen ist ein Sport, der grundsätzlich von jedem egal welchen Alters und ohne besondere Vorkenntnisse ausgeübt werden kann.«[6] Also lassen wir uns motivieren, dem Bewegungserlebnis für mehr Sport steht nichts mehr im Weg!

Ausreden wie »Ich habe keine Zeit für ein Hobby« oder »Ich muss meine Haltung nicht verbessern« zählen nicht. Wer keine Zeit zum Tanzen hat, aber nebenbei eine komplette Staffel *Haus des Geldes* in drei Tagen am Stück schaut, sollte vielleicht einmal Tagebuch über den stressigen Alltag führen. Natürlich darf man faulenzen und muss nichts erzwingen, aber seien Sie in solchen Fällen ehrlich zu sich selbst. Sie haben Zeit, Sie lassen sich nur, nachdem wir Ihren Schweinehund am Kragen gepackt haben, doch noch die eine oder andere Ausrede einfallen.

Überlegen Sie doch einmal, warum Sie sich um Ausreden bemühen. Vielleicht denken Sie, dass Tanzen langweilig ist oder die

Leute dort kompliziert. Eventuell haben Sie sich nicht über die Kosten informiert und denken, es ist unbezahlbar. Oder Sie sind der Ansicht, dass der Besuch in einer Tanzschule mit sehr viel Aufwand verbunden ist. In all diesen Fällen gibt es nur eine Lösung: es ausprobieren, sich Situationen stellen und keine Ausreden mehr zählen lassen.

33. Grund

Weil es nie zu spät ist

Folgende Diskussion habe ich genau so in einem Forum gefunden: *Hallo Leute, bitte nicht lachen, denn ich habe wirklich ein ernstes Problem. Habs lange verdrängt, aber ich brauche nun endlich mal Rat. Ich kann nicht tanzen! Mittlerweile bin ich Mitte 20, habe noch nie einen Tanzkurs besucht – das ist ja nicht sooo schlimm … das Schlimme finde ich, dass ich auch zur »normalen« Musik nicht weiß, wie ich mich bewegen soll: (Alles hat damit angefangen, dass ich mit 16 jemanden kennenlernte – in der Disco. Da habe ich damals getanzt (wie, keine Ahnung) – jedenfalls kamen wir dann zusammen, und irgendwann meinte er, dass ich überhaupt nicht tanzen könne und es total lächerlich ausgesehen habe!!! Ich blieb mit dem Kerl leider sechs Jahre zusammen – und habe, seit er das gesagt hat, kein einziges Mal wieder getanzt!!! Dumm von mir, klar, aber so war das nun mal! Ich habe das Gefühl, dass ich diese »Ausprobierphase«, wie man sie in den ersten Discojahren hat, einfach verpasst habe!*

Nun schäme ich mich immer total, wenn ich mal mit Freundinnen oder meinem Freund in Clubs bin und alle tanzen wollen: »Neee, geht mal alleine, ich habe keine Lust!« So lautet meist meine Standardantwort! Jeder denkt, ich wäre ein Tanzmuffel – ist ja auch so, aber ich kann ja gar nicht tanzen!!! So, danke fürs Lesen, das musste nun mal raus! Bin auf eure Antworten gespannt!!!

Antwort: *Hängen sich Frauen und Mädels immer nur zu gerne an demoralisierende und destruktive Männer, die ihnen das Selbstbewusstsein abkaufen? Nächste Frage: Wieso besuchst du nicht einen Tanzkurs? Das macht Spaß, vielleicht triffst du deine neue Liebe, auf jeden Fall wirst du sicherer werden. Mach deine Angst zu deinem Hobby und probiere alles aus von Ausdruckstanz, über Bauchtanz bis hin zum Folkloretanz. Es gibt nicht nur Disco-Gewackel, hast du schon einmal einen Folkclub besucht und schöne bretonische oder irische Tänze versucht? Was auch immer du tust und lernst, es bietet dir und deinem Körper beim Tanz und in der Bewegung eine fantastische Sicherheit. Niemand wird dich dort auslachen oder beschämen, es ist zudem ein ganz anderes Völkchen in diesen Gefilden. Tanzen bedeutet Lebensfreude. Hol sie dir zurück und tanze, bis deine Füße kochen!*

Ich weiß nicht, ob ich noch etwas dazu sagen muss. Ich glaube, Sie wissen, was gemeint ist. Lassen wir das einfach so stehen. Es ist nie zu spät, mit dem Tanzen zu beginnen. Und wer andere seines Tanzstils wegen auslacht, soll sich ruhig erst mal an die eigene Nase fassen.

34. Grund

Weil Tanzen effektiv ist

Das Thema Effizienz beschäftigt wohl keine Zeit mehr als unsere. Alles muss schnell sein, sofort und vor allem effektiv. Jeder möchte viel Wirkung mit wenig Aufwand erreichen. Die wenigsten wissen, dass sie beim Tanzen eine der effizientesten Sportarten ausgesucht haben, die es gibt. Hier werden in kürzester Zeit alle Muskeln trainiert, man fördert außerdem seine Merkfähigkeit und bekommt diesen ganzen Aufwand gar nicht mit, da der Spaß uns nicht über möglichen Muskelkater nachdenken lässt. 60 Minuten sportliches Tanzen verbrennt bei einer 30-jährigen Frau mit 68 kg im Schnitt

450 Kalorien. Beim Wandern sind es 408, beim Walking 374, beim Volleyball 238 und beim Yoga 190 Kalorien. Selbstverständlich kommt es immer darauf an, welchen Intensitätsgrad Sie bevorzugen. Jogger verbrauchen im Schnitt mehr Kalorien, auf der anderen Seite gibt es hier die »Gemütlichen« und die »Schnelleren«. Sie müssen für sich selbst herausfinden, welche Sportart Ihnen am meisten gefällt. Wenn Sie sich fürs Tanzen entscheiden, gilt es hier nur noch den Lieblingstanz herauszufinden. Wenn Sie schnell und effektiv abnehmen möchten, sollten Sie bei Grund 45 weiterlesen.

Das Thema Effizienz hat aber noch weitere Aspekte beim Tanzen. Wie wir aus den Gründen 17 und 98 wissen, lernen wir durch das Tanzen in kurzer Zeit, gelassen und zügig aus Selbstzweifeln und schwierigen Situationen herauszukommen. Doch auch in der Tanzstunde selbst spielt Effizienz eine große Rolle. Wie bekommen wir es hin, genauso leicht und mit wenig Aufwand zu trainieren, wie es uns die Profis vormachen? Die Antwort ist simpel: indem wir genau das machen. Wenig Kraft, kleine Schritte, nah an der Körpermitte und nicht zu viel Platz auf der Tanzfläche benutzen. Ohne großen Aufwand den Körper von A nach B transportieren, das Gewicht und den Körper tendenziell vorne halten. Wer versucht, mit dem gesamten Körpergewicht auf den Fersen loszutanzen, verbraucht viel mehr Reserven, die Sie im Unterricht für andere Dinge brauchen. Kraftsparende Bewegungen können Sie dann auch in Alltagssituationen übernehmen.

Wussten Sie, dass schon eine Stunde Tanzen pro Woche genügt, um Verbesserungen in den folgenden Bereichen zu erzielen: Kognition/Aufmerksamkeit, Reaktionszeit, Hand-/Motorische Leistungsfähigkeit, Taktil-/Sensorische Leistungsfähigkeit, Stand und Balance und Lebensstil?

Dies fanden Neurowissenschaftler in dem speziell für Senioren entwickelten Tanzprogramm © AGILANDO des Allgemeinen Deutschen Tanzlehrerverbands heraus. Im renommierten Fachmagazin *Frontiers in Aging Neuroscience* erschien die Arbeit der Bochumer

Wissenschaftler. 25 Teilnehmer zwischen 60 und 94 Jahren tanzten über einen Zeitraum von einem halben Jahr einmal pro Woche eine Stunde lang, wobei Personen der »Kontroll-Gruppe« im selben Zeitraum keine Tanzstunden besuchten und wesentlich schlechter in diesen Bereichen abschnitten. Die Ergebnisse dieser Tests sprechen für sich und sind selbstverständlich nicht nur für Senioren gedacht. Jeder von uns kann mit ein bisschen Tanzen in der Woche seinem Körper schnell Gutes tun. Also legen Sie los!

35. Grund

Weil es egal ist, woher man kommt

Tanzen verbindet Menschen der unterschiedlichsten Herkunft. Stoff, aus dem Filme wie *Step Up* gemacht sind. Eine reiche Tänzerin verliebt sich in den armen Straßenjungen, der zufälligerweise ein hervorragender Breakdancer ist.

Beim Tanz trifft reiches Elternhaus auf den kleinen Geldbeutel, schlaue Köpfchen auf weniger Gebildete und dunkle Hautfarbe auf helle. Es ist egal, woher man kommt, der Rhythmus verbindet und nicht der berufliche Status oder das Viertel, in dem man wohnt. Jeder von uns kann einen Afro-Dance-Kurs besuchen, auch wenn man aussieht wie ein Spargeltarzan (heutzutage auch »Lauch« genannt), nicht die geringste Ahnung von Hüftschwung hat und neben einem Bauernhof in einem bayerischen Dorf wohnt. Ein Hip-Hopper, der rauen Umgangston gewohnt ist, kann plötzlich in Strumpfhosen an der Ballettstange Positionen üben. Es geht darum, was man daraus macht und wie man sich dabei fühlt, nicht ob es großartig aussieht und die Herkunft zum Tanzstil passt.

Im Film *Billy Elliot – I Will Dance* geht es um einen kleinen Jungen, der gegen den Willen seines Vaters beschließt, Balletttänzer zu werden. Billy kommt aus einer Arbeiterfamilie, der Vater ist in den Kohlenminen beschäftigt, genau wie Billys Bruder. Der Film spielt während des Bergarbeiterstreiks 1984/85, bei dem Bergleute in Nordengland versuchten, durch Streik die Schließung zahlreicher staatlicher Kohleminen zu verhindern. Die Familie Elliot nimmt an den Streiks und Straßenkämpfen teil, Vater Elliot möchte, dass Billy neben der Schule zum Boxunterricht geht. Er ist ein Mann, der hart arbeitet, Tanz ist in seiner Welt nur Verweichlichung, und so möchte er seinen Jungen zu einem Kämpfer, nicht aber zu einem Balletttänzer erziehen. Schließlich überzeugt Billy im Laufe der Geschichte jeden, der ihn von seiner Leidenschaft abhalten möchte, und beweist mit seinem Talent, dass auch ein Junge aus der Arbeiterschicht tanzen kann. Der Film wurde teilweise durch das Leben des professionellen Balletttänzers Philip Mosley inspiriert, der wie Billy aus dem Norden Englands und einer Familie von Minenarbeitern kommt.

Das Bild von reichen Akademikertöchtern im Tutu an der Ballettstange haben viele von uns im Kopf. Genauso die Annahme, dass nur »Getto-Kids« Hip-Hopper und Freestyler werden. Auch denkt man bei Flamenco immer an eine heiße Spanierin mit tiefschwarzem Haar und Blume im Dutt. Solche Klischees kennt jeder, sind aber in Zeiten der Globalisierung realitätsfremd. Oder glauben Sie, dass nur Amerikaner, Iren und Schotten steppen können?

36. Grund

Weil es für jedes Alter geeignet ist

Egal, wie alt man ist, man kann immer mit dem Tanzen beginnen. Ganz kleine Kinder können kreative Kindertanzkurse besuchen und schon im zarten Alter die Ballettpositionen spielerisch lernen, die Älteren unter uns dürfen gerne im Rentenalter endlich so richtig mit dem Rock 'n' Roll anfangen. Mit 66 Jahren, da fängt das Leben an ...

Dabei ist Tanzen gerade für Erwachsene und Senioren perfekt, da so viele unterschiedliche Bewegungsformen und -qualitäten vollzogen werden. Große und sehr kleine, schnelle, langsame, federndimpulshafte oder geführte Bewegungen findet man in den verschiedenen Tanzstilen. Ähnlich wie im Turnen oder in Ballsportarten, aber eben besser für ältere Menschen geeignet.

Außerdem ist eine geringere Verletzungsgefahr durch (einseitige) Über- und Fehlbelastung im Freizeitbereich gegeben. Außer natürlich in Spezialformen wie dem klassischen Ballett, in Wettkämpfen oder bei anspruchsvollen akrobatischen Elementen. Das ist aber noch mal ein anderes Thema.

Jeder Tänzer kann seine körperliche Beanspruchung selbst gut regulieren, weshalb es ebenfalls für jedes Alter und Level geeignet ist. Statt großer Schritte kann man kleine machen, statt ausufernder Bewegungen einfach zurückhaltende ausführen.

Ein Sprichwort sagt: »Es kommt nicht darauf an, wie alt man wird, sondern wie man alt wird.« Die Vorteile des Tanzens, sowohl psychisch als auch physisch, sind wissenschaftlich erwiesen. Ein beweglicher, starker Körper, ein wacher Kopf und viele soziale Kontakte sind die Geschenke, die Tänzer erhalten. Und solche Gaben kann man nie genug haben, egal, wie alt oder jung man ist.

Und wer zu seiner Goldenen Hochzeit noch eine imposante Tanznummer aufs Parkett legen kann, wird mit Sicherheit nicht nur von Freunden und Familie gefeiert werden, sondern sich den Respekt aller Umstehenden verdienen. Es ist einfach herrlich, wenn die ganz Kleinen und die Älteren unter uns tanzen können, als hätten sie nie etwas anderes gemacht. Ansteckend und motivierend.

37. Grund

Weil es ohne Sprache funktioniert

Eine unserer Dozentinnen zitierte gerne Isadora Duncan (Begründerin des Ausdruckstanzes): »Wenn ich es sagen könnte, bräuchte ich es nicht zu tanzen.« Ein Zitat, das sich auch das Tanzprojekt Freudentanz (dazu kommen wir noch) zum Motto gemacht hat.

Tanz ist ein kulturübergreifendes Kommunikationsmittel, das Menschen einander näher und zusammenbringt. Viele begegnen sich dabei in verschiedenen Sprachen und haben unterschiedliche kulturelle Hintergründe. Tanz ist wie Musik eine nonverbale, universelle Form der sozialen Kommunikation. Verschiedene Völker und Kulturen werden genauso verbunden wie die Mitglieder ein und derselben Nation. Diverse Tanzformen bringen im gegenseitigen Austausch neue Tanzströmungen hervor, wodurch ohne Sprache nationale und kulturelle Grenzen überwunden werden.

Seit die Zahl der Flüchtlinge in Deutschland so enorm gestiegen ist, wurden zahlreiche Projekte und tanzpädagogische Ideen in die Tat umgesetzt. Die komplett verschiedenen Lebenswirklichkeiten und Sprachen der Tänzer bringen dabei Chancen, aber auch Schwierigkeiten mit sich. Traumatische Fluchterlebnisse sowie gesundheitliche Probleme sind oft die Begleiterscheinungen der Kinder, Jugendlichen und Erwachsenen. Hier sollen Integration durch Tanz, Disziplin und Ermutigung zur Bewegung als Baustein der Eingliederung helfen, auch wenn keine Sprachkenntnisse vorhanden sind.

Viele Tanzpädagogen bauen darauf, mit Spaß zu ansteckender Musik das Selbstvertrauen, die Kreativität und das Körperbewusstsein der Tänzer zu fördern. Nebenbei wird durch Tanzen das Gefühl für die Gruppe und Verantwortungsbewusstsein gestärkt, was ohne die gemeinsame Bewegung wohl schon alleine an der Sprache scheitern würde.

Tanzen baut Stress ab, es reduziert Spannungen und somit Aggressionspotenzial, steigert die Konzentration und zeigt, wie man mit Herausforderungen umgehen kann. Elemente des professionellen Tanztrainings zeigen, wie toll es sein kann, in der Gruppe Dynamik zu entwickeln, auch wenn man sich (noch) nicht unterhalten kann. Es heißt nicht umsonst KörperSPRACHE und zeigt, wie man aktiv gegen Perspektivlosigkeit, negative Erfahrungen und fehlenden Anschluss in der Gesellschaft agieren kann.

So wurde beispielsweise das Flüchtlings-Tanzprojekt »Freudentanz« mit dem »Prix Courage« ausgezeichnet, welches das ZDF-Magazin *Mona Lisa* ehrte und über die Initiatorin Eva-Maria Weigert berichtete. Wer sich hier schlaumachen möchte, darf das gerne tun. Oder das Projekt »Grenzen-los-tanzen«, welches durch das Kulturreferat München möglich geworden ist und vor allem geflüchteten Kindern und Jugendlichen hilft, mit Tanz Erlebtes zu verarbeiten und neue Perspektiven zu schaffen. Frau Andrea Marton ist hier die Ansprechpartnerin (Stand Dezember 2018).

Natürlich gibt es zahlreiche weitere Projekte überall in Deutschland, die nicht nur Flüchtlingen, sondern auch gehörlosen Menschen helfen, mit Tanzen Freude in ihr Leben zu zaubern. Es eignet sich auch für Demenzkranke, verhaltensauffällige Kinder und viele andere, da es ohne große Worte auskommt. Ich kann Sie an dieser Stelle nur ermutigen, solche Projekte zu unterstützen, in Form von einer Spende, als Betreuer, Dozent oder auch nur, indem Sie es weitererzählen und sich informieren. Tanzen ist ein Medium, das so viel sagt, wenn die passenden Worte fehlen.

38. Grund

Weil es egal ist, wie man aussieht

»It don't matter if you're black or white.« Michael Jackson hat es schon damals gewusst. Menschen jeder Hautfarbe haben den gleichen Wert, egal, wie man aussieht. Die Aussage des Songs, der für Toleranz zwischen den Menschen appelliert, lässt sich auch aufs Tanzen übertragen. Hier ist es nicht wichtig, ob man dick oder dünn ist, groß oder klein, schön oder hässlich (was bedeutet überhaupt schön?), weiß, schwarz, grün, rot, gelb, orange oder lila. Das Parkett steht jedem Menschen offen, sogar Rollstuhlfahrern oder Menschen mit Rollator. Auch Tänzer mit Behinderung dürfen und sollen sich gerne bewegen und haben dieselben Rechte, gesundheitliche Vorteile durch künstlerische Aktivitäten wie das Tanzen in Anspruch zu nehmen.

Übergewichtigen kann Tanzen helfen, ein anderes Verhältnis zu ihrem Körper zu entwickeln. Sie können die positive Erfahrung machen, dass es beim Tanzen um Schrittfolgen, Bewegungsqualität und Improvisationsfähigkeit geht und nicht um Bodystyling oder konditionelle Aspekte wie im Fitnessstudio. Dies ist eine sehr wertvolle Erfahrung für Menschen, die als übergewichtig gelten.

Oder denken Sie an die ganzen Nerds, die in Filmen, aber leider auch im realen Leben gehänselt werden, weil sie eine Zahnlücke, abstehende Ohren, eine dicke Hornbrille und Hosenträger haben. Durch irgendein Ereignis trauen sich diese Außenseiter plötzlich, ihren Frust loszutanzen, glücklich zu sein, es jedem zu beweisen und die Mobber verstummen zu lassen. Was wäre eine Welt ohne den tanzenden Steve Urkel (Freestyle), Doug Heffernan (Boogie) oder Sheldon Cooper (Flamenco)? Allerdings ist hier der Tanz vermutlich nicht, um Frust abzubauen, sondern Teil der Figur. Wie auch immer, in jedem Fall lustig und beeindruckend.

Auch in meinen Tanzstunden sind viele Kinder, die gar nicht unterschiedlicher sein könnten. Da gibt es Kids, die für ihr Alter schon sehr groß sind, da gibt es die ganz Kleinen, die sehr dünnen und die mit festem Körperbau, außerdem die sportlich Talentierten und die weniger Begabten. Und plötzlich, wenn sich diejenigen trauen, die nicht der »Norm« entsprechen, schauen alle anderen mit ganz großen Augen zu und möchten auf einmal wie der kleine, runde, lispelnde Junge tanzen können, wenn er seine Michael-Jackson-Moves auspackt. Es ist egal, wie man aussieht, jeder von uns ist schön. Bevor es jetzt zu einem Motivationsseminar ausartet, hier eine kleine Inspiration: www.facebook.com/ScaryMommyTimeOut/videos/2181939885371792/ Ich weiß, das dauert mit dem Abtippen, aber dieser Link zeigt alles, was ich in diesem Grund meine!

4. Kapitel

Gesundheit für den Körper

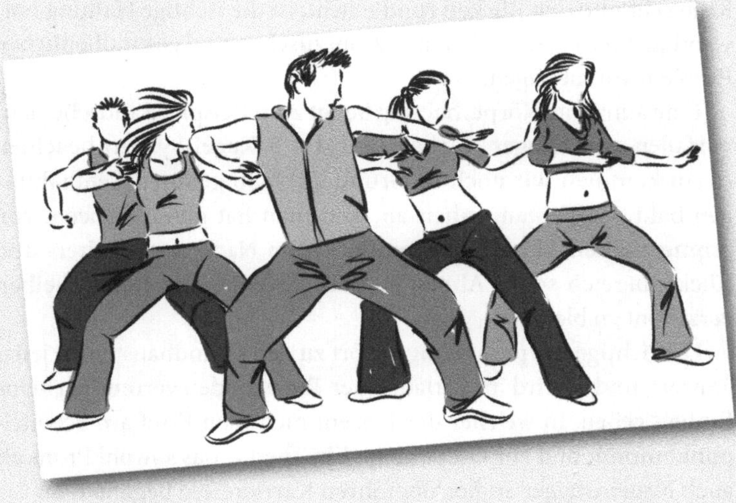

39. *Grund*

Weil es die Haltung verbessert

Tanzen ist eine Sportart, bei der es auf die richtige, aufrechte Haltung ankommt. Das erhöht nicht nur die Beweglichkeit der Wirbelsäule, sondern verbessert die Körperkontrolle und Stabilität beim Tanzen. Eines der wichtigsten Kriterien beim Tanzen ist es, die richtige Körperhaltung für den jeweiligen Tanzstil umzusetzen. Selbst bei Stilen wie Afro-Dance oder Hip-Hop, bei denen man häufig in die Knie geht und den Rücken rund macht, ist die richtige Haltung notwendig, um elegant und natürlich auszusehen und gesundheitlichen Problem vorzubeugen.

Eine aufrechte Körperhaltung beugt zum Beispiel Bandscheibenvorfällen vor. Langer Nacken und das 5-Kugel-System beachten (dazu kommen wir noch in Grund 101): So gehören Fehlhaltungen bald der Vergangenheit an, und man hat gute Chancen, von schmerzhaften Muskelverspannungen im Nacken-, Schulter- und Rückenbereich sowie Abnutzung der Gelenke und Bandscheiben verschont zu bleiben.

Die richtige Körperhaltung gehört zu den Grundbausteinen jeder Tanzart, und es wird im Verlauf Ihrer Tanzstunden vermutlich keine Einheit geben, in welcher der Dozent nicht den Kopf am Scheitelpunkt nimmt und zur Decke zieht. Ein Thema, das sowohl Profis als auch Neueinsteiger endlos über ihren Karriereweg begleitet.

Eine gute Haltung sorgt auch für ein selbstbewusstes Auftreten, man lernt, nicht nur auf die Füße zu gucken und von innen heraus zu strahlen. Je öfter man sich in Tanzhaltung auf dem Parkett übt, desto eher geht man auch im Alltag dazu über, vermehrt mit hoch erhobenem Kopf und geradem Rücken durchs Leben zu gehen. Ein offener, gerader Blick – et voilà.

Wichtig ist, auch im Alltag zu üben. Wer das Gelernte nur in den Stunden anwendet, wird ewig zur aufrechten Körperhaltung brauchen. Trainieren Sie also auch zu Hause oder beim Warten auf den Bus Ihre aufrechte Haltung, genießen Sie dieses wertvolle Stehen. Dazu strecken Sie sich senkrecht so hoch es geht, der Scheitel zieht Richtung Decke/Himmel, die Füße werden fest in den Boden gedrückt. Bitte nicht das Atmen vergessen. Beim Vorbeigehen an einem Spiegel nicht schauen, ob das Haar richtig sitzt, sondern auf die Körperlinie achten.

Auch im Auto, Büro oder auf der Couch dürfen Sie üben, indem Sie sich gegen die Stuhllehne setzen, was die krumme Haltung verhindert. Die Füße gleichmäßig auf den Boden oder die Fußstütze stellen. Am Arbeitsplatz Pausen zum Aufstehen und Dehnen einlegen und auf ergonomische Sitzgelegenheiten umsteigen. (Achtung: Der berühmte Sportball hat zwar Vorteile, ist aber keine Dauerlösung.)

Oder einfach mal auf den Fersen sitzen und knien. Das beugt Arthrose in den Knien vor, stimuliert die Sehnen um das Knie und vitalisiert nach der traditionellen chinesischen Medizin einen wichtigen Energiepass, der dem Magen, der Leber und der Milz hilft.

Richten Sie sich also auf und begradigen Sie Ihr Inneres und Äußeres. Es wird Ihnen sehr guttun und die Qualität Ihres Tanzens enorm verbessern.

40. Grund

Weil man beweglich wird

Als Kind konnten wir ohne Probleme auf einem Bein stehen und wild herumtoben. Im Erwachsenenalter werden wir immer starrer, einseitige Bewegungen sorgen dafür, dass unser Körper an Flexibilität verliert und uns viele körperlichen Tätigkeiten schwerfallen. Beim Tanzen wird man wieder dehnbar, Beweglichkeit und Kraft werden hier mit Work-outs trainiert. Die Muskeln brauchen Spannung, die Gelenke und besonders die Hüftmuskulatur müssen frei und flexibel sein. Beweglichkeit bietet Schutz vor Verschleiß, schont das Gelenk und erhöht seine Belastbarkeit. Außerdem werden die Sehnen und Bänder durch die rhythmischen Bewegungen kräftiger durchblutet, womit sie die Gelenke besser schützen können.

Natürlich hat jeder Mensch andere anatomische Voraussetzungen, wodurch nicht alle Tänzer gleich beweglich sind. Wo beim einen die Konstruktion der Hüfte ein hohes Bewegungsmaß zum Beispiel beim Männerspagat erlaubt, schaffen andere diese Übung eben nicht im vollen Ausmaß, da es die Anatomie des Körpers trotz vielen Trainings einfach nicht zulässt. Wir kennen alle das Bild von Tänzern, die im Männerspagat sitzen, die Beine komplett zu einem Strich in 180 Grad zur Seite positioniert.

Ebenso wie die Füße in der ersten Ballettposition, die auffällig weit zur Seite platziert sind. Auf keinen Fall einfach die Füße ebenfalls in die erste Position quetschen! Ein ordentliches, gesundes Turn-out wird immer nur so weit ausgeführt, wie es die Beweglichkeit der Hüftgelenke erlaubt, andernfalls kann man es erstens nicht halten und verletzt sich zweitens an den Knien, den Gelenken und der Wirbelsäule, ein Hohlkreuz ist die Folge.

Wichtig ist bei Dehnübungen, dass man nichts forciert und sanft zu sich ist. Gönnen Sie sich Pausen, stecken Sie Ihre Ziele nicht zu hoch, genießen Sie auf entspannte Weise, wie Sie freier und beweglicher werden. Jede Art des Tanzens kann hierbei helfen, finden Sie für sich die richtige heraus.

Während man im Ballett- und Jazzunterricht spezielle Übungen ins Training einbaut, »passiert« es in einer Zumbastunde oder im Standardkurs ganz von alleine.

Und bedenken Sie: Nicht nur ein beweglicher Körper macht Sie frei für Bewegungen. Auch ein beweglicher Geist lässt Sie mit Leichtigkeit tanzen. Innere Blockaden und Probleme schränken die Tanzqualität ein, da kann man noch so gedehnt und flexibel sein. Also neben dem Körper auch den Geist lebendig werden lassen, raus aus starren Mustern. Dafür ist Tanzen der ideale Sport.

41. Grund

Weil es Kraft gibt

Neben der Beweglichkeit schenkt Tanzen auch Kraft. Sprünge, schnelle Abfolgen, schweißtreibendes Training, präzise Körperarbeit, all das sind Faktoren, die dem Körper enorm viel Energie abverlangen, aber auch zurückgeben. Es stärkt die Muskeln, Knochen und den Rücken, das Herz und die Lungen werden gekräftigt, und auch Ihr Auftreten und Selbstbewusstsein werden sich positiv verändern.

Beim Tanzen ziehen und drücken die Muskeln und Sehnen am Skelett, wodurch dieser Reiz den Stoffwechsel in den Knochen erhöht und mehr Kalzium eingelagert wird. Das festigt die Knochen und gibt ihnen Kraft, das Risiko für Osteoporose sinkt. Die Muskeln wachsen im Training und geben dem Skelett zusätzlichen Halt. Das Herz-Kreislauf-System wird beim Tanzen angekurbelt, und nicht umsonst haben die meisten Fitnessstudios Tanzstile als Work-out im Angebot. Zu den Tanzwork-outs, die gezielt dem Kraft- und Muskelaufbau dienen, zählen unter anderen folgende:

Zumba: Zumba®Fitness wurde in Amerika zur Sensation und ist ein Tanzwork-out mit Fun-Faktor. Es ist für jeden geeignet, der Spaß an der Bewegung zur Musik hat, und lässt einen schon mal aus der Puste kommen.

Sh'BAM von Les Mills: Hier wird der Körper mit einfach umsetzbaren Dancemoves zu Chart-Hits mit Spaß und Tanz in Form gebracht. Sh'BAM gibt es als 55-, 45- oder 30-minütiges Work-out, bei dem keine Tanzerfahrung, nur Lust auf Power nötig ist.

Dance Aerobic: Dance Aerobic ist die tänzerische Ausrichtung von Aerobic, in dessen Stunden durch Laufen, Hüpfen und Springen in Choreografien (bei Hip-Hop zu Black Music) die Muskelkraft, Ausdauer und Kondition verbessert werden.

Wer Step Aerobic zu einer Tanzform zählen möchte, erlebt auch hier eine kreislaufanregende, schweißtreibende Stunde, bei der im

Rhythmus auf eine in der Höhe variablen Plattform auf und ab gestiegen wird. Hier werden die Knie- und Sprunggelenke trotz der hohen Intensität geschont.

Neben diesen Tanzwork-outs kräftigen aber auch alle anderen Tanzrichtungen den Körper. Nach einer Steppstunde weiß man plötzlich, wie sich starke Beine anfühlen können. Im Ballettunterricht spürt man, was eine starke Körpermitte bedeutet, und die Bodenteile im Modern Dance stärken die Arm- und Rumpfmuskulatur. Dabei wird natürlich der komplette Körper gekräftigt, nicht nur einzelne Partien. An dieser Stelle ist es interessant zu erwähnen, dass auch die Männer, die Tanzen durchaus gerne als »Frauending« abstempeln, durch Tanzen einen gesunden, starken Körper bekommen können. Warum also im Fitnessstudio stupide vor sich hin rennen und Gewichte heben, die zwar optisch den Körper verändern, aber keine echten Muskeln aufbauen? Tanzen eignet sich einfach wunderbar für einen durchtrainierten Körper, bei dem man die Anstrengung der Übungen vergisst und neben dem oft angestrebten Sixpack auch noch die Tiefenmuskulatur aufbaut. Denn nur diese schenkt uns am Ende wirklich Kraft. Andernfalls kann man sich auch Muskeln aufmalen und hoffen, niemals zum Öffnen einer Flasche gebeten zu werden.

42. Grund

Weil es die Faszien trainiert

Faszien sind ein netzartiges, reißfestes und vor allem elastisches Bindegewebe. Ob Rücken, Beine oder Po – Faszien befinden sich quasi überall im Körper und umgeben einzelne Muskelfasern, Muskelstränge, Muskelgruppen, Organe, aber auch Sehnen und Knochen. Ihre Aufgabe besteht darin, verschiedene Bereiche im Körper zu umschließen und ihnen dadurch Form und Stabilität zu geben. Das funktioniert ähnlich wie bei einer Orange, die aufgeschnitten das fein verzweigte weiße Gerüst zeigt, welches der Frucht ihre Form verleiht und die Flüssigkeit und das Fruchtfleisch in den kleinsten Kammern in Position hält. Mit den vielen Sensoren für Bewegung, Lage, Spannung, Druck und Schmerz gehören Faszien zu den größten Sinnesorganen im Körper, da sie mehr Fläche einnehmen als die Haut.

Muskelfaszien übernehmen des Weiteren noch die Aufgaben, einzelne Muskeln vom Nachbarn zu »trennen«, die Reibung der Muskeln untereinander zu verhindern und Kräfte von einem Muskel auf den anderen zu übertragen.

Die Funktionen der Faszien sind also auf die Beweglichkeit des Körpers und eine leichtere Arbeit der Muskeln ausgerichtet. Wenn diese Vorgänge nicht mehr reibungslos ablaufen, kann das an verklebten Faszien liegen, was eine häufige Ursache von Rückenschmerzen und anderen Beschwerden sein kann.

Bei Stress, einseitiger Be- und Überlastung einzelner Bereiche, Verletzungen, Bewegungsmangel und fortgeschrittenem Alter können die Faszien verkleben, die Bewegungsfreiheit einschränken und Schmerzen erzeugen. Jeder von uns kennt die Beschwerden im Nacken-, Schulter- und Rückenbereich, die mit harten und verklebten Faszien in Verbindung gebracht werden. Betroffene können sich dann an einen Physiotherapeuten oder Osteopathen wenden.

Aber auch Tanzen kann die Faszien trainieren und beugt so Verspannungen und Rückenschmerzen vor. Jive und Rock 'n' Roll halten mit den schnellen und hüpfenden Bewegungen das Bindegewebe leistungsfähig. Dabei wird das verklebte Bindegewebe um die Muskeln und Organe gelöst und die Bewegungselastizität gefördert.

Das Internet und die Buchhandlungen sind mittlerweile überflutet von speziellen Übungen, die Faszientraining mit Tanz verbinden. So gibt es unter www.faszien-im-tanz.at oder www.fascial-fitness.de Workshops zu diesem Thema, das Buch »FLOW BODY MOVEMENTS« von Björn Nussmüller soll Training für Faszien und Kraft bieten.

Nachdem uns Giulia Enders mit ihrem *Darm mit Charme* erklärt hat, wie wichtig der Darm für Körper und Seele ist, kann man sich nun mit dem Faszientraining beschäftigen. Wem das zu kompliziert ist, der kann gerne lostanzen – das trainiert, ohne sich von Pontius zu Pilatus lesen zu müssen.

43. Grund

Weil es gut für die Organe ist

Wer regelmäßig tanzen geht, tut seinen Organen etwas richtig Gutes. Die Bewegung vergrößert die einzelnen Muskelfasern und die Blutgefäße, wodurch sich der Nährstoffwechsel intensiviert und der Muskel mehr Energie erhält. Außerdem stärkt es die Muskeln, die besser arbeiten können. Aber auch Sehnen und Bänder werden straffer und stützen den Körper, der vor Gelenkbeschwerden geschützt wird.

Tanzen sorgt auch dafür, dass das Herz leistungsfähiger wird, das bei Bewegung intensiv arbeiten muss. Unser Herzmuskel wird stärker, die Durchblutung verbessert sich. Außerdem bilden sich mehr rote Blutkörperchen. Wer sein Herz trainiert, senkt die Risiken für Schlaganfall, Herzinfarkt und Herzbeschwerden. Auch dem Darm gefällt unser Tanztraining, die Muskulatur wird stärker und der Nahrungsbrei schneller befördert. Dadurch kann man Verstopfungen und Darmträgheit vorbeugen.

Wer viel tanzt, muss viel trinken, was den Nieren zugute kommt. Trinken regt den Abtransport von Schlackenstoffen über die Nieren an. Diese werden stärker durchblutet, was die Filtrationsleistung steigert.

Die Leber kann durch Bewegung leichter Nahrungsmittel, besonders Säuren, besser abbauen und ihrer Aufgabe als Entgiftungsorgan nachkommen.

Ein schwitzender Körper befreit ebenfalls die Haut von Schmutz und Schadstoffen.

Dem Gewebe hilft Tanzen auch. Wenn der Körper chronisch übersäuert ist, kann er nicht alle Säuren ausscheiden. Die Überschüsse werden dann in der Muskulatur und im Bindegewebe gelagert, was sich in harten und schmerzenden Muskeln bemerkbar machen kann. Der Abtransport der Säuren wird im Tanztraining und mit Massagen gefördert.

Die gesteigerte Sauerstoffversorgung beim Tanzen sorgt auch für eine bessere Funktion der Lunge, verbrauchte Luft wird schneller ausgeschieden.

Die Mechanismen, die Sport und vor allem Tanz im Körper lostreten, sind sehr vielfältig und komplex. Selbst Mediziner können sie nur erahnen. Doch hier sind sich alle einig: Tanzen hilft dem Körper, krankes Gewebe zu heilen, neue Zellen heranwachsen zu lassen und den Organen eine Wellnesskur zu verpassen.

44. Grund

Weil es das Immunsystem stärkt

Tanzen erhöht die Anzahl der Killerzellen des Immunsystems, die unter anderem für das Ausschalten von Tumorzellen verantwortlich sind. Bei körperlicher Anstrengung wird Adrenalin ausgeschüttet, das für die Vermehrung der Abwehrzellen sorgt. Dadurch sind weiße Blutkörperchen, die B- und T-Lymphozyten (Teil unserer Immunabwehr), vermehrt im Blut vorhanden. Das Immunsystem kann davon nur profitieren: Schädliche Zellen werden effizienter beseitigt, die Lymphozyten sind aktiver.

Infektionskrankheiten wie Erkältungen oder Entzündungen des Rachens oder der Mandeln sind bei Tänzern eher selten. Natürlich muss man sich, wie in jeder anderen Sportart auch, moderat auspowern und entspannt sein eigenes Level finden. Dann kann der Körper Infekte schneller abwehren.

Außerdem erhöhen sich im Körper verschiedene Hormonspiegel, wie zum Beispiel der des Östrogens, Testosterons oder des Wachstumshormons. Diese fördern verschiedene Stoffwechselvorgänge wie den Muskelaufbau, stärken unser Immunsystem und machen das Gehirn leistungsfähiger.

Das »Dickmacherhormon« Insulin wird durch die Bewegung gebremst, wodurch der Fettstoffwechsel aktiv wird und weniger Fettsäuren ins Fettgewebe abgelagert werden. Ebenfalls positiv für unsere Abwehrkräfte.

Und als Geheimtipp: Eine aufrechte Körperhaltung unterstützt ebenfalls die Power des Immunsystems. Sozialpsychologin Dana Carney von der Columbia University in New York fand heraus, dass eine aufrechte Haltung den Testosteronspiegel ansteigen und den Cortisolspiegel im Organismus sinken lässt. Es ist bekannt, dass Menschen mit einem hohen Cortisolspiegel eine schwächere Immunabwehr haben.

Also Kopf hoch, Tanzschuhe an und dem nächsten Infekt den Kampf ansagen! Achten Sie dabei unbedingt auf warme Kleidung. Oft bin ich als Kind völlig verschwitzt nach dem Training nach Hause gefahren, ohne mich umzuziehen. Der Körper kühlt ab und erkältet sich schneller. Auch im Training durch »Zwiebelschichten« darauf achten, genug Kleidung anzuhaben und nicht auszukühlen. Stulpen, Pullis oder Wollhosen sorgen dafür, bei Übungen wie Stretching oder längeren Erklärungsphasen warm zu bleiben. Lieber ein Kleidungsstück ausziehen können, als ein Frösteln auszuhalten.

45. Grund

Weil es schlank macht

Ob Zumba, Power oder Latin Dance: Beim Tanzen lässt sich herrlich Kalorien verbrennen und der Spaß daran mit dem gesundheitlichen Nutzen von Sport verbinden. Tanz-Fitness, bei der die Musik die Teilnehmer automatisch mitreißt und ins Schwitzen bringt, wird immer gefragter. Zumba bewies vor einigen Jahren, wie man Work-outs mit Tanzelementen verbinden kann. Und die Variationen werden stets bunter. Wussten Sie, dass es Salsa-Bootcamps gibt? Haben Sie schon einmal von Bootcamps für Bachata, Latin Dance Work-outs mit Reggaeton oder Ballroom Work-outs mit Elementen aus Gesellschaftstänzen gehört? Nein? Dann wird es höchste Zeit, wenn Sie tanzend Ihren Körper erschlanken lassen möchten. Tanzschulen, Fitnessstudios, spezielle Blogs und Seiten im Internet stellen gezielte Tanzstile vor, die von Tanz- und Fitnesstrainern gegen die lästigen Speckröllchen entwickelt wurden.

Hierzu zählt zum Beispiel das »Twerken«, ein sehr anstrengendes Training für Po, Ober- und Unterschenkel und die Bauchmuskulatur, das von Miley Cyrus bekannt gemacht wurde.

Überflüssige Pölsterchen verliert man auch hervorragend beim Bauchtanz, der die Rumpf- und Bauchmuskulatur stärkt und mit seinen kreisenden Bewegungen dem Beckenboden guttut und sogar die Beine trainiert. 30 Minuten verbrennen hier schon 250 Kalorien.

Oder Sie werden durch Zumba schlank. Hier können Sie in einer halben Stunde 200 Kalorien verbrennen. Das entspricht fast einem ganzen Schoko-Donut mit Zuckerstreuseln und Schokoguss.

Doch auch alle anderen Tanzrichtungen sagen dem Hüftgold den Kampf an. Egal, ob Discofox und Tango auf dem Parkett oder Aerobic Dance im Fitnessstudio, Ihr Herz-Kreislauf-System wird ordentlich angekurbelt und verbrennt fleißig Kalorien, während die gesamte Muskulatur gestärkt und die Gelenke geschont werden.

Latin Dance bringt mit seinen heißen Rhythmen und dem hohen Flirt-Potenzial Urlaubsfeeling in den grauen Alltag. Mit purer Lebensfreude und dem enormen Wechsel von langsam zu schnell, verknüpft mit eleganten Tanzfiguren, werden Sie hier ganz schön aus der Puste kommen. Wer es noch anstrengender haben will, kann Dancework-outs besuchen und den Antrieb der ausgeschütteten Glückshormone nutzen. Der Strudel der Endorphine kann einen da schon mal ordentlich pushen und noch länger durchhalten lassen. Ich wünsche Ihnen viel Spaß beim Tanzen und der Freude an Ihrer neuen Traumfigur. Einfach auf YouTube Fatburning Dance eingeben, und los geht's.

46. Grund

Weil es alle Muskeln beansprucht

Wer nun denkt, er bekommt durch regelmäßiges Tanzen in der Disco einen stahlharten Körper, den muss ich an dieser Stelle leider enttäuschen. Tanzen trainiert tatsächlich sämtliche Muskeln, nicht nur eine bestimmte Gruppe, aber dazu muss man mehr investieren, als in der Lieblingsdisco in der Masse mitzugrooven. Ein regelmäßiger Besuch in der Tanzschule ist hier die beste Variante, um die Muskeln im Körper beanspruchen zu können.

Bewegungen in Armen und Beinen, aus der Körpermitte, sowie die Muskeln in den Händen werden beim Tanzen trainiert. Das erreicht man beim Mitwippen auf Helene Fischer leider nicht. In erster Linie kräftigt das Tanzen die Bein- und Fußmuskulatur und gibt ihr Kraft für Sprünge, Drehungen und schnelle Abfolgen, außerdem wird sie durch das Halten der Balance gestärkt. Aber auch für andere Sportarten wie zum Beispiel Skifahren, Joggen oder Nordic Walking ist es hilfreich, eine starke Beinmuskulatur zu haben. Des Weiteren fordert und fördert das Tanztraining die Rumpfmuskulatur am Rücken und Bauch. Die Bauchmuskulatur wird durch Drehbewegungen im Oberkörper permanent in Anspruch genommen. Wussten Sie, dass Sie schräge, gerade, horizontale, äußere und innere Bauchmuskeln haben? Und dass Sie all diese Muskelpartien beim Tanzen in Action versetzen?

Die untere Rückenmuskulatur (auch hier gibt es vertikale und schräge Systeme) wird durch häufiges Training gestärkt und beugt somit Wirbelsäulenbeschwerden vor.

Wer im Paartanz aktiv ist, wird schnell bemerken, wie sich die Schultermuskulatur verändert und kräftigt. Aber auch andere Körperstellen können uns beim Tanzen in Staunen versetzen. So hatte eine meiner Freundinnen nach ihrer ersten Tangostunde Muskelkater im Schienbein! Und wer in seinen Tanznummern akrobatische Elemente ausführt, wird Muskeln spüren, von denen er nicht wusste, dass es sie gibt.

Oft wird gesagt, dass in Anfängerkursen die Muskeln nicht so stark trainiert werden wie in fortgeschrittenen Levels, da die Tänzer nur andeuten und die Bewegungen noch nicht richtig austanzen können. Doch auch als Anfänger werden Sie schnell Unterschiede bemerken und den einen oder anderen Muskelkater mit nach Hause nehmen. Wenn ein Muskel noch nie beansprucht wurde und dem Tänzer plötzlich sein Können offenbaren soll, ist es nur natürlich, dass dieser zuerst ein bisschen verblüfft ist und muckt.

Regelmäßiges Tanzen eignet sich also hervorragend, um den Körper von Kopf bis Fuß auszupowern, zu kräftigen und nie benutzte Körperpartien zum Einsatz zu bringen. Sie werden erstaunt sein, was Ihre Muskeln so alles draufhaben.

47. Grund

Weil es Freiheit in den Gelenken erzielt

Tanzen fördert die Durchblutung in den Gelenken und ist somit ideal für Menschen, die Gelenkbeschwerden beispielsweise im Beinbereich haben. Durch das Tanztraining erzielen Sie »Freiheit« in Ihren Gelenken, wirken Beschwerden entgegen und tun Ihrem Körper etwas sehr Gutes.

Ein Gelenk ist die Verbindung von Knochen untereinander und hat zwei Aufgaben: die einzelnen Knochen des Skeletts zu verbinden und gleichzeitig für seine Beweglichkeit zu sorgen. Dabei kann die Verbindung fest (»unechtes« Gelenk) oder beweglich (»echtes« Gelenk) sein. Spricht man von Gelenken, so sind im Allgemeinen die »echten« Gelenke gemeint, in denen die aktive Bewegung stattfindet.

Gelenke bestehen grundsätzlich aus den Knochenenden, der Gelenkkapsel und der Gelenkhöhle mit dem Gelenkspalt. Jedes Gelenk besitzt mindestens zwei Gelenkpartner, die Gelenkpfanne und den Gelenkkopf. Die Gelenkkapsel umschließt wie eine Hülle das gesamte Gelenk, den von der Gelenkkapsel rundherum abgeschlossenen Hohlraum nennt man Gelenkhöhle.

Unsere Gelenke müssen so einiges leisten. Wer kräftige Muskeln hat, entlastet die Gelenke in der Wirbelsäule, der Schulter, dem Knie, etc. Doch wer sich nicht bewegt, foltert die Gelenke, die regelmäßig gebeugt und gestreckt werden müssen. Unsere Gelenke werden steif. Nur wer das Gelenk bewegt, erzeugt eine ausreichende Versorgung des Gelenkknorpels mit Nährstoffen und die Schmierung der Gelenkflächen. Der Knorpel erfährt dabei einen ständigen Wechsel von Zusammendrückung und Druckentlastung, der Stoffaustausch kann stattfinden: Zusammengedrückt gibt der Knorpel verbrauchte Gelenkflüssigkeit ab, bei Entlastung kann er neue, nährstoffreiche Flüssigkeit aufnehmen.

Wer unter schmerzenden Gelenken leidet, die krank und starr sind, ist häufig von Arthrose betroffen, die überwiegend in Knie, Hüfte, Schulter, Wirbel und Finger auftaucht. Gerade um hier die Freiheit der Gelenke zurückzuerlangen, sollte keinesfalls auf Sport verzichtet werden. Im Gegenteil. Ohne Sport verschlimmern sich die Gelenkprobleme noch mehr. Tanzen ist eine Sportart, die sanft zu den Gelenken ist, auch schon geschädigte Knorpel können durch Tanzen sogar heilen. Denn es verteilt die Beanspruchung und nimmt dem Gelenk einen Teil der Körperlast ab. Daher ist besonders Standardtanz zu langsamen Rhythmen (Einsteigerkurse sind hier ideal) für Menschen mit mehr Körpermasse oder kranken Gelenken geeignet. Ruckartige Bewegungen, wie zum Beispiel beim Tennis, sind hingegen eine Qual für die Gelenke dieser Sportler. Stattdessen kann man mit Tänzen, die auf Körperbewegung ausgerichtet sind (Bauchtanz, Hula, XXL-Zumba für Übergewichtige, Standardtanz ...) und ohne Sprünge und gelenkbelastende Elemente auskommen, die Freiheit und Beweglichkeit in den einzelnen Gelenken zurückerlangen und ihre Mobilität erhalten. Freie Gelenke lassen Bewegungen fließen, sie entfalten den Körper und schenken Ihrem Tanz eine völlig neue Qualität.

48. Grund

Weil man sich zentriert

Was ist Zentrierung, und wozu ist sie wichtig? Eine Bewegung ist zentral, wenn der Ausgangsimpuls in der Körpermitte (Brustkorb, Becken) liegt. Ist der Impuls in den äußeren Bereichen des Körpers (Arme, Beine), wird er als peripher bezeichnet. Vor allem bei weich fließenden Bewegungen wird die Bewegung aus der Körpermitte sichtbar: Kreise, Achter, Wellen – sie gehen alle vom Körperzentrum aus, während die Arme von der Wirbelsäule aus mitbewegt werden.

Im ägyptischen Tanz steht die Bewegung der Wirbelsäule im Vordergrund. Dabei kommt der Bewegungsimpuls aus dem Brustkorbzentrum, fließt durch die Wirbelsäule und trifft auf Spannung im Beckenbereich, durchlässige Knie- und Fußgelenke, sowie gute Erdung und festen Stand. Die Arme breiten sich dabei nach außen aus. Energetisch gesehen wird hier das Herzchakra angesprochen. Wer Körperzentrierung übt, also die Verbindung von Brustkorb- und Beckenbereich, wird mehr Bewusstsein in seine Bewegungen bringen und fördert die Verknüpfung von Herz und Gefühlen.

Besonders bei langsamen, gefühlvollen Bewegungen ist ein zentrierter Körper unerlässlich. Zum einen braucht es eine starke Körpermitte, um nicht die Balance zu verlieren, zum anderen können so Emotionen von innen nach außen transportiert werden. Zentrierung bringt den Tänzer in starken Kontakt mit sich selbst, sie fördert die Körperwahrnehmung und gleicht in manchen Fällen schon fast der Meditation (geschlossene Augen, gesenkter Kopf). Und genau dabei werden die Offenheit und Präsenz für die Umgebung bewahrt. Wer ein Gefühl für seine Körpermitte hat, kann aus dieser Haltung heraus sowohl in sich gekehrt sein, als auch in Kontakt nach außen treten. Eine starke Mitte, die man nicht nur in orientalischen Tänzen braucht, lässt dabei das Transportieren der Emotionen zu, ohne den Stand zu verlieren.

Die Schweizer Tänzerin, Tanztherapeutin und Kabarettistin Trudi Schoop war der Ansicht, dass unser Zentrum die körperliche und seelische Einheit ermöglicht. Das Zentrum fungierte für sie als wichtiges Element für unser Gleichgewicht und war ausschlaggebend für unsere Orientierung und Koordination der Bewegungen. Das Zentrum diente für sie als Ausgangspunkt aller Bewegungen und bestimmte, wo Bewegungen starten und aufhören.

Ein Bewusstsein für unser Zentrum, die Aktivität der Muskeln um die Körpermitte, hilft uns also nicht nur, Bewegungen mit Spannung auszuführen, sondern stellt gleichzeitig auch eine Verbindung zwischen Technik und Gefühl im Tanz dar.

49. Grund

Weil es dem Hohlkreuz den Kampf ansagt

Betrachten wir unsere Wirbelsäule von der Seite, erkennen wir eine Doppel-S-Form: Die Hals- und Lendenwirbelsäule sind nach vorne ausgerichtet, der Brustabschnitt und das Steißbein nach hinten. Daraus ergibt sich ein leichtes, völlig natürliches Hohlkreuz, das jeder Körper aufweist. Und das ist auch gut so, denn wäre die Wirbelsäule nicht etwas gekrümmt, sondern ein durchgehender Knochen, wäre es uns nicht möglich, schwere Lasten zu tragen. Wir wären schlichtweg zu unbeweglich und viel anfälliger für Verletzungen. Wichtig ist dabei das richtige Heben, wenn man beispielsweise einen Träger Wasser nach Hause schleppt. Denn die wirkenden Kräfte belasten dabei die Bandscheibe im Lendenbereich. Also beim Tragen immer ein kleines (!) Hohlkreuz machen, um die Wirbelsäule zu entlasten. Unschwer zu erkennen, dass ein leichtes Hohlkreuz demnach wichtig für uns ist. Doch was passiert, wenn man einen stark gekrümmten unteren Rücken hat, verbunden mit Schmerzen, Verspannungen und schließlich auch einer geschädigten Wirbelsäule?

Von einem Hohlkreuz ist die Rede, wenn die Lordose (Verkrümmung der Wirbelsäule nach vorn) der Lendenwirbelsäule verstärkt ist, unabhängig von den Ursachen für diese vermehrte Krümmung. Dabei beeinflusst die Stellung des Beckens die Form der Wirbelsäule und kann damit auch das Hohlkreuz verursachen. Das Becken ist in diesem Fall deutlich nach vorne gekippt, wodurch die Vorwölbung verstärkt wird.

Man unterscheidet dabei zwischen einem muskulär fixierten und einem durch die Beckenkippung initiierten Hohlkreuz. Dafür rollt der Tänzer Wirbel für Wirbel nach unten ab. Wenn sich nun die Wirbelsäule in einem gleichmäßigen Bogen aufspannen lässt, kann man idealerweise das Hohlkreuz aufheben. Ist dies nicht der Fall, ist eine Verkürzung der Lendenmuskulatur wahrscheinlich. Dann sind gezielte Dehnübungen erforderlich.

Häufig ist das Hohlkreuz »nur« eine Fehlhaltung, also eine Disbalance verschiedener Muskelgruppen. Allerdings ist diese Haltung über viele Jahre hinweg antrainiert worden, wodurch man Geduld braucht, den Körper wieder »richtig« stehen zu lassen. In diesen Fällen sollte man den Iliopsoas (Hüftbeuger), die Brustmuskeln und Rückenstrecker dehnen und Gesäß und Bauchmuskeln stärken. Das Training der Bauchmuskeln hilft, den Beckenring vorne anzuheben, was eine Streckung der Lendenwirbelsäule bewirkt.

Wer einfach nur lostanzt, wird seinem Hohlkreuz allerdings nicht entgegenwirken. Die richtige Haltung muss eingenommen werden. Dabei den Bauch etwas nach innen oben ziehen und gleichzeitig die Schulterblätterspitzen nach unten ausrichten, Schlüsselbeine auseinander und Halswirbel lang machen. Dabei noch lächeln, atmen und die Rückenmuskulatur nicht verspannen. Ich weiß, das klingt hart, aber wer ein Gespür für einen geraden Rücken entwickelt, wird nur noch selten im Hohlkreuz landen. Auch wird der Tanzlehrer ständig auf die Haltung des Tänzers achten. Allerdings hat jeder von uns auch eine gewisse Eigenverantwortung, sich selbst an die aufrechte Haltung zu erinnern und auf den Körper aufzupassen.

Achten Sie unbedingt im Training darauf, nie das Turn-out zu forcieren, sondern nur so weit auszuführen, wie die Bewegung auch muskulär stabilisiert werden kann. Dabei bitte eine verstärkte Beckenkippung vermeiden. Viel zu oft beobachte ich Tänzer, die ihre Füße in Positionen quetschen, ohne diese auch gesund halten zu können. Solches Verhalten begünstigt nur die Fehlstellung der Wirbelsäule und kann auf Dauer zu Schmerzen und Verletzungen führen.

Die muskuläre Aufrichtung der Wirbelsäule sollte über die gemeinsame Kontraktion der kleinen tiefen Rückenmuskeln und des queren Bauchmuskels erfolgen. Die Lendenmuskulatur bleibt dabei entspannt. Außerdem kennt jeder Tänzer das Bild »Sitzbeinhöcker in Richtung Boden« (Grund 100). Auch das hilft bei der Aufrichtung des Beckens.

Wer andauernde Rückenschmerzen hat, sollte allerdings unbedingt einen Arzt aufsuchen und sich beim Orthopäden eventuell ein Rezept für Krankengymnastik besorgen. Tanz kann vieles, aber bei Schmerzen muss ein Doktor konsultiert werden. Mit geeigneten therapeutischen Übungen, medizinischen Hilfsmitteln und einer Änderung der Gewohnheiten kann diese extreme Krümmung in den Griff bekommen werden.

Menschen, die überwiegend sitzen oder stehen, die übergewichtig sind oder eine schwach ausgeprägte Bauch- und Rückenmuskulatur haben, sollten unbedingt darauf achten, ihre Körperhaltung zu verbessern. Im Tanzen wird dabei die Haltung des Rückens permanent kontrolliert und kann für Betroffene auf angenehme Art eine Maßnahme zur Behandlung, aber auch zur Vorbeugung der Hyperlordose darstellen.

50. Grund

Weil man den Körper (nach Verletzungen) regenerieren kann

Wer verletzt ist oder ein anstrengendes Training hinter sich hat, muss seinem Körper eine ausreichende Ruhephase gönnen. Viel zu oft wurden während meiner Tanzausbildung Schmerzen übergangen, Kollegen spielten Überlastung und Verletzungen herunter, und auch den Dozenten war es teilweise egal, ob sich jemand durch das enorme Pensum quälte und mal einen Verschnaufmoment gebraucht hätte. Ein Tänzer kennt keinen Schmerz, macht nicht schlapp, und in den Spitzenschuhen muss Blut sein. Das kennt man aus den Tanz-, vor allem aber aus Ballettfilmen und Serien wie *Flesh and Bone* oder *Black Swan*.

Auch Nicht-Tänzer neigen dazu, vor allem chronische Überlastungen zu übergehen und schnell zu hart zu sich selbst zu sein. Solche Überlastungen sind nicht nur ungesund, sondern erhöhen auch das Risiko für akute Verletzungen. Also unbedingt körperliche Beschwerden ernst nehmen und einfach mal richtig Pause machen!

Wer nach Verletzungen, Muskelkrampf oder Erschöpfung dem Körper Zeit zum Heilen gibt, möchte irgendwann wieder mit Bewegung starten. Je nach Grund und Dauer der Pause (nach einer halben Stunde Hip-Hop ist keine große Regeneration nötig) ist es wichtig, langsam das Pensum zu erhöhen und nicht sofort wieder Vollgas zu geben. Profisportler wissen das in der Regel (auch hier gibt es zu viele Ausnahmen), aber gerade im Hobbybereich wird Regeneration oft zu klein geschrieben. Übertriebener Ehrgeiz, Zeitmangel und Unwissenheit lassen den Körper nicht zur Ruhe kommen, und wer dann noch keine Verletzung hat, wird zwangsläufig irgendwann damit konfrontiert.

Gerade das Tanzen kann uns hier eine Stütze zu sinnvollem Training sein. Zu Rehabilitationszwecken wird ein Teil dieser Sportart deshalb auch als Tanzmedizin eingesetzt. Das ist eine Therapie, die sich der Orthopädie, Psyche und Ernährung bedient. Auch kardiovaskuläre Aspekte spielen hierbei eine Rolle. Selbstverständlich gibt es beim Tanzen auch Verletzungen, Hand-, Knie- und Fußgelenke können infolge einer Überbelastung Blessuren erleiden. Allerdings ist das eher selten der Fall, wenn man die richtige Tanztechnik beherrscht und nicht im Tanzleistungssport aktiv ist. Wer die Anweisungen des Dozenten befolgt, schont seinen Körper und kann diese »sichere« Sportart mit Spaß genießen.

Die vielen unterschiedlichen Tanzstile helfen, nach einer Pause wieder sinnvoll einzusteigen. Hier kann man vorsichtig und schonend wieder beginnen, die für sich geeignete Art herauszusuchen. Wer also verletzt war und step by step wieder tanzen möchte, kann Kurse wählen, in denen viel Wert auf Dehnung (Warm-up UND Cool-down), Achtsamkeit und langsame Bewegungen gelegt wird.

Beim Paartanz können Sie sich am Partner stützen, der Wiegeschritt läuft ohne ruckartige Bewegungen ab und lässt den Körper sanft im Rhythmus schaukeln.

Wer sich zum Beispiel im Ballettunterricht verletzt hat und langsam wieder einsteigen möchte, sollte im Anfängerkurs dem Körper die Möglichkeit geben, sich vorsichtig wieder an die Bewegungen heranzutasten. Und wer »einfach nur« einen schlimmen Muskelkater hat, darf gerne am nächsten oder übernächsten Tag weitertrainieren, allerdings die Intensität etwas reduzieren. Dazu einfach die Schritte etwas kleiner machen, Bewegungen vorsichtig angehen und sich freuen, dass der Muskelkater keine bleibenden Schäden hinterlässt, sondern die Muskulatur (wenn sie im Training bleibt) stärker wird.

51. Grund

Weil es die Ausdauer verbessert

Während einer Tanzstunde kommt der Körper langsam, aber sicher mehr und mehr ins Schwitzen. Die Belastung steigt kontinuierlich an, und die zuerst langen und statischen Übungen und Warm-ups werden von schnelleren und dynamischen Schrittfolgen und Übungen abgelöst. Am besten ist es, im Unterricht so wenig Pausen wie möglich zu haben und vor allem den ersten Trainingsabschnitt durchzuchoreografieren. Dabei sind einfache Bewegungsabläufe hilfreich, um längere Erklärungsphasen zu vermeiden und große Pausen zu verhindern.

Außerdem ist es wichtig, dass die Muskeln optimal mit Sauerstoff versorgt sind. Nur so kann die Ausdauer verbessert werden. Man muss also kurz unterhalb der Grenze trainieren, an der die Energieversorgung von aerob (mit Sauerstoffzufuhr) auf anaerob (ohne Sauerstoffzufuhr) umschaltet. Dazu sollte man seine individuelle aerob-anaerobe Schwelle kennen. Als Tipp gilt diese Regel: Wer sich während des Ausdauertrainings noch unterhalten kann, ohne dabei völlig außer Atem zu kommen, befindet sich noch im aeroben Trainingsbereich.

Wichtig ist beim Ausdauertraining auch, dem Körper neue Reize zu geben. Wer immer dasselbe Trainingsprogramm abspult, wird keine Veränderung im Körper bemerken. Nach einem festgelegten Warm-up werden beim Tanzen immer neue Schrittfolgen gelernt, man bietet Kopf und Bewegungsapparat stets andere Herausforderungen und neue Impulse.

Zweimal in der Woche tanzen gehen, mit Tagen für die Regeneration dazwischen, hilft, die Muskeln und Ausdauer langfristig aufzubauen. Außerdem abwechselnd mit hoher und niedriger Belastung trainieren, also eine Variation aus Grundlagen- und Hochintensivtraining schaffen. Tanzen bietet dabei ein herrliches Intervalltraining, mal was Langsames wie Rumba oder Lyrical Jazz, dann schnell und intensiv wie Quickstep, Discofox oder Jazz Dance. Das verbessert die Ausdauer optimal und kurbelt das Herz-Kreislauf-System und den Muskelaufbau schnell an. Achtung: Sehnen, Gelenke und Knochen brauchen länger, um sich der wachsenden Belastung anzupassen. Wichtig ist, in sich hineinzuhorchen und zu spüren, wie hoch die Intensität des Trainings sein darf.

52. Grund

Weil man atmen lernt

Genauso wie sich in Deutschland gebürtige Schüler fragen, weshalb sie im Unterricht »Deutsch« auf dem Stundenplan haben, wundert sich der eine oder andere vielleicht nun, warum man atmen lernen muss. Das kann man doch von Geburt an?

Die richtige Atemtechnik ist beim Training unerlässlich und kann beim Tanzen viel Kraft und Mühe sparen. Meistens atmen wir unbewusst und merken gar nicht, wie eng die Atmung mit unserem Wohlbefinden und der Leistung des Körpers zusammenhängt. Viele von uns holen dabei viel zu flach Luft, verbrauchte Luft wird lediglich hin und her geschoben und kann so den Körper nicht mit genügend Sauerstoff versorgen, was besonders bei Stress und Anstrengung der Fall ist. Grund genug, einen genaueren Blick auf die Flanken- und Bauchatmung (Zwerchfellatmung) zu werfen, die im Allgemeinen miteinander kombiniert werden.

Nur ein Prozent atmen wir über die Haut, 99 Prozent über die Lunge. Dabei unterscheiden wir mehrere Phasen: Das Zwerchfell (Hauptmotor für die Atmung) kontrahiert, sinkt nach unten, und der Brustraum wird größer. Luft strömt in die Lungen, und man atmet ein. Bei der Ausatmung entspannt sich das Zwerchfell und kehrt in seine kuppelförmige Ausgangsstellung zurück. Damit können auch die Organe des Bauchraums, die bei der Einatmung nach unten gedrängt wurden, wieder in ihre Ausgangsstellung zurückgleiten. Runter und hoch – die Zwerchfellatmung ist eine Massage für die Bauchorgane. Beim Ausatmen wird unser Körper von anfallenden Stoffwechselprodukten befreit, die nicht mehr benötigt werden. Beim Einatmen wird frische Luft in die Lunge gebracht, wodurch der Sauerstoff über den Blutkreislauf schließlich zu den Organen und Zellen transportiert wird.

Wer viel leistet, braucht viel Sauerstoff. Außerdem können wir den Körper auch unterstützen, indem wir bei unterschiedlichen Tätigkeiten gezielt atmen. Beim Tanzen macht man sich die »Flankenatmung« zunutze, bei der sich seitlich die unteren Rippen öffnen, was von außen weniger sichtbar ist. Im Zusammenspiel mit der Zwerchfellatmung ist sie eine hervorragende Methode, die Lungen bis in ihre untersten Bereiche zu füllen. Viel Luft bedeutet, dass viel Sauerstoff aufgenommen wird, was eine bessere Sauerstoffversorgung für den gesamten Körper zur Folge hat.

Wer beim Tanzen nicht in Hechelei und mit Seitenstechen enden möchte, sollte sich ein gutes Atmungsmuster zulegen. Dieses ist wesentlich für den Einsatz des Oberkörpers und bietet dem Tänzer das Gefühl, weich und fließend in den Bewegungen sein zu können.

Eine flache Atmung verursacht Spannungen im Nacken und sorgt für hochgezogene Schultern. Dadurch wird die allgemeine Platzierung beeinträchtigt. Die seitliche Ausdehnung der Rippen ermöglicht einen wirkungsvolleren und tieferen Einsatz der Lungen und wirkt Spannungen entgegen, ohne die Haltungskontrolle zu beeinträchtigen.

Eine gute Atmung speist die hart arbeitenden Muskeln und erhöht die Ausdauer bei schnelleren Schritten. Sie wird auch eingesetzt, um die Bewegung zu phrasieren und die bei Pirouetten und Sprüngen erforderliche Hebung zu unterstützen.

Außerdem belebt Atmung die Extremitäten, Zehen, Finger, sie erfrischt den Körper und gibt uns Energie. Zwischen den Übungen wird die Bauchatmung empfohlen, während des Tanzens in die Flanken. Dabei sollte man Bewegung UND Atmung verbinden, nicht die Luft anhalten, was wir viel zu oft tun. Eine kontrollierte rhythmische Atmung ist bei allen Arten von Übungen erforderlich, um die Gedanken zu konzentrieren und dem Tänzer Selbstvertrauen einzuflößen.

5. Kapitel

Gesundheit für den Geist

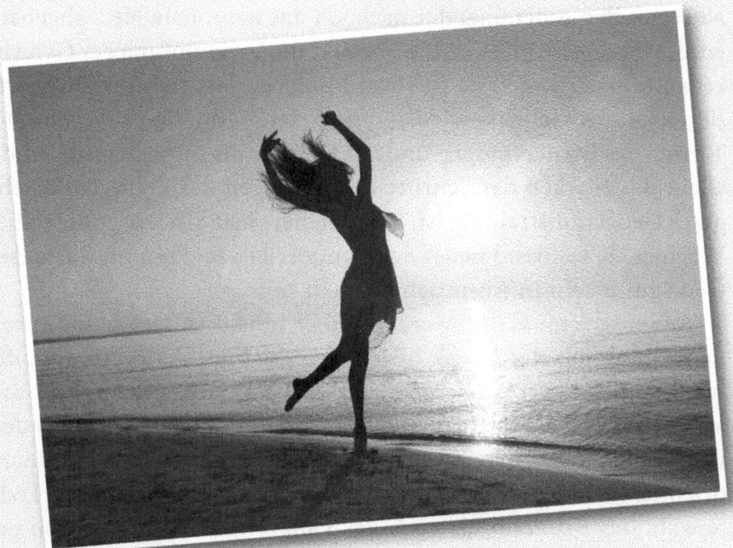

53. Grund

Weil es das Gedächtnis fit hält

Wie bei jedem Ausdauertraining wird das Gehirn auch beim Tanzen besser durchblutet, die koordinierten und rhythmischen Bewegungen halten das Gehirn jung. Man wird wacher, leistungsfähiger und kann sich viel mehr merken.

Im Laufe des Lebens lässt normalerweise die Verknüpfung der Nervenzellen untereinander nach, da das neuronale Netz abgebaut wird. Wer regelmäßig tanzt, verbessert die Verknüpfung der Gehirnzellen untereinander. Es ist sogar möglich, dass sich verkümmerte Bereiche des Gehirns wieder regenerieren. Studien belegen, wie Tanzen das Lernvermögen und das Gedächtnis verbessert, da schon allein das Merken der Schritte und Abfolgen der Figuren ein sehr gutes Gedächtnistraining ist. Oft speichert man Choreografien über Wochen ab, während neues Schrittmaterial dazukommt, was unser Gedächtnis sehr in Anspruch nehmen kann.

Außerdem muss der Mann darüber hinaus in vielen Tanzarten dem Rhythmus der Musik folgen und die Frau richtig führen, die wiederum korrekt reagieren muss. Nebenbei darf man nicht mit anderen Tanzpaaren im Raum zusammenstoßen, man muss den Partner nach einer freien Figur wiederfinden und sich im Raum orientieren. Das hält das Gehirn beim Tanzen ordentlich auf Trab. Sowohl das Kurzzeit- als auch das Langzeitgedächtnis werden gefordert, weshalb der Sport von Experten als Vorbeugungsmaßnahme vor altersbedingter Alzheimer-Demenz empfohlen wird.

Mittlerweile gibt es zahlreiche epidemiologische Studien, welche belegen, dass Paartanz das Demenzrisiko reduziert und dabei enorm viel Hirnkapazität in Anspruch nimmt. Tanzen ist eine so komplexe Angelegenheit, dass es unsere Motorik, Aufmerksamkeit, Lang- und Kurzzeitgedächtnis und Merkfähigkeit trainiert. Das Demenzrisiko kann damit um 76 Prozent verringert werden, weitaus besser als das

Lösen von Kreuzworträtseln. Um im Alter merkfähig und aufmerksam zu bleiben, ist das Erlernen von Schrittfolgen beim Tanzen also das perfekte Gedächtnistraining, sowohl für Kinder und Erwachsene als auch für Senioren.

54. Grund

Weil es die Konzentration fördert

Tanzen vertreibt häufig Müdigkeit oder Zustände von mentaler Erschöpfung, die sich bei Stress einstellen können. Oft wird Leuten, die lange im Büro sitzen, geraten, zwischen der Arbeit immer mal wieder aufzustehen, den Kopf kreisen zu lassen, viel Wasser zu trinken und auf und ab zu gehen. Das soll die Konzentration fördern und den gerne mittags eintretenden »müden Punkt« überwinden. Aber haben Sie schon einmal darüber nachgedacht, die Musik aufzudrehen und mit den Kollegen wenigstens ein komplettes Lied lang heftig durch das Büro zu tanzen? Das ist zu komisch? Wo doch erwiesen ist, dass Tanzen schon bei Kindern die Konzentration fördert. Viele Schulen verbinden Fächer wie Mathe mit Bewegungsspielen, da Rhythmik und Tanzen Kopf und Körper lockern und entscheidend konzentriertes Arbeiten fördern.

Oft gab es Nachmittage, an denen meine Mama mit mir an den Hausaufgaben verzweifelte, ich war müde, unkonzentriert und lustlos. Ich wollte rausgehen, mich mit Freunden treffen, Kastanien sammeln, meine Lieblingsserie anschauen oder meine kleine Schwester ärgern. Es gab so viel Tolles, was ich in der schulfreien Zeit hätte machen können. Doch stattdessen waren da noch drei Seiten Deutsch, sieben unlösbare Matheaufgaben, vier Blätter Heimat- und Sachkunde, und für Kunst sollte ich noch irgendetwas ausmalen. Zuerst diskutierten wir eine Weile, dann heulte ich oder saß den ganzen Nachmittag gelangweilt neben ihr vor dem Berg an Hausaufgaben, ohne produktiv gewesen zu sein. So ging das öfter, bis es meiner Mutter irgendwann reichte. »So Lisa, jetzt rennst du so lange ums Haus, bis du wieder aufnahmefähig bist!« Ich zog meine Schuhe an und ging tatsächlich raus, dachte aber gar nicht daran, um das doofe Haus herumzurennen. Da waren Zäune und Matsch, außerdem war ich nicht besonders schnell. Stattdessen hörte ich, wie unser Nachbar zu lauter Musik in der Garage an seinem Motorrad bastelte. Sehr rockige Musik, die ich als Grundschülerin noch nie gehört hatte. Ich fing an, mir einen Tanz dazu auszudenken. Zu solcher Musik waren nur große Bewegungen in meinem Sinn, gespickt mit Rädern, Schrittsprüngen und allem, was ich in meiner wöchentlichen Tanzstunde gelernt hatte. Sowohl Mama als auch der liebe Nachbar mussten sich dann meinen Tanz anschauen, und ich war sehr stolz auf mein Ausgedachtes, fühlte mich frei im Kopf und herrlich ausgepowert. Am Abend erledigte ich mein Hausaufgabenpensum in weniger als einer Stunde, ruhig, zufrieden und konzentriert. Meine Mutter meldete mich wenig später neben dem Ballettunterricht noch zum Steppen an.

Beim Tanzen schüttet der Körper Glückshormone aus, baut Stress ab und regt die Blut- und Sauerstoffversorgung des Gehirns an. Die verstärkte Durchblutung des Gehirns sorgt für eine verbesserte Versorgung der Zellen mit Sauerstoff und Glukose. Das erhöht die Leistungsfähigkeit des Nervensystems. Außerdem fördert Tanzen den Informationsaustausch zwischen den Nervenzellen durch Bildung neuer Synapsen bis hin zur Neubildung von Zellen. Das macht uns das Lernen leichter und steigert die Aufmerksamkeit. Bewegungsmangel liefert dem Gehirn diese Form der Unterstützung nicht und führt sogar zum Abbau der Zellen.

Für Jung und Alt gilt: Bewegung, insbesondere das Tanzen, sorgt für Neubildung und Verknüpfung der Nervenzellen. Nach dem Training ist der Körper entspannter und hat viel mehr Treibstoff für die Konzentration. Also vielleicht doch einmal mit den Kollegen eine Runde durchs Büro tanzen. Danach geht vieles einfacher.

55. Grund

Weil es Depressionen und Bewegungsstörungen entgegenwirkt

Der Hormonrausch beim Tanzen macht gelassen und glücklich – ein Umstand, den sich auch die Medizin zunutze macht. Bei Parkinsonkranken etwa kann Tanzen die Bewegungsfähigkeit verbessern. Schmerzpatienten schenkt der Tanz ebenfalls Linderung. Auch Traumapatienten, Autisten, Demente und Depressive lassen sich oft so behandeln. Rhythmus und Tanz scheinen Körper und Geist auf heilsame Weise zusammenzuführen. Wer tanzt, schärft seine Aufmerksamkeit und erhöht die Konzentration. Das Gehirn läuft auf Hochtouren, um die verschiedenen Sinneseindrücke aufzunehmen und miteinander zu kombinieren. Es hat antidepressive Effekte, bringt den Geist auf neue Gedanken und wirkt durch das Knüpfen sozialer Kontakte dem Stimmungstief entgegen. Wer sich mit Spaß den Frust von der Seele tanzt, verbessert sein Selbstwertgefühl, meistert die Herausforderungen im Alltag besser und kann depressive Symptome lindern.

Die Physiotherapeutin Anna Duberg (Universität Örebro, Schweden) verordnete depressiven, schüchternen Mädchen zwischen 13 und 19 Jahren in ihrer Studie eine Tanztherapie, in der sie zwei Mal in der Woche für 75 Minuten tanzten. Dabei stand nicht die perfekte Ausführung von Bewegungen im Vordergrund, sondern allein der Spaß am Tanzen. Die positiven Effekte bei den Tänzerinnen waren selbst ein Jahr nach den Tanzkursen noch spürbar: geringere Kopf- und Nackenschmerzen, ein größeres Selbstbewusstsein und weniger Ängste und Schüchternheit.

Aber nicht nur bei Depressionen ist Tanzen heilsam. Patienten mit Parkinson können Gesellschaftstänze ausüben und dadurch ihre motorischen Fähigkeiten verbessern. Das legte eine Studie der Washington School of Medicine in St. Louis nahe. Die Forscher untersuchten den Effekt des Tango-Tanzens auf die motorischen Fähigkeiten von Patienten mit Parkinsonsyndrom. Die Probanden nahmen über einen Zeitraum von zehn Wochen zwei Mal wöchentlich an einem einstündigen Tanzkurs teil. Im Anschluss an die Studie stellten die Forscher positive Entwicklungen beim Gleichgewichtssinn und in den Bewegungsabläufen fest.

»Für Parkinson- oder auch für Multiple Sklerose-Patienten ist es ein riesiger Vorteil, beim Tanzen einen Partner zu haben, an dem sie sich stützen können. Mit dessen Hilfe können sie Bewegungen ausführen, wie beispielsweise rückwärts gehen, die für sie alleine nicht mehr möglich wären«[7], sagt Professorin Dr. Denise Temme, Leiterin des Instituts für Tanz und Bewegungskultur der Deutschen Sporthochschule Köln.

Professor Dr. Gunter Kreutz (Universität Oldenburg) erklärt dem Nachrichtenmagazin *Spiegel*:

»In einer aktuellen Studie wird von einer Patientin mit Multipler Sklerose berichtet, die nach einer fünfmonatigen Tanztherapie tatsächlich auf eine von zwei Gehhilfen verzichten konnte. Bei Parkinson-Patienten konnte nachgewiesen werden, dass durch angeleitetes Tanzen sehr starke Verbesserungen in ihrer Mobilität erreicht werden konnten. Das sind äußerst eindrucksvolle Hinweise auf quasi pharmakologische Wirkungen von Musik und Tanz.«[8] Des Weiteren fügt er hinzu, dass Tanzen solche Effekte vor allem über die Psyche bewirkt: »In Therapien will man erreichen, dass sich die Menschen etwa von ihrem schlechten Befinden distanzieren. Es ist sehr positiv für das Selbstbild, wenn ich als Patient merke: Ja, ich habe noch etwas Kontrolle, und: Ich habe schöne Empfindungen. Man geht davon aus, dass der Puls in der Musik die Menschen antreibt, auch wenn die Motorik sonst durch Erkrankungen stark gestört ist. Medikamente und Operationen mögen die physische Ursache eines Problems bekämpfen – sie reichen allein bei Weitem nicht aus, um Menschen Wohlbefinden und Lebensqualität zu verschaffen.«

56. Grund

Weil es schlau macht

Tanzen hält nicht nur unser Gedächtnis fit und steigert die Merkfähigkeit, es macht auch noch schlau und intelligent! Schon seit Jahrhunderten gibt es verschiedene Schriften über die gesundheitlichen Vorzüge des Tanzes als körperliche Betätigung. In neueren Studien wurde auch festgestellt, dass damit die Intelligenz gesteigert werden kann.

Die Essenz der Intelligenz ist, Entscheidungen zu treffen. Um die mentale Schärfe zu verbessern, werden Aktivitäten empfohlen, die (sekunden-)schnelle Entscheidungen fordern. Denn so wird die Intelligenz gefördert und nicht bloß das Auswendiglernen. Während die meisten Sportarten wie Golfen oder Schwimmen schon gelernte Bewegungsabläufe überwiegend abrufen und allenfalls verfeinern, fördert das Tanzen zahlreiche kognitive Prozesse, insbesondere neue Entscheidungen zu treffen.

Wer tanzt, muss in Sekundenbruchteilen auf die Bewegungen des Partners reagieren, gleichzeitig die eigenen mit dem Rhythmus abgleichen und neue Bewegungen planen. Und das alles spontan und nicht wie einstudiert, es soll ja leicht aussehen.

Außerdem hat auch der Aspekt »Führen« und »Geführt-Werden« einen großen Effekt auf die Intelligenz und die dabei nötigen Entscheidungen. Männer müssen bei verschiedenen Tanzpartnerinnen ihren Führungsstil verändern und anpassen. Frauen wiederum sind keinesfalls passiv – im Gegenteil! Sie müssen die Bewegungen des Partners interpretieren und blitzschnell darauf reagieren. Das häufige Wechseln des Tanzpartners ist ein abwechslungsreiches Training für das Gehirn. Im Tanzunterricht können Sie also ohne viel Aufwand Ihre Denkfähigkeit fördern und neue Neuronenbahnen aufbauen. Bei schwierigen und improvisierten Tänzen werden die neuronalen Netze ganz besonders verbessert.

In einer Langzeitstudie des Albert Einstein College of Medicine in New York beobachteten Wissenschaftler mehrere Senioren um die 75 Jahre. Sie verglichen, wie und ob sich körperliche Aktivitäten (Tennis, Tanzen, Spazieren gehen, Golfen …) und kognitive Leistungen (Bücher lesen, Puzzeln, Karten- und Instrumente spielen …) auf die geistige Fitness der Probanden auswirkten. Das Ergebnis erstaunte die Forscher: Alle Sportarten wirkten sich positiv auf Herz und Kreislauf, Beweglichkeit und Kondition aus, aber keine einzige auf die mentale Leistungskraft. Mit einer Ausnahme: dem regelmäßigen Tanzen! Dieses senkte die Wahrscheinlichkeit, im Kopf abzustumpfen, um 76 Prozent! Denn durch Tanzen knüpft das menschliche Hirn neue neuronale Pfade, wodurch viele Knotenpunkte und Straßen zu unserem gespeicherten Wissen entstehen. Nur durch dieses Netzwerk wird Denken möglich.

Durch das Treffen der vielen kleinen, schnellen Entscheidungen beim Tanzen werden unsere Denkstraßen breiter und besser, das hat die Intelligenzforschung nun bekannt gegeben.

Wem es schwerfällt, spontan Entscheidungen zu treffen, flexibel und mit Köpfchen zu reagieren, sich Namen zu merken und Sätze überlegt zu Ende zu bringen, für den ist ein Tanzkurs (besonders Freistil-Paartanz) das perfekte Training, die mentale Schärfe zu verbessern.

57. Grund

Weil es Bewusstsein für den inneren Raum schafft

Gerade in Zeiten von »self-care« ist Tanzen eine große Stütze für unsere persönlichen Bedürfnisse. Wie geht es mir? Fühle ich mich offen und weit, oder eher in mich gekehrt? Was brauche ich gerade? Was tut mir gut? Unser innerer Raum ist so viel größer, als wir es uns vorstellen können.

»Ihr habt die Pflicht, die Gesundheit eures Körpers zu erhalten, denn sonst verliert der Geist seine Spannkraft und Klarheit.« (Buddha) Um unserem inneren Raum Aufmerksamkeit schenken zu können, ist es wichtig, dass uns der äußere Raum, unser Körper, mit dem versorgt, was wir brauchen – und das mit vollgestopftem Alltag und ruhelosen Nächten.

Damit sind wir meistens überfordert. Klar, Sport soll man machen, gesund essen und viel Wasser trinken. Passt doch, oder? Aber was braucht unser innerer Raum, die Seele? Hören wir da ernsthaft drauf? Oder haben wir Angst vor dem, was da alles zu Tage kommen könnte?

Stress ist leider Dauerzustand in unserer Gesellschaft geworden, jeder von uns lebt in einem Grundstresslevel! Und so versuchen wir dann zu arbeiten, zu essen, zu schlafen. In dem Zustand dieser neurologischen Kontraktion, also der Daueranspannung des Nervensystems, steht uns nur die Hälfte unserer Gehirnleistung zur Verfügung. Wir werden taub für unseren inneren Raum, merken die Warnsignale des Körpers nicht und überhören ganz einfach die innere Stimme, die uns anfleht, nicht nur eine Pause zu machen, sondern das ganze Leben zu entschleunigen. Und dann wissen wir überhaupt nicht mehr, wie sich ein Leben ohne Dauerstress anfühlen kann.

Wer seinem inneren Raum nicht die Möglichkeit gibt, beachtet zu werden und auf die eigenen Bedürfnisse zu hören, wird auf Dauer unter Symptomen wie diesen leiden: Kopfschmerzen, Muskelzucken, Verspannungen, Magen-Darm-Probleme, Zähneknirschen, Gereiztheit, Lustlosigkeit, Gefühl der Überforderung, Antriebsarmut, innere Unruhe, Schlafstörungen, sexuelle Probleme, Denkblockaden, Konzentrationsschwierigkeiten, Vergesslichkeit. Unser Stresssystem bleibt dabei dauerhaft in Anspannung, der Druck nimmt immer mehr zu. Wer dann nicht zwei Gänge herunterfährt, wird irgendwann vor den Kurzschluss des Nervensystems gestellt. Und dann darf man dem Körper nicht böse sein, wenn er nicht mehr kann.

Der Organismus muss diese Überspannung schließlich irgendwie unterbrechen. In diesem Fall sprechen wir von einem Burn-out. Die Reizleitung der Nervenbahnen funktioniert nicht mehr, und die biochemischen Botenstoffe erreichen ihr Ziel nicht. Nun können wir nicht mehr eingreifen, denn das entzieht sich unserer Kontrolle.

Wer nun denkt, dass es hilft, jeden Tag eine Stunde gegen den Stress intensiv ins Fitnessstudio zu gehen, wird auch so seinem inneren Raum kaum die Möglichkeit geben, sich zu erholen. Vor allem Sportarten, die exzessiv betrieben werden, steigern das Gefühl, sich selbst etwas beweisen zu müssen, nur noch mehr.

Es geht nun also darum, seinen eigenen Körper als Ganzes kennenzulernen. Und damit sind eben nicht nur Hände, Füße, Schulter, etc. gemeint. Sondern das wichtige Bewusstsein für den inneren Raum. Nur wer diesen kennenlernt und sich die Zeit nimmt, sich mit sich selbst zu beschäftigen, wird wissen, was er in den nun mal unvermeidlichen anstrengenden Phasen des Lebens braucht.

Das Tanzen kann dabei der Schlüssel sein, um Emotionen zu regulieren und die ganz eigene mentale Stärke zu entfalten. Wie regeneriere ich am besten, was fühlt sich für mich gut an?

Viele freie Tanzarten verknüpfen ihre Übungen mit Elementen der Alexander-Technik. Im Zentrum steht dabei das Loslassen von Spannungen, die den freien Fluss von Bewegungen verhindern und unser Potenzial einengen. Durch mentale Ausrichtung erfährt man in solchen Übungen, wie sich der eigene Körper im Raum befindet und welche Weite dabei unser innerer Raum annehmen kann. Mit dem Loslassen von Denk- und Bewegungsgewohnheiten kann der Organismus frei arbeiten und seinen persönlichen Ausdruck im Tanz entfalten.

Menschen, die unter körperlichen Beschwerden leiden oder besser mit Belastungen umgehen möchten, sowie Personen, für die Stress ein Dauerthema ist, sollten Tanzrichtungen wie Contact-Improvisationen oder New Dance (Verschmelzung verschiedener Techniken) ausprobieren.

58. Grund

Weil man seine Koordinationsfähigkeit verbessert

Tanzen steigert unsere Koordinationsfähigkeit. Zu den wichtigsten koordinativen Fähigkeiten zählen:

- Bewegung mit hoher Präzision und in Feinabstimmung mit anderen Bewegungen ausführen können
- kurze Reaktionszeiten auf Signale
- räumliche Orientierungsfähigkeit
- Rhythmus- und Gleichgewichtsfähigkeit

Schrittabfolgen erfordern höchste Konzentration nach allen Seiten, plötzlich gibt es rechts und links, vorne und hinten, am besten auch noch die Arme, den Kopf und die Füße gleichzeitig. Und dann in der richtigen Reihenfolge und verschiedenen Raumrichtungen, man muss seinen Partner wiederfinden und beim Einzeltanz wissen, wo man selbst beispielsweise nach einer Drehung im Raum gelandet ist. Dann auch noch mit keinem der anderen Tänzer zusammenstoßen und den Lehrer im Raum suchen.

Spannend wird es, wenn man eine Choreografie zum Spiegel gelernt hat und dann plötzlich ohne tanzen soll. Mit einem Mal weiß man nicht mehr, in welche Richtung welche Bewegung angesetzt war, und muss sich neu orientieren. Auch ist es für Tänzer wichtig, nicht immer an derselben Stelle im Raum zu trainieren. Viele Dozenten achten darauf, die Reihen beim Warm-up durchzumischen, »die Vorderen nach hinten, die Hinteren vor«. Wer auf einmal nicht mehr an seinem Lieblingsplatz im Raum steht, wird auch mit der Koordination zu kämpfen haben und kann sie dabei gleichzeitig enorm schärfen. Mit einem Mal steht ein anderer Tänzer neben einem, vielleicht hat der Tanzboden an der neuen Stelle eine Unebenheit, der Spiegel aus dieser Perspektive einen schmierigen Milchglaseffekt, und die Säule im Raum, die einen an der alten Stelle nie gestört hat, sorgt an der jetzigen für Verwirrung. Auf jeden Fall muss das Gehirn nun Dinge neu sortieren, Abstände kalkulieren und die andere Tanzposition einordnen.

Auch muss man stets mit mangelnder Koordination der Mittänzer rechnen, nicht jeder hat schon ein Gespür für die Diagonalen und Weiten des Raums und des eigenen Körpers. Es gibt gerne Mittänzer, die völlig orientierungslos in andere Trainierende hineinstolpern und mit den zahlreichen Bewegungsmöglichkeiten überfordert sind. Dabei einfach gelassen bleiben und noch mehr auf die eigenen Schritte und Richtungen achten. Die Kollegen meinen es nicht böse, es ist wie beim Autofahren. Man muss erst herausfinden, wie weit man links und rechts fahren kann, was Abstand und Nähe bedeuten.

Da auch die Gleichgewichts- und Reaktionsfähigkeit geschult werden, können uns die neu erworbenen Koordinationsfähigkeiten auch im Alltag sehr hilfreich sein. Die Sturzgefahr nimmt ab, und besonders für Senioren ist es Gold wert, das gleichzeitige Ausführen von Bewegungsabläufen zu trainieren. Oft können diese nicht gehen und sich gleichzeitig die Nase putzen. Tanzen schult hier die Koordination von Mehrfachhandlungen, das Gehirn muss sich immer wieder umorganisieren und Aufgaben durch die Bildung neuer Nervenbahnen übernehmen.

Auch für Kinder, die heutzutage nicht mehr unbedingt in der Freizeit durch Outdoor-Spiele (Straßenfußball, etc.) ihre Koordinationsfähigkeiten schulen, ist es sehr wichtig, diese Leistung zu trainieren. Der Mensch entwickelt Koordination zwischen dem sechsten und 13. Lebensjahr, ab dem 30. kann sie sich schleichend zurückentwickeln. Wer nun dem Computer, Handy und Fernseher verfallen ist, muss solche Fähigkeiten erst lernen, um motorische Bewegungsabläufe, aber auch organisatorische Prozesse, wie sich selbst zu managen, sinnvoll ausführen zu können.

Koordination ist die Basis aller motorischen Grundeigenschaften und verantwortlich für das Lernen, Anpassen und Steuern von Bewegungen. Nur wer sich koordiniert, kann auch seine Kraft, Ausdauer und Schnelligkeit nutzen. Was bringt es dem stärksten Mann der Welt, wenn er nicht weiß wohin mit seinen ganzen Ressourcen?

Tanzen vereint durch seine spezifischen Merkmale das Trainieren von Gleichgewicht, Reaktion, Rhythmus und Orientierung. Außerdem hilft es bei der Differenzierung, also der Fähigkeit, Krafteinsatz auf eine Bewegung (beispielsweise Tanzen auf verschiedenen Untergründen) abstimmen zu können. Die Antizipationsfähigkeit (Erwartung eines zukünftigen Verhaltens/Bewegungsablaufes) und unsere Kopplungsfähigkeit (Einzelbewegungen auf Gesamtkörperbewegungen abzustimmen) werden ebenfalls trainiert. Ein Koordinations-Workshop für den gesamten Körper.

59. Grund

Weil es im Job hilfreich ist

Wie Tanzen gegen Stress hilft, wird einen Grund später erklärt. Dass Stress im Job nicht produktiv ist, muss nicht erklärt werden. Dass ein gut gelaunter, selbstbewusster Mensch, der seinen Kopf regelmäßig frei macht, auch ausgeglichener und produktiver ist, hat ebenfalls hilfreiche Auswirkungen auf den Beruf oder ein anstehendes Vorstellungsgespräch. Ich weiß noch, wie ich vor anstehenden Referaten in der Schule oft ein paar Tanzübungen gemacht habe, weil ich so ruhiger und konzentrierter wurde. Meine flache Atmung wurde weich und regelmäßig, meine Haltung aufrecht, und auch das Problem von zittrigen Händen bekommt man mit Atemtechnik und Lockerungsübungen gut in den Griff.

Viele meiner Freunde schwören auf ihren Tanzunterricht, besonders diejenigen, die im Job lange stehen müssen, profitieren von der gestärkten Beinmuskulatur. Aber auch Jobs, in denen man sich oft beugen und strecken muss (zum Beispiel Regale einräumen), erfordern eine gute Rückenmuskulatur und Maßnahmen des Ausführenden, um keine Schäden davonzutragen. Wem langes Sitzen im Auto oder Büro Rückenschmerzen bereitet, der kann auch hier auf die Wirkung des Tanzens vertrauen. Außerdem ist es ein geselliger Sport, den man gerne mit Kollegen ausführen kann und so vielleicht auf andere Gesprächsthemen als den Ort für die Mittagspause oder der nächsten Vertragsabwicklung kommt. Eventuell sind Ihre Kollegen ja sogar nett? Gemeinsame Aktivitäten können ein Team zusammenwachsen und so bessere Erfolge erzielen lassen. Bei Terminzwängen, Überstunden und Kundenbetreuung sollten sich die Chefs dieser Welt ruhig überlegen, ob es zum Druckabbau, Fun-Faktor und der Bindung untereinander nicht eine feine Sache wäre, ein »Betriebstanzen« zu organisieren.

Krankenkassen empfehlen das Tanzen schon längst für einen gesünderen und aktiveren Lebensstil. Mit Sicherheit freut sich der eine oder andere Boss sogar, wenn man dem Drückeberger, der um keine Krankheitsausrede verlegen ist, eine kräftige Dosis Foxtrott verordnen kann. Außerdem ist Tanzen perfekt, wenn es darum geht, jeden im Team zu berücksichtigen. Für jedes Level und Alter geeignet, das sind Aktivitäten wie Klettern oder Fußball nicht. Also kann man da schon einmal tiefer in die Trickkiste greifen, wenn es darum geht, eine gemeinsame Aktivität im Team anzubieten und so den Mitarbeitern auch im Job bessere Ressourcen zur Verfügung zu stellen.

60. Grund

Weil es Stress abbaut

Jede Art von Tanzen baut Stress ab, es entspannt und gibt uns eine neue Sicht auf die Dinge. Belastende Gedanken werden beiseite gefegt, und man kann einfach einmal durchatmen. Die meisten von uns fallen nach einem stressigen Tag lieber auf die Couch, doch

Tanzen kann bei dem Gefühl, immer schneller und besser werden zu müssen, sehr hilfreich sein.

Bei Stress signalisiert unser Urinstinkt dem Körper Gefahr, Adrenalin und Cortisol werden ausgeschüttet, unser Herz-Kreislauf-System läuft auf Hochtouren, der Puls steigt, und die Atmung wird schneller. Der Körper ist nun im Alarmzustand und bereit zu kämpfen oder zu fliehen. Was für unsere Vorfahren überlebenswichtig war, versetzt uns in Stress. Und anstatt diese Anspannung und geballte Energie nun abzubauen, wollen wir uns nicht bewegen und unseren Körper mit dem Versuch, die Stresshormone wieder abzubauen und zu entladen, lieber alleine lassen. Während wir auf der Couch nach Entspannung suchen, zirkulieren die Stresshormone weiter im Körper, die durch die bei Bewegung produzierten Hormone Endorphin und Serotonin neutralisiert werden können. Die Folge: Unser Körper unterdrückt die Produktion von anderen Hormonen, die für das Wohlbefinden wichtig sind, bleibt dauerhaft in Alarmzustand und lässt die Muskeln im Spannungszustand verharren. Dies erschöpft, erschwert die Verdauung, lässt uns nicht schlafen und kann sowohl psychisch als auch körperlich krank machen.

Dabei kann uns jede Sportart beim Entspannen helfen, besonders das Tanzen ist der Stresskiller Nummer eins! Es strengt an, powert aus und bringt jede Menge Spaß. Die Gedanken werden durch die Schritte abgelenkt, die Bewegungen wirken wohltuend und stärken unser Körpergefühl. Der Teamsport pflegt unsere sozialen Kontakte, und Sie werden sehen, dass nicht nur Sie mit Frust zu kämpfen haben. Tauschen Sie sich aus, geteiltes Leid ist zwar immer noch viel, aber es kann bekanntlich helfen, darüber zu reden.

In einer Studie mit Tango tanzenden Paaren als Teilnehmer konnten Forscher der deutschen Universität Oldenburg nachweisen, dass Tanzen die Konzentration des Stresshormons Cortisol im Speichel sinken lässt, wodurch Beruhigung eintritt und Stress verfliegt. Neben der Bewegung, die für Entspannung sorgt, entsteht aber auch der sogenannte Flow-Zustand, man lebt im Moment, und die Belastungen und Anspannungen des Tages werden vergessen. In vielen Tanzarten wird auch darauf geachtet, ein freies Gefühl in Augenbrauen, Kiefer oder anderen oft vergessenen Körperbereichen zu schaffen. Versuchen Sie doch mal, einfach die Nasenflügel zu lockern und den Kiefer hängen zu lassen. Solche Muskeln nicht immer anzuspannen, kann so manchem Stressgeplagten ein ganz neues Lebensgefühl verschaffen und ist Voraussetzung in Techniken wie im Modern Dance.

6. Kapitel

Background

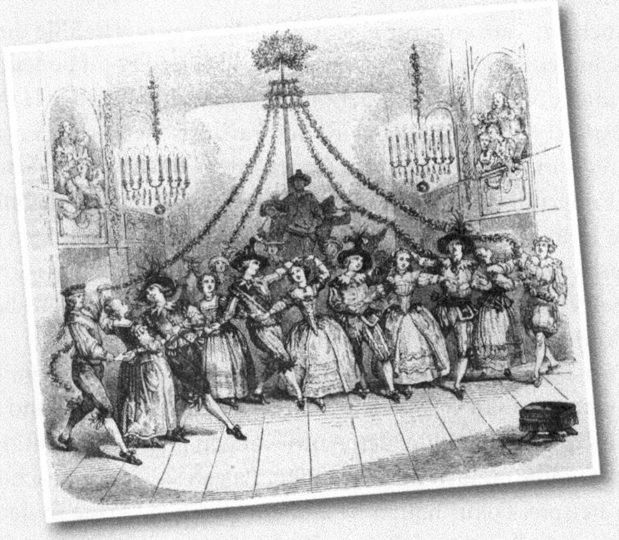

61. Grund

Weil Tanztechnik spannend ist

Im Tanzen spielen zwei wichtige Faktoren eine sehr große Rolle: Gefühl und Technik. Während man das Gefühl im Tanzen nicht unterrichten kann und es einfach entsteht, kann sich jeder in seiner Tanztechnik verbessern und dazulernen. Dabei hat jede Tanzart ihre eigene Technik, wobei es auch Grundlagen gibt, die überall angewendet werden.

Auch hat Tanzen seine eigene Sprache; wer regelmäßig die Kurse besucht, wird irgendwann wissen, was Flex und Point bedeuten und was man unter einer Suspination (Auswärtsdrehung der Hand oder des Fußes) versteht. Ballett wird mit französischen Begriffen gelehrt, während in Fächern wie Jazz Dance oder Hip-Hop die verschiedenen Erklärungen englisch sind. Tanz hat sein eigenes Vokabular und seine individuellen Regeln. Wer die Technik des jeweiligen Tanzes beherrscht und gut im Unterricht aufpasst, wird sich zum einen schnell verbessern und effizienter trainieren, zum anderen aber auch vor Verletzungen verschont sein.

In meiner Tanzausbildung gab es den Moment, in dem ich am Pirouettendrehen verzweifelte. Ich hopste die Drehung, und so sehr ich mich auch bemühte, den Anweisungen meiner Dozentin zu folgen, es wollte einfach nicht klappen. Es gab so viel zu beachten, wie zum Beispiel Fokus halten, Standbein strecken, Arme in der ersten Position nach unten drücken, Bauch fest machen und auf keinen Fall die Luft anhalten. In der Prüfung mussten wir technisch korrekt zwei- bis dreifache Drehungen abliefern können, ich scheiterte schon an einer einzigen. Und als es hieß, wir müssten nach der Pirouette auch noch stehen bleiben können, also die halbe Spitze (auf Zehenspitzen) halten, da dachte ich, dass es das war. Ich würde eine Tänzerin werden, der es zwar Spaß macht, die aber an den einfachsten Grundbewegungen eines Profis scheitern würde. Bis mir eine Freundin den entscheidenden Hinweis gab: Es lag an der Vorbereitung meiner Drehung. Die sogenannte vierte Position, aus der wir die Pirouette starteten, war viel zu groß, mein Gewicht war nicht optimal verlagert. Das hatte zur Folge, dass ich mich während der Drehung nicht hochziehen und abstoßen konnte, ich erreichte nicht die Power, um eine Ganze, geschweige denn zwei bis drei zu schaffen. Mit der richtigen Tanztechnik war es plötzlich einfach, das Zauberwort lag in der Vorbereitung und dem »Schließen der Rippen«. Wer sein Gewicht tendenziell auf den Fersen hat, kommt nicht schnell vom Fleck, verliert seine Zentrierung und hängt buchstäblich in der Bewegung fest. Tänzer, die sich lang machen und das Gewicht auch auf dem Fußballen verteilen, werden sich leichter tun, flink und anmutig zu tanzen.

Tanzen ist also nicht nur Spaß, sondern auch ein Handwerk, das gelernt und verstanden werden möchte. Was jeder von uns (!) mit der richtigen Technik erreichen kann, ist nicht nur spannend, sondern auch ein großes Geschenk. Denn unabhängig von Beweglichkeit und Begabung kann jeder Tänzer mit der richtigen Technik und viel Geduld dazulernen, auch wenn man überzeugt ist, eine bestimmte Bewegung niemals tanzen zu können. Doch, es geht! Man muss nur wissen wie. Und dazu können Sie den Lehrer oder wie in meinem Fall auch Mittänzer Ihres Vertrauens fragen. Danke, Sabine, für deine Geduld!

62. Grund

Weil Ballett wie Latein ist

Im wohl bekanntesten und größten Imperium der europäischen Geschichte wurde Latein gesprochen. Aus Zeugnissen des Römischen Reiches wissen wir, dass Latein die Amtssprache war und so zur dominierenden Verkehrssprache im westlichen Mittelmeerraum wurde, aus dem sich schließlich die romanischen Sprachen entwickelten. Bis ins 19. Jahrhundert wurden die Vorlesungen an den europäischen Universitäten auf Latein gehalten, Fachbegriffe und Redewendungen sind bis heute in dieser Sprache und auch in nicht romanischen Sprachen wie Deutsch oder Englisch präsent. Wegen der enormen Bedeutung für die sprachliche und kulturelle Entwicklung Europas wird Latein gegenwärtig noch an vielen Schulen unterrichtet und für viele Studiengänge vorausgesetzt. Latein ist Grundlage von etwa 15 romanischen Sprachen, darunter Spanisch, Französisch, Portugiesisch, Italienisch und Rumänisch.

Genauso wie Latein die Basis der Sprachen bildet, ist Ballett die technische Grundlage aller zeitgenössischen Tanzstile. Nicht umsonst beinhaltet jede Tanzausbildung Ballettunterricht, um sich auf das weitere Training vorzubereiten. Im frühen 16. Jahrhundert entstand diese Tanzform an den italienischen und französischen Königshöfen und wurde seitdem immer weiterentwickelt und verbreitet. Mit den fünf grundlegenden Fußpositionen (manche sehen die »parallele Position« als die sechste an) sowie den dazugehörenden Armpositionen erlernt man die Grundpfeiler des Balletts und der daraus resultierenden anderen Tanzstile. Bewegungskomponenten wie Pliés (Knie beugen sich) oder Tendus (Zehen und Spielbein strecken sich) sind aus einer Ballettstunde nicht wegzudenken und lassen sich ebenso in den zeitgenössischen Tänzen finden. Ballett bildet die Grundlage für Stile wie Contemporary Dance, Jazz Dance, Street Jazz oder Charaktertanz. Aber auch in allen anderen Tanzrichtungen werden bestimmte Techniken und Koordinationsabläufe wie im Ballett unterrichtet und integriert. Besonders in der heutigen Zeit, in der man immer mehr Tanzformen miteinander vermischt, ist es wichtig, eine gute Ausgangsposition zu haben. Wie der Maler, der mit einem weißen Blatt Papier beginnt, braucht das Tanzen eine gute Ausgangslage, von wo aus die Bewegungen starten können. Ballett eignet sich hervorragend zum Üben der Haltung, Koordination, Beweglichkeit und dem Beherrschen der Grundlagentechnik.

63. Grund

Weil man sich Wissen über den Körper aneignet

Was ist eigentlich der Atlas im Körper? Wie sieht unser Skelett aus, und wo verlaufen Sehnen, Bänder und Muskeln? Was passiert bei einem Muskelkater, und ist es schlimm, wenn meine Knochen knacken? Wer regelmäßig tanzt, wird irgendwann mit der einen oder anderen Frage konfrontiert, sei es freiwillig oder durch Zufall. Mir war es als Kind immer egal, was genau mit mir passiert, wenn ich tanze. Auch als Jugendliche stand der Spaß im Vordergrund. Aber irgendwann stellte ich mir eben doch ein paar Fragen. Eines Tages knackte im Tanzunterricht mein Brustbein, und ich erschrak fürchterlich. Was geht da in mir drinnen eigentlich vor sich, wenn ich meinen Oberkörper in Richtung Decke strecke und mich dehne?

Der menschliche Körper ist für ein Leben mit Bewegung programmiert. Ohne Bewegung können sich unser Skelett, die Muskulatur und inneren Organe nicht ausreichend mit Sauerstoff und Nährstoffen versorgen, der Körper würde degenerieren. Während die Knochen den Körper stabilisieren und ihm eine Form geben, hält das Skelett enorme Belastungen aus. Seine Knochen werden durch Gelenke und Bänder verbunden und durch die Muskeln, die uns antreiben, bewegt. Die Muskeln setzen sich aus vielen Muskelfaserbündeln zusammen, die wiederum in Muskelfasern mit ihren Sarkomeren unterteilt sind.

Es gibt Tanzlehrer, die während einer Übung genau darauf eingehen, was gerade bewegt wird, warum das für das Tanzen wichtig ist und was wir auch dabei falsch machen können. Jeder Mensch muss Verantwortung für seinen Körper übernehmen, und das geht am besten, indem man weiß, was man tut. Das soll nicht bedeuten, dass das Training nun zur Anatomiestunde werden soll, aber wer beginnt, den Körperaufbau zu verstehen, trainiert auch anders. Wo beginnt eine Bewegung? Im Bein? Oder schon im unteren Rückenbereich? Wer weiß, wo eine Bewegung im Körper ansetzt, wird automatisch an Bewegungsqualität dazugewinnen. Und wer herausgefunden hat, dass unser Kopf circa fünf bis sechs Kilogramm wiegt, wird beim Stretching keine Dehnung mehr forcieren, sondern einfach mal den Kopf im Männerspagat in Richtung Boden hängen lassen. Mit dem Wissen über sich selbst kann man effektiv, liebevoll und einfach trainieren und tanzen. Wenn dann noch eine richtige Ernährung und genügend Wasserzufuhr ins Spiel kommen, kann man von »Tanzen mit Köpfchen« sprechen. Und das ist doch cool, oder?

An dieser Stelle möchte ich noch ein paar meiner Fragen vom Anfang beantworten: Unsere Halswirbelsäule, die den Kopf trägt und ihn wie einen Ball auf dem obersten Wirbel balanciert, erlangt ihre große Beweglichkeit durch zwei besonders geformte Wirbel, nämlich den Atlas, unseren ersten Halswirbel, und den Axis, den zweiten. Der Atlas besitzt weder Dornfortsatz noch Wirbelkörper und ähnelt einem Ring, in dessen beiden muldenförmigen Gelenkgruben die Gelenkrollen des Schädels ruhen. Das obere Kopfgelenk zwischen Schädel und Atlas ist dabei vor allem für das Beugen des Kopfes nach vorne und hinten, die »Ja«-Bewegung, verantwortlich. Der Großteil der Kopfdrehung, die »Nein«-Bewegung, verdankt die Halswirbelsäule dem zweiten Halswirbel Axis. Dieser bildet gemeinsam mit dem Atlas das untere Kopfgelenk und erlaubt uns die große Rotationsfähigkeit des Kopfes.

Und nein, es ist nicht nur bei älteren Menschen der Fall, dass die Gelenke knacken. Manche von uns machen das sogar bewusst und lassen Finger, Kopf und andere Körperteile knirschen. Oft wird gesagt, dass das schädlich ist, Knorpel und Gelenke darunter leiden würden und das Krachen sogar Arthritis begünstigen könnte. Wirklich schlimm ist das Knacken in den meisten Fällen nicht, allerdings kann das Überdehnen der Gelenke beispielsweise in den Fingern eine Überdehnung der Bänder begünstigen und somit die Griffkraft vermindern. Forcieren sollte man das Geräusch also nicht.

Wenn nach einem Sturz oder Unfall Schmerzen zur Begleiterscheinung des Knackens werden, ist unbedingt ein Arzt aufzusuchen. In den meisten Fällen sind die Geräusche, die in allen Gelenken im Körper vorkommen können, harmlos. Beim Überdehnen entsteht ein Vakuum, welches nicht mehr mit Gelenkschmiere gefüllt werden kann. Daraus entwickeln sich Gase, die im Gelenk kleine Bläschen bilden, welche beim Druckausgleich das knackende Geräusch verursachen.

64. Grund

Weil es Michael Jackson gab

Es gibt Tänzer, die sehr viel lernen müssen. Und es gibt geborene Tänzer, wie Michael Jackson.

In seiner Art zu tanzen sieht man, wie er den Breakdance mit seinen Entwicklungsformen wie Popping und Locking verfeinert hat, wie er perfektionistisch jede noch so kleine Handbewegung mit Bedacht setzte und lässig-leicht in seinem Moonwalk über die Bühne schwebte und die Schwerkraft aufzuheben schien. Wie auch immer man zum »King of Pop« stehen mag, dass er über Generationen, Geschlechter und Genres hinweg Kunst beeinflusste, steht außer Frage. Jeder von uns kennt seine Lieder und den berühmten Griff zwischen die Beine.

Auch der »Anti-Gravity-Lean« aus dem Musikvideo zu *Smooth Criminal*, den er übrigens auch live performte, ist jedem ein Begriff und wurde oft genug versucht zu entschlüsseln und nachzutanzen. Der Körper lehnt dabei in einem 45-Grad-Winkel nach vorne, physikalisch eigentlich unmöglich, da der Körperschwerpunkt weit über die Zehenspitzen verlagert wird. Das schwarze Glitzersakko, die schwarze Hose, die schneeweißen Socken in den schwarzen Slippern und der funkelnde Handschuh – niemand wird vergessen, wie dieser

Mann, der auch gerne als geschlechtslos dargestellt wurde, sich auf die Zehenspitzen stellte oder seine Pirouetten drehte.

Dieser Sänger, Tänzer und Entertainer wird auch nach seinem Tod unvergesslich bleiben und die Tanzwelt immer weiter beeinflussen. Seine Tanzkunst bleibt unerreicht, er war der Beste in dem, was er tat. Michael Jackson vereinte Eleganz und Geschmeidigkeit in einer Illusion von Leichtigkeit, die die gewaltige körperliche Anstrengung dahinter verbarg. Er ist nach wie vor ein inspirierendes Phänomen und deshalb für jeden Tänzer ein Grund, das Tanzen zu lieben und sein eigener Michael Jackson, nämlich der Beste in seinem Fach, zu werden.

65. Grund

Weil der Tanz eine Geschichte hat

Neben der puren Bewegungsfreude, wie zum Beispiel bei Kindern, unterscheidet man drei Formen von Tänzen: Zum einen die, die uns selbst erfreuen, ohne einem theatralischen Aspekt zu dienen. Dann diese, die an ein Publikum gerichtet sind, in Theatern aufgeführt werden und bei denen es eine klare Trennung zwischen den Ausführenden und den Betrachtern gibt. Und dann sind da noch die sakralen Tänze, welche oft Teil einer Zeremonie sind und einen rein rituellen Zweck haben. Diese dienen der Kommunikation mit den Göttern, um sie gnädig zu stimmen.

Die ersten Tänzer sind uns unbekannt, es ist aber erwiesen, dass Tanz als Ausdrucksform schon sehr alt ist und parallel zur Sprachentwicklung entstand. Das belegen Artefakte wie bemalte Tonscherben, die den Tanz sogar bis zu 9000 Jahre vor Christus zurückverfolgen. Diese dokumentieren die Bedeutung des Tanzes in agrarischen und rituellen Gemeinschaftstänzen sowie Fruchtbarkeits-, Initiations-, Heilungs-, Todes-, Jagd- und Kriegstänzen.

Initiationstänze sind eine spezifische Form von Tanz und dienten dem Feiern von neuen Lebensabschnitten, wie Hochzeit oder dem Beschneidungsritual. Solche Tänze findet man auch heute noch.

Fruchtbarkeitstänze sind oftmals im Brauchtum erhalten, weisen zyklische Muster auf, deren Ziel es ist, übernatürliche Kräfte gütig zu stimmen. Diese Kraft wird im Kreis umringt, und alle Tänzer können in Kontakt zueinander treten.

In Heils- und Bestattungstänzen geht man davon aus, dass der Kranke von bösen Geistern besessen ist. Ein Medizinmann platziert dabei den Kranken in der Mitte eines von Tänzern gebildeten magischen Kreises, bis die bösen Geister vertrieben worden sind. Dieser Tanz wird teilweise bis hin zur Trance ausgereizt und unterscheidet sich von harmonischen Tanzformen in seiner Ekstase.

Jagdtänze dienten der Anrufung der Götter, um Schutz von ihnen zu erbitten. Dabei wurden die Jagdsituation sowie verschiedene Tiere imitiert, um Macht über die Beute zu erlangen. Solche Tänze begleiteten auch die Herstellung von Waffen und Fallen.

Kriegstänze imitierten die Kampfsituationen und wurden meist von männlichen Tänzern ausgeführt.

Diese Tanzformen wurden von Gesang, Trommelspiel, Pfeifen und Flöten, Feuer, Masken (Rollenspiel) und anderen Körperdekorationen begleitet. Zu den frühen Hochkulturen zählen Babylon, Ägypten, Griechenland, das Römische Reich sowie die Judo-christliche Ära.

In Babylon verstand sich der König als Gott und ordnete die feierlichen Darbietungen in pyramidenförmigen Tempeln an. Dabei wurden Mythen dargestellt und astrologische Abläufe imitiert. Der Hauptzweck war die Sicherstellung der Fruchtbarkeit des Landes im Jahreszyklus, das oft von Überschwemmungen betroffen war.

In Ägypten gab es auch verschiedene astronomische Abläufe sowie ein Fest für die Göttin Isis bei Beginn der jährlichen Nil-Überschwemmung, Gott Osiris bekam Fruchtbarkeitstänze zur Ernte. Hier gab es schon die ersten Berufstänzer in Tempeln und am Königshof.

Das antike Griechenland sah das Tanzen ursprünglich als Aktivität an, die nur den Göttern vorbehalten war und in religiösen Ritualen eingebettet wurde. Man isolierte den Tanz nicht, sondern kombinierte ihn zur Interpretation von Gedichten oder zur Begleitung von Musik. Die Tanzausbildung war hier ein wichtiger Teil einer umfassenden Ausbildung und wurde in der Oberschicht als Bestand militärischer Erziehung gelehrt. Man unterscheidet hier die dionysische (ausgelassene) und die apollonische (an Regeln geknüpfte) Form, welche Bestandteil von Fruchtbarkeitsritualen, religiösen Festen sowie in Tragödien und Komödien war.

Da das Römische Reich riesig war und viele verschiedene Sprachen gesprochen wurden, trennte man Dichtung und Tanz, da es nicht garantiert war, dass das Publikum die Sprache verstehen würde. Mit Pantomime stellte ein Tänzer, begleitet von Musikern und Sängern, alle Charaktere eines mythologischen oder historischen Stücks durch Bewegung dar.

Auch frühe jüdische und christliche Rituale enthielten noch tänzerische Elemente. Hier wurden allmählich Körper und Seele getrennt. Der Körper wurde zum Synonym für alles Böse, wohingegen der Geist das Gute im Menschen darstellte.

Im Mittelalter wurden Volkstänze als Freizeitbeschäftigung und regional sehr verschieden ausgeführt. Es waren meist einfache Bewegungsabfolgen und rituelle, nicht zuschauerfokussierte Tänze, die die Kirche verhindern wollte. Diese sah solche Tänze als Aberglaube und körperlich schlechte, lustvolle Betätigung an. Im späten Mittelalter (ab 1300) wurde auch an Fürsten- und Königshöfen getanzt. Dort gab es dann professionelle Tanzlehrer, die Volkstänze mit ritterlichen und edlen Elementen aufwerteten. Hier sind wenig Informationen (rein klerikal) überliefert, wir wissen aber von tanzenden Hofnarren und Gauklern.

Während der Renaissance wurde, im Gegensatz zum Mittelalter, der Fokus auf das Leben in der Gegenwart und nicht auf das nach dem Tod gerichtet. Hier errangen die ersten einzelnen Künstler Ruhm, wie die frühen bekannten Tanzmeister Domenico von Piacenza oder Antonio Cornazzano. In den vielen kleinen europäischen Staaten wollte jeder Hof den des Nachbarstaates an Pracht übertrumpfen, deshalb spielten Künste und eine gute Erziehung eine wichtige Rolle. In Tänzen für individuelle Speisen bei Gelagen stellte die Aristokratie ihre Kulturbeflissenheit und Generosität zur Schau. Man suchte das lustvolle, luxuriöse Leben. Reiche Familien wie die Medici in Florenz förderten Künste (Michelangelo, Leonardo da Vinci, Botticelli ...) und finanzierten häufig öffentliche Spektakel für die Bürger der Stadt. Außerdem gab es großzügige Feste im Hochadel, dessen Leben einer spezifischen Etikette mit kunstvollen Ritualen für alltägliche Aktivitäten folgte. Tanzmeister, Tänzer, Schauspieler, Musiker und Komponisten waren am Hof angestellt.

Der vorklassische Tanz hat dabei seine Ursprünge in Volkstänzen, aber mit Betonung auf pompösen und formal sehr elaborierten Details. Durch die voluminöse Kleidung waren nur sehr limitierte Körperbewegungen möglich. Wichtig war die korrekte Ausführung der komplexen Schrittabfolge und der Gesamteindruck, nicht die Betonung von Knie- oder Zehenstreckung.

Caterina de' Medici (1519–1589) ist hier besonders zu erwähnen, da sie den höfischen Tanz an den französischen Königshof brachte. Sie wurde mit 14 Jahren mit König Heinrich II. von Frankreich verheiratet, zu deren Hochzeit Balthasar de Beaujoyeulx das erste bekannte Ballettstück *(Ballet comique de la reine)* am 15. Oktober 1581 kreierte.

Im frühen Ballett erhielt das Publikum oft ein Programmheft, das die Handlung beschrieb. Es wurde nicht von professionellen Tänzern, sondern von männlichen Adeligen ausgeführt, die Frauenrollen stellten Knaben dar. Das modische Auftreten stand dabei im Vordergrund, die Bewegungsfreiheit wurde von unbequemer Kleidung eingeschränkt.

Auch der Sonnenkönig Ludwig XIV. (1638–1715) wurde schon als Teenager König und trat mit 16 Jahren erstmals in *Libération de*

Renaldo als Solotänzer auf. Er verstand sich selbst als Tänzer und brachte den höfischen Tanz zu einem einzigartigen Höhepunkt. Der Pariser Hof wurde zum Vorbild in ganz Europa, professionelle Tänzer, die schon sehr komplexe Figurenfolgen ausführten, dienten den adligen Amateuren als Unterstützung.

In der Romantik etablierte sich die Mittelklasse, die Reisegeschichten und übernatürliche Phänomene liebte. Das Auslösen und Vermitteln von Emotionen stand dabei im Vordergrund. Durch Gasbeleuchtung waren nun neue Effekte auf der Bühne möglich, wodurch sich die Distanz zwischen Darstellern und Publikum erweiterte. Plötzlich gab es Bühnenbilder, Tänzer konnten durch verschiedene Mechanismen in der Bühne versinken, der Vorhang wurde zwischen den einzelnen Szenen heruntergelassen. Ballerinas trugen nun weite, üppige Tüllkleider, deren Röcke bis zur Wade reichten.

1832 entstand das erste mit Sicherheit auf Spitze getanzte Ballett *La Sylphine*, das sich zum Prototyp des klassischen Balletts entwickelte.

Der Französisch-Preußische Krieg stoppte bis auf Weiteres jegliche weitere kulturelle Entwicklung. Die Romantik verlagerte das Hauptaugenmerk auf die Ballerinas, während die männlichen Tänzer darauf beschränkt waren, diese bestmöglich zu präsentieren und zu unterstützen.

Schließlich gingen viele bekannte Tanzmeister (u.a. Antonio Rinaldi) nach Russland, was auch zur Umstrukturierung der Ballettschule in Moskau beitrug. Russische Tänzer waren schon immer bekannt für ihre Musikalität und ihre harmonischen Bewegungen. Zar Peter der Große (Gründer von Sankt Petersburg) wollte Russland »verwestlichen« und versuchte, das französische Hofleben zu kopieren. Er zwang den Adel und die Beamten, ihre traditionell langen Bärte abzuschneiden und stattdessen gepuderte Perücken und die in Frankreich typische Mode, inklusive Strümpfen und Absatzschuhen, zu tragen. Außerdem mussten alle Adeligen Tanzunterricht nehmen. Seine Nachfolgerin, Zarin Anna, übernahm seine Ideen und lud Jean-Baptiste Landé (französischer Ballettmeister) ein, am Kaiserlichen Hof zu unterrichten. Dieser gründete 1738 die Ballettschule Sankt Petersburg, die als dreijähriges Programm für Waisenkinder von Palastangestellten begann. Um 1800 kam der Bühnentechnikfreak Charles Didelot nach Sankt Petersburg und brachte seine Ansicht, dass das Ballett Handlung ist, die durch Tanz erklärt wird, mit nach Russland. Er wird heute als »Vater des russischen Balletts« bezeichnet. Unter seiner Anschauung bildeten sich geschickte Bewegungen und Szenenwechsel heraus, gespickt mit durchdachter Anordnung von Solo- und Gruppentänzern. 1811 wurde das unter ihm erbaute Bolschoitheater durch ein desaströses Feuer zerstört.

Im 19. Jahrhundert waren durchweg ausländische Tänzer die Stars in Russland. Didelot war begeistert von der hervorragenden Technik der Ballettschüler in Russland und entwickelte die Spitzentanztechnik weiter. Außerdem erweiterte er das Programm an der kaiserlichen Ballettschule auf acht Jahre. Das Ballett wurde persönliches Anliegen des Zarenhofes. Die kaiserliche Familie besuchte sogar so manche Probe, und Schüler der kaiserlichen Ballettschule hatten denselben sozialen Rang wie Offiziersanwärter. Im Rahmen der Napoleonischen Kriege mussten alle Franzosen Russland verlassen, so wurde auch Didelot 1813 des Landes verwiesen.

Ein Mann namens Marius Petipa (1818–1910) kam schließlich 1847 nach Sankt Petersburg und wurde 1869 erster Ballettmeister am kaiserlichen Hof. Er inspirierte Pjotr Iljitsch Tschaikowsky für das Ballett zu komponieren, seine Lieblingstänzerin Matilda Kschessinskaja war die erste russische Tänzerin, die 32 Fouettés (schwierige Drehung) tanzen konnte und damit den Erfolg der Italienerin Pierina Legnani (Petipa war ebenfalls ihr Fan) wiederholte. Sein Nachfolger wurde Michel Fokine (1880–1942), der den Aufbau des Pas de deux veränderte und die ersten Tänzer barfuß tanzen ließ. Er schuf kompakte, emotionale Werke und verstand es, für die verschiedenen Charaktere in seinen Balletten spezifische Bewegungen zu schaffen.

Plötzlich war es Russland, das in puncto Mode, Kunst und Lebensart Europa beeinflusste.

George Balanchine (1904–1983) war ein russischer Tänzer, der in seinem Abschlussjahr eine skandalöse Inszenierung tanzte, da er mit der Primaballerina in Tunika statt im Tutu auftrat. Als Stalin 1927 die absolute Macht übernahm, gelang Balanchine die Flucht in den Westen, die von einem Herrn namens Vladimir Dimitriev mit einer Tournee der Jungen Sowjetischen Staatstänzer organisiert wurde.

1934 gründete er die School of American Ballet, 1936 The American Ballet, das später in New York City Ballet umbenannt wurde. Er choreografierte für Broadway-Shows und Hollywoodfilme und bildete mit seiner revolutionierten Tanzart eine Brücke zwischen klassischem und modernem Ballett.

In den USA wurde das Ballett anders als in Europa verändert, da es hier keine Kriegsunterbrechung durch den Zweiten Weltkrieg gab. Es wurde anfangs stark als zu europäisch und aristokratisch bezeichnet, der Tanzkritiker John Martin bezeichnete das Ballett als »dekadente Riviera-Ästhetik«. Durch Tänzer wie Émile Jaques-Dalcroze (1865–1950) und Rudolf von Laban (1879–1958) wurde schließlich der Modern Dance begründet. Martha Graham (1884–1991) entwickelte ihren eigenen Tanzstil und legte den Schwerpunkt auf contract/release. Alvin Ailey (1931–1989) gründete seine eigene Company, die erste US-Amerikanische Tanzcompany, die in der damaligen UdSSR auftrat und beim Auftritt in Leningrad (heute Sankt Petersburg) einen 20-minütigen Applaus bekam.

Im 20. Jahrhundert entwickelten sich die »Modetänze«. Mit dem Ende des Ersten Weltkrieges kam der Foxtrott zu uns, man tanzte »Shimmy« und schließlich Charleston. Der »Allgemeine Tanzlehrerverband« bemühte sich allerdings um festgelegte Choreografien, der englische Foxtrott wurde erfunden.

Am 14. Juli 1929 wurden auf einem englischen Kongress renommierter Tanzlehrer folgende Standardtänze festgelegt: Slowfox, Quickstep, Langsamer Walzer, Tango und Blues, welcher ein Jahr später durch den Wiener Walzer abgelöst wurde. (Der Foxtrott schaffte es 1963 ins Welttanzprogramm.)

Die Nazis versuchten, ausländische Modetänze zu unterbinden und die traditionellen Volkstänze zurückzuholen. Doch gegen den »Swing« Mitte der 30er-Jahre, der nach dem Krieg als »Boogie-Woogie« durch Deutschland fegte, konnten sie nur schwer das damit verbundene attraktive Lebensgefühl einschränken. Der Stepptanz, der eine Blütezeit zwischen 1900 und 1955 am Broadway hatte, kam durch Egon Bier nach Deutschland, der mit Fred Astaire steppen lernte. Mit Elvis Presley entwickelte sich nach dem Zweiten Weltkrieg auch der Rock 'n' Roll, 1960–62 entstand der Twist. Und spätestens seit *Saturday Night Fever* 1977 erlebten die Discos einen Boom.

Es gibt zahlreiche Tänzer, die die Geschichte des Tanzes beeinflusst haben. Jeder entwickelte hier mit der Zeit seinen eigenen Stil. Der Ursprung aller später populär werdenden Tanzrichtungen ist aber das Ballett. Amerika hat uns Europäer im Bereich der Tanzausbildung überholt. Sogar in der amerikanischen Provinz bestehen Truppen, die in Bezug auf Größe und Leistungsfähigkeit mit den guten europäischen ohne Weiteres verglichen werden können. Hunderte von Schulen bilden Tausende von amerikanischen Schülern aus, die in Europa in den Ensembles und Kompanien das Gros der Tänzer darstellen. Mittlerweile gelingt es Europa allerdings, in diesem Bereich nachzuholen. Es bleibt spannend, was die Tanzgeschichte gerade im Bezug auf neue Tanzstile noch alles zu bieten hat.

66. Grund

Weil es Tanzprojekte gibt

In vielen Schulen werden Tanz-AGs angeboten. Gerade für Kinder und Jugendliche ist ein gesundes Selbstwertgefühl ein entscheidender Schritt zu einem eigenverantwortlichen, zufriedenen Leben.

Tanzprojekte schaffen dabei Werte, fördern soziale Kompetenz und lassen Kinder, die in Verhaltensmustern eingefahren sind, Neues ausprobieren und Erfolgserlebnisse in der Gruppe erleben. Besonders für aggressive und schüchterne Kinder bietet das Tanzen hier den positiven Moment, Blockaden zu lösen und sich selbst sowie die anderen zu akzeptieren. Junge Menschen, die sich im Rahmen kreativer Bewegung ausprobieren können, haben gute Chancen, die so wichtige Bewegung in ihren Alltag zu integrieren. Mit Spaß zur Lieblingsmusik tanzen, dabei neue Freunde finden, sich selbst Tänze ausdenken und den eigenen Körper fördern – das sind die wichtigen Faktoren, die das Tanzen bietet.

Rhythm Is It! ist ein vielfach ausgezeichneter Dokumentarfilm (2004) und begleitete 250 Berliner Kinder und Jugendliche aus 25 Nationen. Unter der Anleitung des Choreografen und Tanzpädagogen Royston Maldoom probten sie die Aufführung von Igor Strawinskys Ballett *Le Sacre du Printemps.* Unterstützt wurden die Jugendlichen, die teilweise noch nie getanzt und keine Erfahrung mit klassischer Musik hatten, von den Berliner Philharmonikern. Drei jugendliche Protagonisten wurden während der zweimonatigen Probenzeit in diesem ersten großen Education-Projekt des Orchesters mit seinem Chefdirigenten Sir Simon Rattle begleitet. Wie ein solches Tanzprojekt dabei Unsicherheit, Selbstzweifel, Begeisterung, Höhen und Tiefen bei den Jugendlichen hervorrufen kann, wurde hier mitreißend eingefangen.

Olayinka, der erst vor Kurzem als Kriegswaise aus Nigeria nach Berlin gekommen war, Marie, die um ihren Hauptschulabschluss bangte, und Martin, der mit seinen inneren Barrieren zu kämpfen hatte – das sind die drei, die uns einen Einblick in ihre emotionale Reise und die verborgenen Facetten ihrer Persönlichkeit gewährten.

Voller Leidenschaft, aber auch zweifelnd arbeiteten die Kinder in den Turnhallen und Probenräumen an *Le Sacre du Printemps,* für das sie nur sechs Wochen Probezeit hatten. Martin hatte Schwierigkeiten, sich auf andere Menschen einzulassen – musste sie aber beim Tanzen berühren. Marie hielt sich für faul – wurde durch das Projekt aber zu Höchstformen motiviert und beschloss, den Realschulabschluss zu machen. Olayinka sprach kaum deutsch – und lernte durch die Teilnahme an dem Projekt andere Menschen und Freunde kennen.

Dieser Film und zahlreiche darauffolgende Tanzprojekte zeigen natürlich in erster Linie die Erfolge. Es bedeutet nicht, dass das für jedes Kind der perfekte Weg zu mehr Verständnis, Toleranz, Spaß an Bewegung und Überwindung von Blockaden und besonders dem Verändern von einer passiven in eine aktive Position ist. Allerdings kann damit eine neue Diskussion über Bildungsmethoden angerissen werden, es ist einer von vielen möglichen Wegen, Werte zu vermitteln und spielerisch Selbstvertrauen in sich und andere zu erlangen.

67. Grund

Weil es so viele gute Tanzschulen gibt

Eine gute Tanzschule sollte ein paar Kriterien erfüllen, um im Preis-Leistungs-Verhältnis stimmig zu sein. Jeder muss natürlich für sich selbst entscheiden, worauf man beim Besuch in der Schule Wert legt. Hier ein paar Anhaltspunkte, an denen Sie sich orientieren können:

Das Angebot muss ansprechend und vielfältig sein, eine gute Tanzschule zeichnet sich auch durch Schnupperkurse, Workshops mit Gastdozenten oder ausgefallenen Tanzstile aus, die man nicht überall tanzen kann.

Die Tanzschule muss man gut erreichen können, Parkplätze und öffentliche Verkehrsmittel sollten in unmittelbarer Nähe sein.

Die Tanzräume müssen groß genug sein, keine rutschigen Böden, keine störenden Säulen, die die Sicht auf den Dozenten versperren und Bewegungen einschränken.

Es müssen gute Tanzlehrer vor Ort sein. (Siehe Grund 70)

Die Preise müssen bezahlbar und gerechtfertigt sein, gegebenenfalls auch Zehnerkarten, Flatrateangebote, etc.

Die Tanzklassen dürfen nicht zu groß sein, man muss sich ausreichend bewegen können und die Möglichkeit haben, dem Lehrer auch Fragen stellen zu dürfen. In überfüllten Klassen ist dafür meistens keine Zeit.

Die Tanzschule muss hygienisch sein, gerade die Toiletten und Umkleidekabinen. Oftmals gibt es in den Räumlichkeiten auch Duschen, diese müssen absolut steril sein. In manchen Tanzklassen wird auch barfuß getanzt, ein sauberer Boden ist dafür Voraussetzung.

Die Ausrüstung muss stimmen, die Ballettstangen müssen fest verankert sein, die Musikanlage und die Lautsprecher müssen funktionieren, es sollte Matten für spezielle Übungen geben und alles andere an Equipment, was das Angebot erfordert.

Eine gut funktionierende Tanzschule zeichnet sich häufig auch durch Präsenz in den sozialen Netzwerken aus. Hier erhält man durch Bilder und Videos sehr oft Einblicke in die Räumlichkeiten, Choreografien und Tanzklassen. Außerdem gibt der Erfolg einer Schule recht – wo es viele Schüler gibt, ist es in der Regel auch stimmig. Also probieren Sie gerne verschiedene Schulen aus, bis Sie Ihre Wohlfühlschule gefunden haben. Es gibt eine Menge toller Tanzschulen, die sich schon sehr auf Ihren Besuch freuen.

68. Grund

Weil uns manche Tänzer begeistern

Es gibt unglaublich viele Tänzer, die unsere Gesellschaft und die Tanzwelt mit ihrem Schaffen geprägt haben. Zu den Tänzern, die einem den Spaß und ihr Wissen daran wie keine anderen vermittelten und durch ihr Können Gänsehautmomente gezaubert haben, zählen unter anderen diese Persönlichkeiten:

Wer nicht weiß, wer Fred Astaire war, hat an dieser Stelle dringenden Nachholbedarf. Der amerikanische Sänger, Tänzer und Schauspieler prägte bis zu seinem Tod 1987 mit seinen Stepptanznummern ganze Generationen und wurde vom American Film Institute auf Rang 5 der Liste der 25 größten männlichen Filmlegenden gewählt.

Martha Graham (1894–1991) und Doris Humphrey (1895–1958) verband die fast kämpferische Überzeugung, dem amerikanischen Pioniergeist auch tänzerisch einen angemessenen Ausdruck zu verleihen. Beide Tänzerinnen waren auch Choreografinnen und zählen zu richtungsweisenden und innovatorischen Persönlichkeiten des Modern Dance.

Alvin Ailey (1931–1989) gründete als afroamerikanischer Tänzer und Choreograf im Bereich Modern Dance das Alvin Ailey American Dance Theater.

Die deutsche Tänzerin, Choreografin, Tanzpädagogin und Ballettdirektorin Pina Bausch starb erst 2009 und prägte die Entwicklung des Tanztheaters in der internationalen Tanzszene.

Auch Trudy Schoop, die 1999 in Los Angeles starb, war eine Pionierin in der Tanztherapie und setzte ihren besonderen Blick in körpersprachlicher Kommunikation im Umgang mit Patienten ein. Dank ihres Buches *... komm und tanz mit mir!* bleibt sie im therapeutischen Bereich unvergessen.

Es gibt zahlreiche andere Tänzer, wegen derer man einen Grund hat, tanzen zu gehen. Auch wenn es der eigene Papa ist, der mit einem durch das Haus tanzt, oder der Lieblingsstar in einer Tanzshow. Jeder Mensch, der gerne tanzt und damit etwas in uns bewegt, sollte hier genannt werden. Also entscheiden Sie am besten selbst, wer Ihr persönlicher Lieblingstänzer ist.

69. Grund

Weil man nicht tanzen darf

Während der argentinischen Militärdiktatur war der Tango verboten, heute verbieten Islamisten, wo sie an der Macht sind, Musik und Tanz. Solche Gesellschaften verharren im Stillstand. Es hat sich langfristig noch keine Gesellschaft durchgesetzt, die das Tanzen dauerhaft verboten hat. Denn Tanzen ist Leben. Tanzverbote existieren auch heute noch in verschiedenen Religionen, haben ihren Ursprung in sittlicher Natur und können aus weltlichen Gründen verhängt werden.

Ausgelassenes Tanzen galt im Christentum schon immer als unangemessen, also wurde es in der Advents- und Fastenzeit verboten. Besonders der Karfreitag, der Tag, an dem Jesus gekreuzigt wurde, ist den Christen dabei heilig. Im 18. Jahrhundert wurden die »stillen Tage« über die Karwoche hinaus auch auf den Ostersonntag ausgedehnt.

Heute ist das Tanzverbot (aber auch andere öffentliche Veranstaltungen, die über den »Schank- und Speisebetrieb« hinausgehen) in Deutschland ein ländergeregeltes Verbot an den stillen Tagen.

Die Regelungen sind hierfür in jedem Bundesland unterschiedlich. In Bremen und Berlin herrscht nur am Karfreitag, am Volkstrauertag und am Totensonntag tagsüber Tanzverbot, während in Baden-Württemberg sogar ein 24-Stunden-Tanzverbot gilt und man auch am Gründonnerstag und am ersten Weihnachtstag die Beine still halten muss.

In Bayern zum Beispiel herrscht das Tanzverbot von Aschermittwoch bis Karsamstag, an Allerheiligen, am Volkstrauertag, Buß- und Bettag, Totensonntag und an Heiligabend.

In der fränkischen und alpenländischen Volkstanzszene finden große Tanzfeste auch heute noch in Form von Fasching und Kathreintanz statt, da hier die Tradition des Tanzverbotes in den Bußzeiten (Fastenzeit, Advent) noch gepflegt wird.

Tanzverbote, die über christliche Feste hinausgingen, gab es in Deutschland beispielsweise während der beiden Weltkriege. So wurde ein Tanzverbot verhängt, das an Silvester 1918 wieder aufgehoben wurde, und auch die Nationalsozialisten bestimmten immer mal wieder allgemeine Tanzverbote, die sich über mehrere Wochen hinziehen konnten und mal mehr, mal weniger streng umgesetzt wurden. »Dem Ernst der Lage entsprechend« wurde 1939 ein Tanzverbot ausgesprochen, das mit den »Erfolgen« des Polenfeldzugs und des Westfeldzugs wieder aufgehoben wurde. Die Siegerstimmung der Soldaten musste schließlich entladen werden, und so wurden Tanzveranstaltungen als »kriegswichtig für die Kampfkraft« der Soldaten eingestuft.

In der zweiten Hälfte des 20. Jahrhunderts versuchte man, bestimmte Tanzstile zu unterbinden. So wurde in den 1950er-Jahren in der DDR der Rock 'n' Roll verboten. Die westliche Musik und der Lebensstil waren verpönt, Anfang der 1980er-Jahre wurden Punks und Liebhaber der Rockmusik von Sicherheitsorganen verfolgt.

Auch der Tango, der von reichen Reisenden um 1910 aus Argentinien nach Europa kam, wurde wegen seiner »Obszönität« und der Verheißung von Illusion und Liebe zunächst verboten.

Und auch der Jive hatte es anfangs schwer. Amerikanische Soldaten brachten die vielfältig verwandten Vorläufer wie Boogie-Woogie, Swing, Blues oder Lindy Hop nach Europa, wo sie schnell von der Jugend geliebt wurden. Allerdings wurde auch diese Tanzrichtung, die afroamerikanischen Ursprungs ist, von vielen als ordinär beschrieben und in manchen Tanzlokalen verboten. Englische Tanzlehrer entwickelten dann daraus den eleganteren Jive, der nun zum Welttanzprogramm zählt.

Tanzverbote sind ein Grund, das Tanzen umso mehr zu lieben und froh zu sein, dass wir unsere Tanzrichtungen (an fast allen Tagen im Jahr) frei ausleben dürfen.

70. Grund

Weil es so viele tolle Tanzlehrer gibt

Eine meiner Dozentinnen meinte immer, ein Tanzlehrer sei ein Dompteur. Er achte auf jeden einzelnen im Kurs und leite die Stunde an. Dabei müsse er auf jeden Tänzer eingehen, Antworten auf Fragen parat haben, den Unterricht kreativ gestalten und vor allem auf die richtige Tanztechnik seiner Schüler achten. Anderenfalls könnten sich Fehler einschleichen, die man nur schwer wieder abtrainiert und die außerdem gesundheitsschädigend sein können. Er sollte motivierend sein und dem Schüler zu Fortschritten verhelfen. Bei den zahlreichen Tanzschulen in Deutschland ist es möglicherweise gar nicht so leicht, den richtigen Tanzlehrer für sich zu finden. Fragen Sie im Freundeskreis nach Empfehlungen und probieren Sie am besten selbst aus. Achten Sie in Schnupperkursen unbedingt auf folgende Tipps:

Ein Tanzlehrer muss die Schritte einwandfrei beherrschen, die er unterrichtet. Er sollte eine Choreografie auch zerstückeln können, einzelne Bewegungen und Schritte technisch erklären und sie in Beziehung zueinander in ihren Unterschieden und Ähnlichkeiten setzen.

Außerdem muss er sowohl zum, als auch weg vom Spiegel unterrichten können und somit seine Bewegungen spiegeln.

Wichtig ist auch, dass er Counts gleichmäßig durchzählen kann und die Schüler vor dem Beginn einer Übung/Choreografie einzählt.

Auch muss er Akzente in der Bewegung klar setzen können.

Dabei sollte er auch mit wenigen Worten genau erklären und beschreiben können, was er meint und wie die Schüler das umzusetzen haben. Hierbei sind immer das Was, Warum und Wie wichtig. Dabei darf er sich gerne auch der Fachsprache bedienen, die er im Zweifelsfall auch erklären kann. Wer schlecht unterrichtet, kann der beste Tänzer der Welt sein, seine Schüler werden sich kein Stück verbessern.

Er sollte sympathisch sein und gerne unterrichten. Dabei muss er auf jeden Schüler und dessen Charakter individuell eingehen und schnell merken, was und wie viel er ihm zumuten kann. Seine Ausstrahlung und Power müssen motivierend und ansteckend sein, niemand lernt gerne von einer unterspannten Spaßbremse.

Konstruktive (!) Kritik und Geduld sind für ihn keine Fremdwörter. Außerdem gibt er den Teilnehmern Zeit, auszuprobieren, sich zu spüren und auch auf die richtige Atmung zu achten.

Er setzt seinen Satzanfang klar und deutlich und spielt mit seiner Stimme. Mal laut, mal leise, dabei rhythmisch verschieden. Auch variiert er in seiner Dynamik und erklärt kreativ. Hier kann er sich der Fachsprache, Bildern oder sogar der Comicsprache bedienen.

Es gibt eine ganze Menge toller Tanzlehrer auf der Welt, das Wichtigste ist einfach, dass die Chemie zwischen Schüler und Lehrer stimmt.

7. Kapitel

Tanz als Lebensgefühl

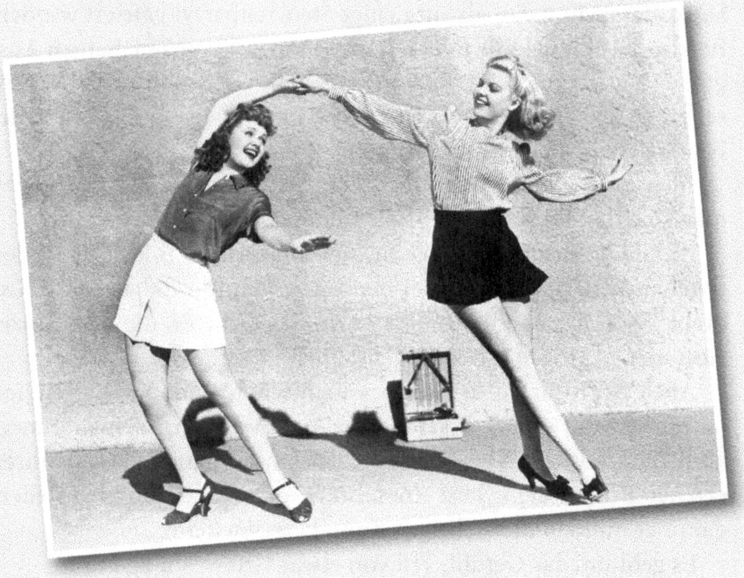

71. Grund

Weil es besser als Drogen ist

Alles ist besser als Drogen. Dabei bietet Tanz oft eine elektrisierende, spirituelle, tranceähnliche, weltvergessende Ekstase im Takt wummernder Bässe. Klingt fast so, als wäre man high, oder?

Ausgrabungen jahrtausendealter Versammlungsorte brachten Überreste prähistorischer Musikinstrumente ans Tageslicht und belegen, dass schon damals ausgiebige Steinzeitpartys gefeiert wurden. In Isturitz, einer Höhle in den französischen Pyrenäen, bargen Ausgräber Knochenflöten (20.000–35.000 Jahre alt) und bemalte Tonscherben, die auf die eine oder andere Tanzveranstaltung im Stil der Familie Feuerstein zurückzuführen sind.

Aber auch heute gibt es noch Belege für Tanzformen, bei denen man sich den Einwurf einer Pille sparen kann.

Anhänger des muslimischen Mevlevi-Ordens praktizieren den sogenannten Wirbeltanz, bei dem man sich um die eigene Achse dreht. Das Drehen gilt als eine Form des Gebetes, die den Tänzer Gott näher bringen und die Menschheit in Liebe umfassen soll.

Auch bei Ritualen der afrobrasilianischen Candomblé-Religion tanzen sich die »filhos de santo«, die Auserwählten, in einen tranceähnlichen Zustand. Dabei sind sie der Überzeugung, dass sie ihren eigenen Körper dem Geist eines ihrer Götter zur Verfügung stellen, damit er mit den Menschen in Kontakt treten kann.

Es geht um das Gefühl, Teil von etwas Größerem zu sein.

Da können es rituelle Tänze genauso wie die Schaumparty auf Mallorca sein.

Auf den Marquesas-Inseln im Südpazifik findet man das »Augen auf«-Festival, »Matava'a« genannt. Bis zu 2000 Tänzerinnen und Tänzer versammeln sich alle zwei Jahre, um zum monotonen Ton der Trommeln den »putu«, einen Kriegstanz, zu tanzen. Starke, meist tätowierte Männer stampfen mit den Füßen einen kraftvollen Rhythmus, in den Händen die traditionelle Kriegerkeule der Marquesaner. Die Frauen setzen mit hohen Stimmen Kontrapunkte zum monotonen Beat. Dieses Spektakel gilt als zutiefst spirituelle Erfahrung, man möchte die alten Traditionen pflegen und in die Moderne führen.

Die Kombination aus Musik und Bewegung kann dabei als so heftig empfunden werden, dass sich manche Menschen dadurch sogar bis ins Transzendente befördert fühlen. Der Hormonrausch der Endorphine macht gelassen und glücklich, der Kopf wird leer und leicht, man fühlt sich kreativ, und der Körper bewegt sich wie von selbst. Tanzen kann diese Form der tiefen Entspannung, den Moment vom Denken ins Spüren, kreieren. Suchtpotenzial? Definitiv!

72. Grund

Weil Erfolge die Motivation fördern

Verglichen mit anderen sportlichen Aktivitäten wie Laufen, Radfahren oder Kraftsport bietet das Tanzen viele Vorteile. Es vereint körperliche Aktivität mit sozialer, emotionaler und musikalischer Interaktion und kognitiven Herausforderungen. Darüber hinaus erzielt man schnell Erfolge, welche die Motivation fördern und uns ermutigen, weitermachen zu wollen. Denn Tanzen kann jeder üben. Die meisten Grundschritte sind nicht schwer, und mit etwas Training und Geduld kann man bald an schwierigem Schrittmaterial und an Bewegungsqualitäten wie Leichtigkeit und überzeugendem Auftreten arbeiten.

Tänzer, die die erlernten Schritte in der nächsten Tanzstunde wieder abrufen können, werden sich freuen, in der darauffolgenden neue Bewegungen üben zu können. Wer Schritt für Schritt weiterkommt, wird motiviert sein, sich regelmäßig zu bewegen. Und wenn man dann ein kleines Erfolgserlebnis wie das fehlerfreie Tanzen einer Choreografie geschafft hat, ist man umso ehrgeiziger, nun auch dieses gewisse Etwas wie Coolness auf der Tanzfläche zu versprühen und es den Profis gleichzutun. Nicht nur, dass es uns anspornt, zum Ende einer Trainingseinheit die Choreografie zu können oder in der Disco mit flotten Moves zu glänzen, auch dem Tanzpartner gegenüber zu zeigen, dass man die Schritte beherrscht, ist für viele Tänzer motivierend.

Beim Tanzen kann man sich unendlich viele Ziele setzen. Wer abnehmen möchte, Beweglichkeit anstrebt, den Alltagsstress abschüttelt, einfach nur Spaß hat, sein Köpfchen fit hält oder neue Leute kennenlernen will – hier kann jeder das erreichen, was er sich vornimmt. Ein Erfolg versprechender, Spaß machender Sport. Und das, was man fürs Tanzen braucht, trägt jeder von uns in sich. Wie wäre es also, die schlechte Erinnerung an den Tanzkurs, den Sie mit 16 Jahren besucht haben, in eine positive umzuwandeln und sich neu zu motivieren? Es ist Zeit, neue Erfolge beim Tanzen zu feiern.

73. Grund

Weil auch Jungs tanzen

Bei vielen Sportarten werden die Geschlechter getrennt. Doch beim Tanzen besteht der Sinn darin, die Dame mit dem Mann zusammenzubringen. Aber wie sieht es eigentlich mit Tanzunterricht bei Jungs aus? Eignen sich die Tanzformen wie Ballett oder Hip-Hop auch für sie? Die Antwort lautet ganz klar: Aber ja! Warum manche Eltern der Meinung sind, dass Jungs zum Fußball gehören und Mädchen in den Ballettunterricht, ist mir immer noch ein Rätsel. Kinder sollen sich bewegen! Und wenn ein Junge Spaß am Tanzen hat, dann ist das die richtige Sportart für ihn. Wir leben nicht in einer Welt, in der es nur Billy-Elliot-Väter (Grund 35) gibt, die man erst überzeugen muss. Das hoffe ich zumindest. Jungs werden durch Tanzen weder verweichlicht noch schwul. Im Gegenteil: Manche Jungs finden es sogar cool, von Mädchen umgeben zu sein, die einen bewundern. Schließlich ist es wichtig, dass es auch starke Jungen im Tanzen gibt, die zum einen zeigen, was Power bedeutet, zum anderen die Mädels heben und führen können. Besonders das Vorurteil, dass Jungs vor allem im Ballettunterricht nichts zu suchen hätten, ist absoluter Nonsens. Warum wird hier zwischen den Tanzstilen so unterschieden? Wenn einer im Freestyle-Unterricht ist oder seine Stunts im Breakdance tanzt, ist es in Ordnung. Aber sobald Ballett genannt wird, denken alle gleich an Strumpfhosen und Tutus. Dabei ist Ballett das beste Training für Kraftaufbau, eine korrekte Körperhaltung, Dynamik, Schnelligkeit und Orientierung. Außerdem wird ein Junge mit einer solchen Tanzerfahrung viel besser in anderen Tanzstilen anknüpfen können. Denn Ballett dient nun einmal als Grundlage für eine Menge anderer Tanzrichtungen. Auch wenn man es nicht glauben möchte.

Jeder kann alles können. Die traditionellen Rollen für Jungen und Mädchen sind längst aufgebrochen. Ich kenne viele Fußball spielende Mädels. Und mittlerweile auch viele Jungs, die richtig gerne tanzen und dabei extrem gut werden. Wenn Ihr Sohn gerne tanzt, entscheiden Sie doch einfach gemeinsam nach seinem Musikgeschmack und Temperament, welche Tanzart für ihn einen Schnupperkurs wert wäre. Erkundigen Sie sich auch in der Tanzschule, es gibt so viele verschiedene Stilrichtungen, die Sie garantiert noch nicht kennen. Es muss nicht immer Ballett oder Hip-Hop sein. Wer sich auspowern möchte, könnte in einen Rock-'n'-Roll Kurs gehen, wer eher schüchtern und zurückhaltend ist, sich aber gerne bewegt, könnte eine kreative Tanzstunde ausprobieren. Hauptsache ist doch, dass er Spaß dabei hat.

74. Grund

Weil man überrascht sein wird, was es bringt

Aus einem Forum zum Thema »Wozu tanzen lernen?«

Gast: *Ich, m, 43, frage mich, welchen Nutzen Tanzen haben soll. 1. Tanzen ist doch nur in der Kennenlern-Phase von Nutzen, und dann macht es auf einer Attraktivitäts-Skala von 1 bis 100 höchstens 10 bis 15 Punkte aus. 2. Später ist Tanzen eher kontraproduktiv, ich selbst kenne meine Partnerin ja schon, und welchen Grund sollte es geben (mit anderen) zu tanzen? 3. Tanzen ist eher anstrengend und nervig, besonders in der Biergartensaison. 4. In der Tanzstunde paukt man zehn neue Schritte, und wenn man sie ein bisschen kann, kommen zehn andere Schritte. Die gelernten werden erst wieder benutzt, wenn man sie vergessen hat. 5. In jedem neuen Tanzkurs, in jeder neuen Location und mit jedem anderen Partner muss man 60% neu lernen, mindestens die Hälfte ist nicht kompatibel. Es gibt sicher Enthusiasten, die fünf Tage in der Woche üben und bei Landesmeisterschaften Preise gewinnen, aber bei denen kann ich nicht mithalten.*

Antwort 1: *Lieber Fragesteller! Jetzt mal eine ganz pragmatische Antwort: 1. Tanzen ist quasi eine Komponente der Grundbildung. Zumindest Wiener Walzer, Langsamer Walzer und Discofox sollte man tanzen können, um auf Hochzeiten, dienstlichen Feiern und anderen Gelegenheiten nicht als unkultivierte Spaßbremse aufzufallen. Das geht schon in Richtung Lesen, Schreiben und Rechnen. Man muss einfach mal mitmachen können, wenn es gefordert ist. Die Walzer-Schritte sind auch wirklich überall gleich und weichen nicht ab. 2. Tanzen bringt Spaß – wenn es einem Spaß bringt. Falls ja, dann ist Tanzen gerade mit deiner Partnerin sehr schön, sowohl emotional als auch körperlich. Nähe, Erotik, gemeinsame Aktivität. 3. Tanzen ist anstrengend, ja, weil Tanzen Sport ist. Magst du keinen Sport? Magst du dich nicht anstrengen? 4. Sicherlich kann Tanzen auch zum Kennenlernen genutzt werden. Single-Tanzkurse besuchen viele mehr der Singles als des Tanzes wegen. Ob es sich bei Deiner negativen Einstellung wirklich eignet, bezweifle ich aber. Wenn Du etwas positiver und lockerer herangehen würdest, dann könnte Tanzen wirklich nützlich sein. 5. Ja, da hast Du leider recht. Die Grundkurse Standard mit »8 Tänzen in 8 Unterrichtseinheiten« sind eigentlich selten dämlich. Eine Stunde pro Tanz reicht gerade für die Grundschritte, außerdem kann sich kein Anfänger die vielen verschiedenen Grundschritte merken und ist völlig überfordert. Ein halbes Jahr nach dem Grundkurs ist quasi alles wieder weg, wenn man nicht gleich weitermacht. Schade, dass dieses anachronistische Konzept immer noch durchgezogen wird. Empfehlenswerter sind da spezielle Tanz-Workshops, die zum Beispiel an einem Nachmittag drei Stunden lang nur Discofox beibringen: Da kann man hinterher wenigstens schon mal mit einer anderen Dame tanzen, ohne sofort blöde aufzufallen. Auch für Walzer oder Rock 'n' Roll gibt es solche Workshops oft. Auch Single-Tanzkurse beschränken sich häufig auf die Essentials. Das halte ich für empfehlenswert.*

Antwort 2:

Tanzen macht total viel Spaß. Tanze seit etwa 20 Jahren und hatte nur Vorteile dadurch – ob mit Partnerin oder auch als Single. Tanzgrundkenntnisse gehören eigentlich zur »Grundausstattung« eines Mannes (Frauen können sich führen lassen), denke z.B. an Hochzeit, Fest, Betriebsanlass, Silvesterparty, romantisches Tanzen in den Ferien etc.

Walzer, RnR-Jive, Disco-Swing, Latin, etc. – die Grundschritte und viele Figuren sind praktisch gleich in den verschiedenen Tanzschulen. Übrigens ist Tanzen fast wie Fahrradfahren – einmal richtig gelernt, vergisst man(n) die Grundschritte (!) praktisch nicht mehr. Es muss ja auch nicht gleich der Gold-Test sein. Wenn du gar keine Freude daran hast oder auch kein Taktgefühl resp. minimales Tanztalent, dann lass es besser bleiben. Einen Versuch ist es jedoch wert! Good luck. M, 41

75. Grund

Weil es sozialer Klebstoff ist

Tanzen erfüllt einen wichtigen sozialen Aspekt: Man lernt schnell Leute kennen. Das ist gerade für Singles und Senioren spannend, da man Tanzkurse auch oft ohne Tanzpartner besuchen kann. Die Tanzlehrer achten in den Stunden meistens auf ein ausgewogenes Frauen-Männer-Verhältnis, und so wird niemand ohne Partner dastehen müssen. Und wenn dann doch zwei Damen bei Männermangel miteinander tanzen, kann auch daraus eine schöne Freundschaft entstehen.

Außerdem macht es in der Gruppe noch einmal mehr Spaß. Gemeinsam lachen und zusammen Dynamik und Schwung erleben macht jedem Tänzer Freude.

Man kann auch mit Freunden oder dem Partner tanzen gehen und seine sozialen Kontakte dabei pflegen. Viele Menschen haben immer zu wenig Zeit. Da ist es umso schöner, wenn man ein gemeinsames Hobby hat, bei dem man ein paar Stunden zusammen verbringen kann. Wer gemeinsame Zeit sinnvoll miteinander erlebt, fühlt sich zufrieden und ausgeglichen. Viele Menschen freuen sich nach der Tanzstunde schon wieder auf das Treffen in der nächsten. Es ist eine tolle Gelegenheit, sich mit neuen Leuten auszutauschen, unabhängig davon, ob man tanzen kann oder nicht. Spaß soll es machen, egal, ob man zwei linke Füße hat oder begabt ist. Der Tanzlehrer ist schließlich dazu da, einem zu helfen und alles genau zu zeigen.

In einem Grundkurs sind sehr viele andere Leute, die vielleicht ebenfalls noch nie getanzt haben, ein wenig schüchtern sind und noch keinen kennen. Man muss sich also nicht sorgen, ob man schräg angesehen wird, da es jedem so geht oder einmal ergangen ist.

Wichtig sind dabei die gesellige Runde, Bewegung zu ansteckender Musik und das Genießen der lockeren Atmosphäre.

76. Grund

Weil man sich auspowern kann

Es gibt Situationen, da möchte man über nichts mehr nachdenken müssen, sich einfach nur auspowern und spüren, wie man Energie loswird und Ballast oder ein hibbeliges Gefühl abwerfen kann. Dabei will man nicht unterbrochen werden, in solchen Momenten sprudeln die Emotionen oft in einem hoch, Trauer, Freude, Nervosität, alles ist möglich. Und alles muss raus. Viele Menschen stöpseln sich dann ihre Musik in die Ohren und rennen kilometerweit durch die Straßen, Parks oder den Wald. Andere stellen sich an den Herd und kochen voller Ekstase ein 5-Gänge-Menü. Und es gibt diejenigen, die die zur Stimmung passende Musik aufdrehen, den Kopf abschalten und einfach lostanzen. Da wir uns dabei in der Regel nicht selbst beobachten, kennen wir dieses Bild vielleicht aus Filmen. Ich denke dabei an *Im Winter ein Jahr* mit Karoline Herfurth. Der Moment, in dem sie sich in einer Improszene die Seele aus dem Leib tanzt, es scheint fast, als ginge es um Leben und Tod.

Angestauter Frust, Wut, Trauer, aber auch positive Emotionen wie (Vor-)Freude und gute Laune, die alle anderen nervt, müssen irgendwohin.

In diesen Momenten tanzte ich oft und mit sehr viel Energie durch das Haus. Musik an, Kopf aus. Der Körper übernimmt und weiß, was er braucht. Bei Wut stampfe und hüpfe ich oft, bei Freude werden meine Sprünge dann schon größer. Tanzen powert den Körper aus und macht den Geist angenehm ruhig. In der Zeit, in der ich noch zu den Discogängern gehörte, habe ich oft Leute beobachtet (habe vermutlich sogar selbst dazugehört), die so getanzt haben, als wäre das Wochenende ein Grund, Geburtstag, Weihnachten, Ostern, Nikolaus (und alles, was es sonst noch gibt) zusammen zu feiern. Diese Partylöwen sahen aus, als würden sie sich die ganze Woche darauf freuen, endlich zu ihrer Lieblingsmusik im Club abrocken zu können. Da wurde so laut mitgesungen und heftig getanzt, dass am nächsten Morgen bestimmt der Körper ein kurzes Durchchecken benötigt hat. Aber es war das, was ihnen nach der Arbeitswoche zum Ausgleich gutgetan hat.

77. Grund

Weil man endlich nicht abgelenkt ist

Jeder von uns schaut eigentlich immer in irgendein Medium. Handy, Glotze, PC, noch schnell Mails checken, Instastory machen, Likes kontrollieren, schauen, wie spät es ist, neues Foto hochladen, was auf Amazon bestellen, wieder schauen, wie spät es ist, weil man es schon wieder vergessen hat. Konzentriertes Arbeiten fällt unserer Gesellschaft so schwer wie keiner davor. Selbst wenn man sich fest vornimmt, nur eine einzige Stunde nicht aufs Handy zu schauen, schafft man es in der Regel nicht. Wie auch? Es blinkt und bimmelt ja die ganze Zeit! Wer es dann weglegt und sich zwingt, nicht draufzusehen, wird nervös, man könnte ja schon in nur zehn Minuten Abwesenheit etwas Grandioses verpassen! Dass wir dabei unser eigenes Leben verschenken, merken wir nicht. Ich möchte an dieser Stelle nicht missionarisch klingen, auch ich hänge leider viel zu oft am Handy herum. Aber es ist doch erschreckend, welche Panik umgeht, wenn man mal keinen Akku mehr hat, der Fernseher einen Sender ausnahmsweise nicht empfängt oder kein freies WLAN zur Verfügung steht.

Auch Lehrer tun sich schwer mit Handyverbot an Schulen, und wer an einer roten Ampel steht, wird mindestens einen Autofahrer neben sich ins Smartphone glotzen sehen.

Im Tanzunterricht ist das anders. Man legt das Handy in die Tasche und sperrt diese entweder in der Umkleidekabine weg oder legt sie an die Seite des Tanzraumes. Dabei ist das Telefon LAUTLOS und stört den Unterricht nicht. Und das eine komplette Tanzstunde lang, die auch 90 Minuten dauern kann. Man denkt in dieser Zeit nicht an alle wichtigen Nachrichten, die man erst später lesen kann, man tanzt einfach. Die Augen genießen diese Abwechslung.

Im Tanzunterricht ist man endlich einmal von nichts und niemandem abgelenkt. Außer vielleicht von dem süßen Tanzlehrer oder der Tänzerin vor einem, die bei jeder Bewegung versehentlich ein bisschen zu tiefe Einblicke gewährt. Es kann so angenehm sein, endlich wieder Teil der realen Welt zu sein. Ich kann nur empfehlen, sich einfach öfter Gründe wie das Tanzen zu suchen, in welchen das Handy mal abgeschaltet (oder zumindest weggelegt) ist. Denn viele schaffen es teilweise nicht mal im Kino oder Theater. Und das ist einfach nur traurig.

78. Grund

Weil das Gefühl nach einer Tanzstunde unbeschreiblich ist

Meine Mama sagt nach körperlicher Anstrengung immer: »Mei is des schee, wenns einem die Fias wegziat.« Das bedeutet für alle Nicht-Bayern, dass es schön ist, wenn die Füße kribbeln und man sich (mit einem Weißbier) ausruhen und entspannen kann. Ich weiß noch genau, wie meine Füße nach den ersten Stunden auf meinen Spitzenschuhen schmerzten. Ich konnte teilweise die Blutblasen an den Zehen aufstechen und hatte Muskelkater am ganzen Körper. Trotzdem habe ich mich jede Woche auf den Tanzunterricht gefreut. Das Gefühl, wenn man müde und kaputt endlich unter der Dusche steht und das warme Wasser die Anstrengung einfach abspült, ist großartig.

Oder der Moment, in dem alle Tänzer am Ende der Stunde noch einmal die gerade gelernte Choreografie tanzen. In meiner Tanzausbildung wurde sogar nach der Stunde geklatscht. Man bedankt sich beim Lehrer für den Unterricht und vor allem bei sich selbst, dass man sein Bestes gegeben und durchgehalten hat. Es ist ein herrliches Gefühl, wenn man auf sich stolz sein kann. Manchmal gab es auch Tage, da hatte ich keine Lust auf mein Training. Irgendeine Bäh-Stimmung, keinen Bock, Lustlosigkeit. Es war eben der innere Schweinehund am Werk und erklärte mir laut, ich könnte doch großzügig mit mir sein und einfach mal einen entspannten Nachmittag genießen. Und dann habe ich mich trotzdem aufgerafft, mich überwunden und kam immer gut gelaunt und fröhlich zurück. Es war der Triumph, den kleinen Mistkerl überwunden zu haben, der Spaß, wieder etwas Neues gelernt zu haben, und die Freude, mit meinen Freunden, die auch oft zuerst keine Lust hatten, Zeit verbracht zu haben. Und meine Mama hat recht. Es ist einfach herrlich zu spüren, dass der Körper bewegt wurde. Man kann sich mit gutem Gewissen zurücklehnen und weiß, dass man ihm einen großen Gefallen getan hat.

8. Kapitel

Tanz ist nicht gleich Tanz

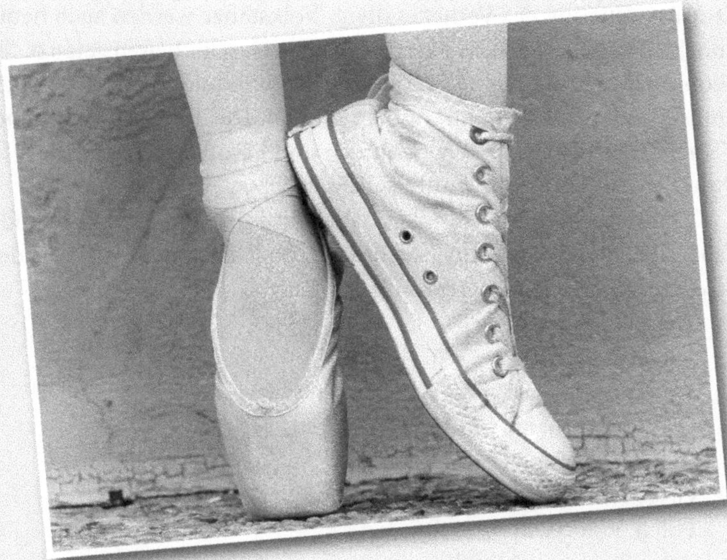

79. Grund

Weil es Tradition ist

Durch Tanzen werden Traditionen wiederbelebt, besonders in schriftlosen Kulturen kann es Erinnerungen bewahren.

Mit dem Braut- oder Hochzeitstanz eröffnet das Brautpaar traditionell die Tanzfläche und damit auch die abendliche Hochzeitsfeier.

In manchen Kulturen gibt es den Totentanz, der auf Trauerfeiern zur Bewältigung des Verlustes dient. Volkstänze werden auch heute noch zu Volksfesten oder in traditionellen Gesellschaften getanzt. Sie kommen in praktisch allen Kulturen vor und bilden mit der Volksmusik eine praktisch untrennbare Einheit. Die Tänzer tragen dabei Tracht, Kopfbedeckungen, Schmuck und besondere Stoffe, die sich von der Alltagskleidung unterscheiden.

Traditionelle Tänze erfüllen dabei eine soziale Funktion, helfen aber auch bei der Identitätssuche eines Volkes. So hat nahezu jedes Gebiet seinen eigenen, persönlichen Tanz:

Spanien: Bolero
Ungarn: Csárdás
Andalusien: Flamenco
Großbritannien: Hornpipe
Italien: Tarantella
Griechenland: Sirtaki
Polen: Polonaise
Amerika: Square Dance
Bayern: Schuhplattler

Diese Tänze gehören zu den bekanntesten, es gibt aber noch zahlreiche weitere. Traditionen gehören zur Natur des Menschen. Gerade in unserer Zeit gehen sehr viele Rituale verloren. Formelle Regeln mit hohem Symbolgehalt und kulturelles Erbgut verschwinden damit einfach. Dabei vermitteln sie Stabilität und vernetzen Generationen miteinander, schaffen ein Zusammengehörigkeitsgefühl, ermöglichen Begegnungen und können uns bei der Bewältigung von Krisen unterstützen. Allerdings müssen sie dafür auch vorgelebt und immer wieder eingeübt werden, sonst gehen solche Schätze einfach abhanden. Und ich als Bayerin fände es sehr schade, wenn es auf der traditionellen »Oiden Wiesn« keine Festzelte mehr geben würde, in denen neben historischen Fahrgeschäften zur Blasmusik in echter (!) Tracht Schuhplattler getanzt wird.

80. Grund

Weil Experimente erlaubt sind

Viele Tänzer werden mit der Zeit experimentierfreudig. Es geht darum, Grenzen zu durchbrechen, Dinge auszuprobieren. Im Tanzen ist alles möglich. Man kann mit Musik spielen, im Kanon tanzen oder Tanzstile mischen. Eine meiner Dozentinnen erzählte von einer Choreografie, die sie mit einer Kollegin mit verbundenen Augen getanzt hatte. Sie waren blind, hatten nur die Musik und den Tastsinn zur Verfügung.

Rasta Thomas (Direktor der Gruppe, tanzte große Rollen des klassischen Ballettrepertoires) und Adrienne Canterna (internationale Auszeichnungen im klassischen und modernen Tanz, Choreografin) kreierten 2007 die Show ROCK THE BALLET. Das Ensemble tourt seitdem damit erfolgreich durch über 20 Länder, auch ich durfte in den Genuss dieses Spektakels kommen. Die Truppe besteht aus Rasta Thomas' Bad Boys, genialen Tänzern, die eine multimediale Show in aufgeheizter Partystimmung abliefern. Die Tänzer sind streng an den renommiertesten Ballettschulen der USA ausgebildet worden und faszinieren deshalb sowohl Ballettliebhaber als auch Tänzer jedes Levels und jedes Tanzstils. Mit Popmusik wie beispielsweise von Justin Timberlake oder Madonna wird diese explosive Idee, den klassischen Tanz neu aufzumischen, unterstützt. Wer Lust hat, diese

90 Minuten Power zu erleben, sollte sich unter www.rock-the-ballet.de schleunigst Tickets für seine Stadt besorgen, denn diese sind immer noch heiß begehrt und schnell ausverkauft.

Aber nicht nur selbst im Tanzen zu experimentieren ist spannend. Auch die Wissenschaft und Dokumentationen starten und kommentieren gerne das eine oder andere Tanzexperiment, um neue Erkenntnisse über den Sport oder menschliches Verhalten zu erlangen.

So bat *Die große Show der Naturwunder* (Das Erste) 350 Frauen zu einem Großexperiment. Den Damen wurden Tanzfilme von vier Männern, welche beim Tanzen gefilmt und anschließend unkenntlich gemacht wurden, vorgespielt. Die Frauen sollten anhand dieser neutralen Filme entscheiden, wie attraktiv, männlich und durchsetzungsfähig sie die Tänzer fanden. Da Gesicht, Charakter, Figur und Haare nicht zur Beurteilung herangezogen werden konnten, mussten die Damen die Tanzbewegungen interpretieren und auf sich wirken lassen. Mithilfe der Universität Göttingen wurden die Daten ausgewertet, das Ergebnis: Frauen stehen auf Männer, die mit viel Testosteron versorgt wurden und deren Ringfinger länger ist als der Zeigefinger.

Das Verhältnis von Ring- und Zeigefinger soll dabei ein sicheres Indiz sein, mit wie viel Testosteron der Mann als Embryo im Mutterleib in Kontakt gekommen ist. Denn auf den ersten beiden Plätzen lagen Männer, die viel von dem »Männlichkeitshormon« abbekommen haben und deren Bewegungen als positiv bewertet wurden.

Ein lustiges Experiment, bei dem aber auch Tanzmuffel mit kurzem Ringfinger aufatmen können – es kommt eben doch auf die inneren Werte an.

81. Grund

Weil jeder Tanz seine eigene Qualität hat

Auch im Tanzen gilt: Tanz ist nicht gleich Tanz. Jeder Stil hat dabei seine eigenen Vorzüge, in jedem Stil kommen alle Qualitäten in irgendeiner Form vor.

Der ungarische Tänzer und Tanztheoretiker Rudolf von Laban (1879–1958) begründete die Laban-Bewegungsstudien, welche nach dem Zweiten Weltkrieg von Irmgard Bartenieff weiterentwickelt wurden. Diese Bewegungsstudien werden in den Bereichen Tanz, Theater, Sport, Tanztherapie, Physiotherapie und Nonverbale Kommunikation eingesetzt. Labans Übersicht über die Bewegungselemente bietet dabei eine Orientierungshilfe, mit der jede Bewegungsqualität und jede Tanzform betrachtet werden kann.

Bewegung ist ein Zusammenspiel aus Raum, Zeit, Kraft, Bewegungsfluss (gebunden oder frei) und Beziehung. Dabei gibt es viele Ausdrucksformen, hinter jeder Bewegungshandlung steht dabei ein Bewegungsimpuls. Es gilt also ein paar Dinge herauszufinden, um Bewegungsqualitäten zu analysieren und zu verstehen:

Welches Körperteil bewegt sich? Welche Bewegung wird ausgeführt? Körperaktivitäten setzen sich dabei aus Beweglichkeit und Motorik zusammen, Körperhaltungen können sich in Formen und Symmetrie ausdrücken. Fortbewegungsmöglichkeiten sind beispielsweise vom Liegen zum Gehen, Springen oder Sich-Drehen.

Auch ist eine Raumanalyse wichtig. Wohin geht die Bewegung? Dabei unterscheidet man die Raumrichtung, den Bewegungsraum, Raumebene, Raumform und ob die Bewegungsrichtung direkt oder flexibel ist.

Wer Bewegungsqualitäten vergleichen möchte, muss auch auf den Antrieb schauen. Mit welcher energetischen Qualität wird die Bewegung ausgeführt? Kraft setzt sich dabei aus Energie und Dynamik, Schwer- oder Fliehkraft, leicht oder fest zusammen.

Auch die Form spielt eine große Rolle, mit welcher plastischen Veränderung wird die Bewegung ausgeführt? Bei der Phrasierung stellen wir uns die Frage, wie der zeitliche Ablauf der Bewegung, des Rhythmus ist. Werden Pausen gesetzt? Wird der Tanz langsamer oder schneller? Und wichtig ist auch die Beziehung der einzelnen Körperteile, Personen und beim Tanz eingesetzter Gegenstände zueinander. All das klingt nun sehr theoretisch, aber dies sind Faktoren, die bei den verschiedenen Tanzformen für die Bewegungsqualitäten verantwortlich sind. Dadurch wird Ballett zu Ballett, Rumba zu Rumba und Hip-Hop zu Hip-Hop. Es verleiht dem Tanzstil seine persönliche Note, schenkt ihm Kraft, Dynamik, eine gewisse Richtung. Wem das zu abstrakt ist, der sollte einfach selbst spüren, wie sich beispielsweise die Form der Bewegungen in den Tanzstilen verändert. Was im Ballett akkurat und genau ist, wird in einer anderen Tanzrichtung freier und impulsiver, wie zum Beispiel das Heben des Kopfes in eine bestimmte Richtung.

82. Grund

Weil es eine enorme Bandbreite hat

Zu den international bekanntesten Tanzformen zählen:

Standardtänze: Ursprünglich wurden sie Gesellschaftstänze genannt. Zu ihnen gehören der Langsame Walzer, Tango, Wiener Walzer, Foxtrott, Slowfox und Quickstep. In Körperkontakt mit dem Partner werden die Schritte und Drehungen mal schnell, mal langsam ausgeführt.

Lateinamerikanische Tänze: Dazu zählen Samba, Rumba, Cha-Cha-Cha, Jive und Paso Doble. Charakteristisch ist hier der aufeinander abgestimmte Ausdruck der Bewegung des Tanzpaares.

Rock 'n' Roll: Rock 'n' Roll gehört zu den Schau- und Turniertänzen und entwickelte sich aus dem Swing der 1920er-Jahre, der Folge aus dem Lindy Hop und dem Boogie-Woogie der 1940er-Jahre und ist sehr schnell. Akrobatische Elemente und Sprünge geben dieser Tanzform ihre besonderen Merkmale.

Breakdance: Zu Hip-Hop-, Pop- oder Funkmusik werden schnelle Bewegungen, Sprünge oder Drehungen ausgeführt, die oft athletische Fähigkeiten erfordern und ursprünglich auf der Straße getanzt wurden.

Bauchtanz: Auch orientalischer Tanz genannt. Typisch sind rhythmische Bewegungen abgegrenzter Körperbereiche zu orientalischer Musik. Er wird meistens von Frauen ausgeführt.

Hip-Hop und Streetdance: Hip-Hop und Streetdance haben in den USA der 70er-Jahre mit Breakdance, Boogaloo, Electris, Boogie, Locking und Popping begonnen und sind improvisierte, meist auf der Straße getanzte Stile. Diese Elemente haben stetig an Vielfältigkeit gewonnen und sind noch heute Bestandteile des Hip-Hop. Immer neue Styles von Tänzern aus aller Welt ergänzen diesen Tanz, was man bei der Vielfalt der Tanzlehrer unbedingt ausprobieren sollte.

Cheerleading: Cheerleading ist eine Sportart, die Tanz und Akrobatik vermischt. Cheerleading-Gruppen (Squads) treten bei Sportveranstaltungen auf, um Fans und die eigene Sportmannschaft anzufeuern.

Formationstanz: Mehr als zwei Tänzer studieren ein abgestimmtes, koordiniertes Tanzprogramm ein.

Historische Tänze: Dazu zählen alte Tänze, zum Beispiel aus der Renaissance, dem Barock oder dem Rokoko.

Ballett: Ausgehend von fünf Ballettpositionen besteht es aus einem eigenen System von Tanzschritten. Balletttänzer müssen sehr beweglich, stark und genau in ihren Bewegungen sein. Ballett, dessen Sprache Französisch ist und sein eigenes Vokabular hat, ist zur Grundlage von fast allen anderen Tanzstilen geworden.

Jazz und Modern Dance: Hier sind schnelle, exakte Schrittfolgen und rhythmische Körperbewegungen typisch, die aus dem Becken getanzt werden. Jazz und Modern Dance entstanden in den USA aus unterschiedlichen, vor allem afroamerikanischen Tänzen, beziehungsweise aus der Jazzmusik.

Stepptanz: Die Metallplatten an der Schuhsohle erzeugen beim Stepptanz das typische Klacken, welches die Musik rhythmisch untermalt.

Volkstanz: In allen Kulturen wurde und wird das Tanzen gepflegt. Die verschiedenen traditionellen Tanzformen in den Ländern und Regionen wurden über viele Jahrzehnte überliefert und werden auch heute noch (zu besonderen Anlässen) getanzt.

83. Grund

Weil es Wettkämpfe gibt

Manche Menschen denken, Wettkämpfe sind eine Form von Leistungswahn. Das ist möglich. Sie sind aber auch eine unglaubliche Motivation, den inneren Antrieb anzukurbeln. Es gibt zahlreiche Meisterschaften im Turniertanz, aber auch Tanzwettkämpfe in allen anderen Stilen.

Fernsehshows wie *Let's Dance* oder *Dancing with the Stars* zählen ebenfalls zu Tanzwettbewerben, bei denen Prominente (oder was man mittlerweile darunter verstehen mag) von Jury und Publikum bewertet werden. Dabei werden sie von einem Profitänzer gecoacht, motiviert und choreografiert, mit dem sie wöchentlich auch die Tänze in Live-Shows präsentieren und hoffen, nicht auszuscheiden. Der beste Promi darf dann den Pokal mit nach Hause nehmen.

Auch die von Jennifer Lopez produzierte Serie *World of Dance* ist ein zehnteiliges Tanzwettbewerbsprogramm, in dem 50 der weltbesten Tänzer und Tanzteams um eine Million Dollar konkurrieren. Dies ist der größte Preis einer Tanzwettbewerbsshow, in welcher Jennifer Lopez gegenüber der *New York Times* sagte: »My whole goal with this show was to create an opportunity and a venue for dancers to actually be the stars.« (Mein ganzes Ziel mit dieser Show war es, eine Möglichkeit und einen Ort für Tänzer zu schaffen, die tatsächlich die Stars sind.)[9]

Die prominenten Tanzrichter bewerten die Teilnehmer, die aus Qualifikationsveranstaltungen und Online-Einsendungen ausgewählt werden. Kriterien sind dabei Leistung, Technik, Choreografie, Kreativität und Präsentation. Wer Lust hat, sich ein Bild von den verblüffenden Tänzern zu machen, kann gerne online recherchieren. Manche Auftritte werden über die sozialen Netzwerke millionenfach geteilt und verbreitet, sodass auch Nicht-Gewinner immerhin so einen Triumph davontragen können. Wettkämpfe sind eine besondere Form des Tanzes, bei der man viel über sich lernen kann. Wettkampf geht immer mit Achtsamkeit gegenüber sich selbst einher, mit Vorfreude auf Vorbereitung und Präsentation. Man lernt, im Training und am Tag des Wettkampfes seine Kräfte einzuteilen, sich zu fokussieren und die formulierten Ziele bestmöglich umzusetzen. Das Erfolgserlebnis, dass man eine Choreografie nun endlich so gut beherrscht, dass man sie zeigen und sich mit anderen messen kann, treibt viele Tänzer zu ungeahnter Höchstleistung.

Und egal, wie der Wettkampf am Ende bewertet wurde und ausgeht, man kann stolz auf sich sein. Man hat Anstrengungen und Herausforderungen bewältigt, und es braucht extrem viel Mut, sich mit anderen zu vergleichen und von einer Jury bewerten zu lassen.

84. Grund

Weil man Niederlagen einsteckt

Jeder von uns stößt irgendwann einmal an seine Grenzen. Egal ob physischer oder psychischer Natur. Unser Körper kann nun mal nur gewisse Dinge leisten. Manche von uns setzen ihre Ziele zu hoch, andere schaffen es einfach nicht, ihren inneren Schweinehund zu besiegen. Viele Tänzer kämpfen auch mit den zu hohen Erwartungen an sich selbst, werden verkrampft und verlieren ihren Flow. Jeder Erfolg steigert die persönliche Erwartungshaltung, und man wird von erfolgsorientierten Gedanken belagert und unter Druck gesetzt. Manchmal hat man auch einfach Angst, die in einen gesetzten Hoffnungen nicht erfüllen zu können, den Partner oder die Familie zu enttäuschen.

Für Profitänzer kann es als größte Niederlage ihres Lebens empfunden werden, irgendwann nicht mehr auf der Bühne stehen zu können und vielleicht nur noch zu unterrichten. Die Fünftklässlerin kann wochenlang enttäuscht sein, dass sie im Musicalprojekt der Tanzschule nicht die Hauptrolle tanzen darf. Und der ältere Herr, der durch Tanzen ein paar Kilo verlieren und Beweglichkeit dazugewinnen möchte, erzielt über Wochen einfach keinen Erfolg und will seiner Frau doch beweisen, dass er es schafft.

Aber das bringt einen Tänzer nicht aus der Ruhe. Er ist nun einmal ein Stehaufmännchen und bewahrt immer seinen Selbstwert. Egal, was als Niederlage empfunden wird, es ist mit etwas Abstand betrachtet gar nicht mehr so schlimm. Und wenn doch, dann nutzt er diese Momente für sich, jeder Flop birgt auch neue Chancen und lässt das bisher Geschaffte noch großartiger leuchten.

Lernen Sie, auf diese als Rückschlag empfundene Situation aufzubauen und daraus neue Erkenntnisse zu gewinnen. Vielleicht geht der ältere Herr zwar über Wochen konsequent in seine Tanzstunde, verdoppelt nach dem Training aber den Verzehr von Naschereien, weil er ja Sport getrieben hat und sich nun etwas gönnen möchte? Möglicherweise musste die als Schreckmoment empfundene Zahl auf der Waage ja sein, um ihm die Augen zu öffnen? Meine Mama sagt in solchen Augenblicken immer: »Jetzt sei nicht traurig. Das sollte so sein.« Ein Satz, der sich schon als Kind in mein Gedächtnis gebrannt hat. Vielleicht ist die Nebenrolle für die Fünftklässlerin das größte Geschenk, das man ihr machen konnte. Denn jeder von uns weiß, dass es nicht immer die Hauptrollen sind, die beim Publikum hängen bleiben. Und auch das Unterrichten von Tanz, das Weitergeben von Wissen und Fördern von Schülern kann in manchen Fällen rückblickend betrachtet das Beste für den Profi gewesen sein, was er hätte tun können. Egal, welche Welten für einen zusammenbrechen. Vielleicht sollte es ja aus irgendeinem Grund so sein.

85. Grund

Weil es vielfältig ist

Es gibt unzählige verschiedene Tänze, die man allgemein in Einzel-, Paar- und Gruppentänze unterteilen kann. Vom klassischen Ballett über Standard- und lateinamerikanische Paartänze, Jazz Dance, Modern Dance, Breakdance, Bauchtanz, Stepptanz bis hin zu Kampftänzen wie Capoeira. Außerdem gibt es Tanzwork-outs, die intensives Ganzkörpertraining mit Musik und Spaß an der Bewegung verbinden. Tanzen ist also eine Sportart, bei der für jeden Geschmack und jedes Level etwas dabei ist. Der leidenschaftliche Tangotänzer kann sich den heißen Bewegungen genauso hingeben, wie der coole Hip-Hopper, dessen Mütze tief ins Gesicht gezogen ist, oder die zielstrebige Ballerina, deren Haare zum adretten Dutt drapiert sind. Je nach Können werden im Unterricht unterschiedlich schwierige Figuren und Schrittkombinationen erlernt, teilweise sogar mit akrobatischen Einlagen. Wer Gas geben möchte, kann sich einer Wettkampfgruppe anschließen; wer es lieber langsam angehen lassen will, ist im Hobbyverein gut aufgehoben.

Es ist ein vielfältiger Sport, der Disziplin, Perfektionismus und Talent belohnt. Ein Sport, der aber zugleich Leichtigkeit und Dynamik braucht. Wie breit das Tanzen mittlerweile angelegt ist, zeigen immer neue Strömungen und Tanzformen, die mit ihren Bewegungen unterschiedliche Ideen und Botschaften liefern. Jede Tanzrichtung (egal ob Jazz, Salsa, Merengue, Bachata, Reggaeton, Zumba, Hip-Hop, Ballett, moderner Tanz, etc.) ist empfehlenswert, da sie zu einem gesunden Leben beiträgt. Es gibt Tanz für Senioren, für Kinder, für gehörlose Menschen, für Blinde und für geistig und körperlich eingeschränkte Leute. Junge Tänzer werden an Tanzschulen in ihrer Entwicklung begleitet, Erwachsene lernen vielleicht erst spät ihre ersten Schritte. Es ist ein Potpourri von Kulturen, Religionen, Lebenseinstellungen, Rhythmen, Persönlichkeiten und und und …

Tanzen ist so vielfältig, dass man sich erst einmal einen Überblick an den Schulen zum Angebot machen muss und vieles ausprobieren sollte. Es liefert neue Eindrücke, fasziniert Menschen und kreiert zauberhafte Bewegungen. Man knüpft neue Kontakte und erhält Einblicke in andere Kulturen und Musikrichtungen. Es ist bunt und verschieden und bietet auch dem größten Sportmuffel etwas, woran er sich freuen kann. Nebenbei zeigt es uns, wie viele verschiedene Seiten in uns stecken. Es bringt unsere ganz eigene Vielfältigkeit ans Licht und verleiht unserer Persönlichkeit neue Facetten. Grund 82 zeigt die gängigsten Tanzformen auf. Wem hier etwas fehlt, der sollte sich einfach mal in der Tanzschule nach einem weiteren Angebot erkundigen. Die Tanzlehrer dort geben sehr gerne Auskunft und freuen sich, wenn auch an ausgefallenen Tanzrichtungen Interesse besteht.

9. Kapitel

Tanzen als Ausdrucksmittel

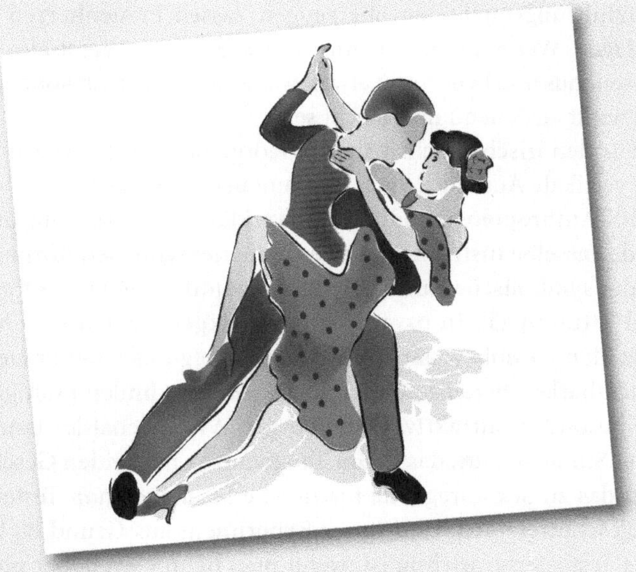

86. Grund

Weil es sexy ist

Wem Grund 7 zu knapp beschrieben war, der kommt nun auf seine Kosten. Tanzen ist sexy, es geht um Sex. Es fördert die körperliche Kommunikations- und Ausdrucksfähigkeit und wirkt anziehend auf uns. Mädels, die ihre Hüften kreisen lassen, werden als attraktiv empfunden (ich sag nur Shakira), Jungs, die mit Moves und Tanzführungsqualitäten überzeugen, lassen Frauenherzen höher schlagen. Wer gut tanzen kann, beweist Körperbewusstsein, strahlt Präsenz aus und beherrscht etwas, was andere nicht gut können. Und das wirkt anziehend und macht sexy.

Für den irischen Schriftsteller George Bernard Shaw war Tango der vertikale Ausdruck eines horizontalen Verlangens.

US-Anthropologin Judith Hanna erklärt dazu, dass Tanz und Sex beide dasselbe Instrument nutzen: den menschlichen Körper. Tanz ist der symbolische Ausdruck für Romantik, Begehren, Orgasmus und Attraktivität. In psychologischen Experimenten kam heraus, dass Männer unbewusst aus den Tanzbewegungen der Frauen ihre Fruchtbarkeit herauslesen, Frauen wiederum finden kräftige Tänzer besonders attraktiv. Oldenburger Wissenschaftler fanden in einer Studie heraus, dass beim Tangotanzen bei beiden Geschlechtern das zu Sex anregende männliche Sexualhormon Testosteron ausgeschüttet wird. Und unser Experiment aus Grund 80 belegt, dass Testosteron wichtig ist, wenn man beim Gegenüber punkten möchte. Die Wissenschaftler der Universität Göttingen haben hier übrigens noch ein paar Erkenntnisse hinzuzufügen. Sie meinen den Schlüssel gefunden zu haben, wie Männer tanzen müssen, um von der Frau als sexy empfunden zu werden. Das rechte Knie muss richtig twisten können, während der Oberkörper, natürlich gut durchtrainiert, eine flotte linke Schulter und ein flexibler Hals zum Kopfnicken und -schütteln vorweisen sollte. Dabei geben seine

Bewegungen der Frau Signale über seine Gesundheit, Stärke und Fortpflanzungsfähigkeit, ähnlich wie beim Werbungsprozess um das Weibchen in der Tierwelt, erklärt Psychologe Nick Neave, Leiter der Forschung.

Vielleicht reicht es als Tipp hier schon, John Travoltas Tanzbewegungen genauer zu studieren.

87. Grund

Weil man Grenzen überwindet

Während meiner Tanzausbildung kam eines Tages ein experimentierfreudiger Jazz-Dance-Dozent auf uns zu und erklärte den Schülern, dass wir in der nächsten Woche eine allein entwickelte Choreografie vortanzen müssten. Nachdem die Welle der allgemeinen Panik durch den Raum geschwappt war, wurde uns klar, dass es keine Ausrede gab.

Eine Schrittabfolge dem Lehrer nachzutanzen war etwas völlig anderes, als sein eigenes, intimes Gedankengut in Bewegung zu transformieren und zu präsentieren. Ich fühlte mich in der Ausbildungsgruppe nicht unwohl, aber trotzdem wurde ich die Angst, zu versagen und nicht gut genug zu sein, lange nicht los. Es wurde wie eine unüberwindbare Aufgabe, vor der ich mich fürchtete. Die ganzen restlichen Unterrichtseinheiten überlegte ich, welche Musik zu meinem Solo passend wäre und mit welchen Schritten ich den Lehrer überzeugen könnte. Die Aufgabe bestand darin, eine Minute zu tanzen. Und eine Minute kann verdammt lang sein. Besonders, wenn die Choreografie diese eine schwierige Bewegung beinhalten muss, die man nicht beherrscht. Damit wollte er uns an unsere Grenzen bringen, uns gleichzeitig motivieren und durch diese Challenge sowohl Kreativität als auch Selbstbewusstsein, Technik und Durchhaltevermögen steigern.

Wer sich schon einmal eine eigene Choreografie ausgedacht hat, weiß, wie viele Tausend Möglichkeiten es gibt, diese zu gestalten. Möchte ich sie mit Sprüngen und Bodenteilen in verschiedene Ebenen bringen? Soll es schnell oder langsam sein? Soll es ein Thema geben? Möchte ich technisch glänzen oder eher einfaches Schrittmaterial benutzen? Welche Musik passt?

Meine Entscheidung fiel im Ballettunterricht. Wir tanzten ein Adagio, das ist die Kombination von sehr langsamen Bewegungen, um die Fähigkeit des Tänzers zu verbessern, die Streckung der Beine zu kontrollieren und dabei den ganzen Körper ausgerichtet zu halten. Dabei werden die grundlegenden Schritte der klassischen Balletttechnik geübt. Dieses Training war für mich immer sehr spannend, jedes Mal versuchte ich, mich dabei flüssiger und freier zu bewegen, ohne das Gleichgewicht und mein Standbein zu opfern. Und genau in dieser Übung überlegte ich, ob man ein Adagio nicht auch auf andere Musik tanzen könnte. Die Bewegungsqualität etwas verändern, von kontrolliert und langsam zu schneller und ausladender. Die restliche Zeit verbrachte ich hochmotiviert vor meinem Spiegel und probierte und versuchte. Es ging eher in die Richtung Modern Dance, aber das erlaubte der Lehrer. Manchmal kam ein Schritt dazu, mal kam einer weg. Immer und immer wieder. Ich geriet regelrecht in einen Rausch, experimentierte mit der Abfolge, dem Rhythmus und dem Ausdruck. Ich hatte plötzlich das Gefühl, etwas Schönes schaffen zu können.

Wäre da nicht die Vorgabe, ein Element freier Wahl in die Präsentation zu integrieren, das man noch überhaupt nicht beherrschte. Bei mir war das der Durchschlagsprung, der mir Bauchschmerzen bereitete. Dabei wird das vordere Bein erst auf mindestens 45 Grad gehoben und dann nach hinten gezogen. Dieser Sprung erfordert viel Höhe und Beweglichkeit und wird besonders in der Gymnastik getanzt. Ich hatte eine innere Blockade und traute mich nicht, mein Bein, das ja schon vorne war, in der Luft wieder nach hinten zu ziehen.

Um es an dieser Stelle kurz zu machen: Die Präsentation lief super, ich weiß noch genau, wie erleichtert ich war. Den Sprung bekam ich auch halbwegs hin. Selbstverständlich gab es auch eine Menge Verbesserungsvorschläge, aber ich hatte an diesem Tag eine persönliche Grenze überwunden. Es fühlte sich an, als wäre ich über mich hinausgewachsen. Zum einen, da ich mich getraut hatte, vor der Klasse und dem Dozenten eine Minute mein eigenes Schrittmaterial zu tanzen. Zum anderen habe ich diesen Sprung geschafft. Für mich bedeutete Grenzen überwinden plötzlich, Grenzen zu überspringen. Später wurde Vortanzen bei Auditions und Vorsprechen am Theater einfacher. Ich bin mir sicher, dass es auch an dieser Übung lag.

88. Grund

Weil es Themen transportiert

Im Sufismus, einer Strömung des Islams, tanzen Derwische, um in religiöse Ekstase zu verfallen. Beim Breakdance werden nonverbal und ohne Körperkontakt Kämpfe ausgefochten. Der Rock 'n' Roll der 50er-Jahre begehrte körperlich gegen eine prüde Sexualmoral auf. Und während der Französischen Revolution war es einer der ersten Befreiungsakte der Unterschicht, den Walzer auf die Straßen zu bringen. Tanzen ist eine Form der Darstellung, die Themen transportiert. So wie die Kriegs- und Jagdtänze erfolgreiche Kämpfe nachahmten, wurden in anderen Tänzen Themen wie Fruchtbarkeit und gutes Wetter vertanzt.

Der erste gemeinsame Ehewalzer zeigt zum Beispiel symbolisch, dass das Brautpaar nun eins geworden ist, und geht dabei auf die griechische Mythologie zurück. Die Menschen, die in Platos Entstehungsgeschichte ursprünglich eine große Kugel waren, verärgerten die Götter und wurden getrennt. Seither sucht jeder Mensch seine ihn ergänzende Hälfte. Das Brautpaar formt sich zur ursprünglichen Kugel, zum geschlossenen Ring. Der Tanz nimmt damit eine Symbolik wie der Ehering ein, der auch zum Zeichen von Bindung ausgetauscht wird.

Tanzen ist Körpersprache. Eine Sprache mit dem Körper, ein Kommunikationsmittel, das oft eindrucksvoller und einprägsamer als tausend Worte ist.

Vadim Garbuzov und Kathrin Menzinger, beide als Profitänzer aus *Let's Dance* bekannt, tanzten ihre Kür zum Thema »I am a refugee«, mit der sie Anfang April 2017 erneut Weltmeister in der Kategorie »Showdance Latein« geworden sind. Wer sich nicht vorstellen kann, wie man die Flüchtlingsthematik vertanzen kann, sollte sich dieses Video auf YouTube anschauen. Diese Choreografie geht unter die Haut, technisch perfekt, aber vor allem berührend!

Und auch Musicals nutzen Musik und Tanz, um so die Emotionen der Charaktere und die Geschichte überbringen zu können.

Gerade für Kinder kann Tanz als Ausdrucksform für Themen werden. Da wird mit Tüchern ein Regenbogen in der Luft gezeichnet, mit Bällen, die auf den Boden getrippelt werden, Regentropfen simuliert oder auf dem Boden ein Schneeengel geformt. Mit Bändern kann man Blumenwiesen nachtanzen, und das Aufsetzen einer Kapuze macht einen gleich viel lässiger und vermittelt ein cooles Thema.

89. Grund

Weil es typische Tänzer gibt

Ich habe auf Workshops, bei meiner Arbeit als Tanzpädagogin und Schauspielerin, in der Tanzausbildung, in der Disco und im Park schon viele Bewegungskünstler beobachten können. Und ja, es gibt sie. Die typischen Tänzer, für die Tanzen ein Ausdrucksmittel ihrer Persönlichkeit ist.

Die strenge Ballettlehrerin

Die dünnen Haare hat sie unter einem Haarnetz, die Brille sitzt akkurat auf der Nase, sie ist knochig, sehr genau und riecht nach Lavendel. Sie trägt Ballettkleidung mit einem Bolerojäckchen darüber. Manchmal ist sogar ihr kleines, weißes Hündchen dabei, während sie durch den Tanzsaal schwebt und nur im Vorübergehen sieht, wer an der Ballettstange einen Fehler gemacht hat. Sie gibt selten Feedback, es reichen die vernichtenden Blicke. Aber man lernt viel von ihr.

Das dicke Kind

Dick sagt man nicht. Übergewichtig, ein Kind mit schweren Knochen. Eben ein Tortelloni. Es ist auch nicht böse gemeint, denn dieses Kind hat oft am meisten Spaß in der Stunde und strahlt eine Freude beim Tanzen aus, während ihm der Schweiß von der Stirn tropft. Es gehört zu den Kindern, die lernen wollen, manchmal ihre eigene Musik dabeihaben und sich schnell schämen, wenn das T-Shirt nach oben rutscht. Die Schritte fallen ihm anfangs schwer, aber wenn es sie kann, geht es ab wie ein Schnitzel. Dieses Kind hat immer einen besten Freund dabei, der sehr dünn ist. Es trinkt im Unterricht alles außer Wasser und freut sich jede Woche aufs Tanzen.

Der schwule Ausdruckstänzer

Diesem Tänzer hängt immer ein bisschen Speichel im Mundwinkel, manchmal riecht er auch seltsam. Er hat kein Problem mit Körperkontakt, und nach dem Training läuft er extra auswärts (Füße in ausgedrehter Position), um zu zeigen, wie hart er trainiert hat. Er probiert die interessantesten Bewegungen aus, fordert sich und andere heraus und wird schnell zickig oder beleidigt, wenn er nicht genug Anerkennung bekommt. Er kann einiges, und das weiß er auch.

Der alte Grapscher

Er tanzt im Standardkurs mit den jungen Mädchen und lässt seine Hände nicht da, wo sie hingehören. Er führt nicht schlecht und riecht nicht komisch, ist aber dennoch mit Vorsicht zu genießen. Er denkt, er sei ein Charmeur der alten Schule, versucht, die junge Tanzpartnerin immer zum Lachen zu bringen. Er will ihr gefallen, und das ist anstrengend. Er bedankt sich mit einem Handkuss und hofft, damit zu punkten.

Die esoterische freie Tänzerin

Sie tanzt immer barfuß und ohne BH. Atmung ist bei ihr das Wichtigste, sowie kreisende Bewegungen. Damit ölt sie ihre Gelenke, macht den Kopf frei und kehrt in sich. Ihr Bewegungsstil ist schwer definierbar und unmöglich nachzumachen. In der Pause trinkt sie stilles Wasser aus einem plastikfreien Behälter, in dem heilsame Steinchen sind.

Die Discomaus

Die Discomaus, fast nur im Rudel unterwegs, gehört zu der Spezies, die lauthals ihre Hüften kreisen lässt. Discomäuse machen Fotos beim Tanzen, schmeißen die Hände in die Luft und lassen ihre Beach-Waves-Locken und mit Anti-Hitze geglätteten Matten herumfliegen. Dabei immer Handy und Getränk in der Hand. Sie gehen nur zusammen aufs Klo, zur Bar, auf die Tanzfläche. Und irgendwann nervt die Betrunkenste den DJ damit, bestimmte Lieder zu spielen. Dabei wird gerne gesagt, ihre Freundin hätte Geburtstag und würde sich das Lied zum Tanzen wünschen. Falls es in dem Club ein Podest oder eine Stange gibt, wird auch das in den Tanz integriert.

Der Freestyler

Er hat immer seine Jogginghose an, gerne auch eine Mütze oder Cap auf. Er kommt meistens zu spät zum Unterricht und bleibt dabei gelassen und cool. Für ihn ist alles easy, deshalb tanzt er auch so gut.

Lässig schmeißt er sich auf den Boden und dreht sich auf dem Kopf wild herum. Oder er beginnt, seine Künste im Hip-Hop und Breakdance zu zeigen, und baut mal eben eine akrobatische Nummer ein. Er ist langsam und schnell zugleich, das, was er kann, spult er perfekt ab. Mit neuen Bewegungsabläufen tut er sich allerdings schwer.

Die von sich Überzeugte

Sie steht immer in der ersten Reihe und lässt sich nichts wegnehmen. Sie ist etwas dümmlich, tanzt dafür aber nicht so schlecht. Ihre geistige Unbeholfenheit überspielt sie mit dem Ehrgeiz beim Training. Dadurch wird sie immer besser. Wen sie mag, zu dem ist sie nett. Wer ihr nicht geheuer ist, mit dem redet sie nicht. Wer besser ist als sie, wird auch ignoriert. Obwohl sie nicht die Hellste ist, versteht sie sehr wohl, was Berechnung bedeutet. Wer ihr nützlich sein kann, wird also umgarnt. Für eine Position in der Mitte beim Auftritt würde sie alles tun und freut sich, wenn jemand anderes an dieser Stelle einen Fehler macht. Egal, ob männlich oder weiblich.

90. Grund

Weil Lächeln erwünscht ist

Tanzen ist eine positive Sportart, bei der man viel lachen kann. Außerdem ist Lächeln erwünscht. Unsere Tanzlehrerin sagte einmal zu uns: »Die Schritte habt ihr. Jetzt müsst ihr es nur noch fühlen.« Meine Freundin Lordi (keine Sorge, nur der Spitzname) brach dabei fast in Tränen aus. »Aber ich fühl's nicht.« Ja, ein aufgesetztes, falsches Lächeln ist viel schlimmer als gar keins. Es geht darum, selbst WIRKLICH Spaß zu haben, erst dann kommt es auch bei dem Partner oder Publikum an. Ich glaube auch zu wissen, warum Lordi es nicht fühlen konnte – der Tanz machte ihr tatsächlich keinen Spaß. Er gehörte aber zum Prüfungsstoff, war Teil der Abschlussaufführung, und da konnte man nicht aussehen, als hätte man einen Reißnagel im Schuh oder ein Zähne zeigendes Grinsen, bei dem selbst der Clown aus *ES* Angst bekommt.

Das Gute ist, dass man lächeln üben kann. Lordi hat es auch geschafft und super hinbekommen.

Wer sich manchmal selbst zulächelt, wird auch das »innere Lächeln« fühlen. Wer gerade nicht gut drauf ist, kann durch ein Lächeln Spannungen lösen und gute Laune erzeugen. Die Augenbrauen wandern auseinander, die Mundwinkel ziehen sich nach oben. Natürlich ist einem oft nicht nach lächeln zumute. Aber wer es regelmäßig übt, kommt schneller wieder aus dem Stimmungstief heraus, dem Gehirn ist es nämlich egal, ob wir grundlos oder aus Freude lächeln. Die schmerzstillenden Glückshormone werden so oder so freigesetzt. Auch ruhig hierbei ein bisschen in die Trickkiste greifen.

Gerade wenn Ihnen beim Tanzschritt ein kleiner Fehler passiert, sollten Sie das Lächeln nicht vergessen. Andere verzeihen Ihnen das Missgeschick sofort, wenn Sie positiv damit umgehen. Auch Sie selbst können dann besser darüber lachen. Es ist doch auch ein bisschen lustig, wenn man jemandem versehentlich auf den Fuß steigt. (Solange der untere Fuß nicht zu den eigenen Körperteilen gehört.)

Oder wenn man einem Tanzpartner gefallen möchte. Was nützt es dem besten Tänzer, der die schwierigsten Küren tanzen kann, wenn er keinen Spaß dabei hat? Ansteckend ist das sicher nicht. Lächeln Sie auch, wenn Ihnen die Musik nicht gefällt. Wer beim Tanzen lächelt, nimmt automatisch eine offene Tanzhaltung ein, wer Spaß daran hat, entspannt sich und kann leichter schwierige Schritte tanzen.

Den kleinen Tanzmäusen wird immer vor Auftritten erklärt, dass es nicht schlimm ist, wenn sie Fehler machen. Hauptsache sie lächeln und winken ihren Eltern nicht die ganze Zeit zu. Warum fällt es uns als Erwachsener nur so schwer, über sich selbst und mit anderen zu lächeln? Vielleicht haben wir es verlernt, vielleicht ist die natürliche, unmaskierte Art zu lächeln doch schwieriger, als wir denken. Wer sich schwertut, positive Emotionen nach außen zu bringen, sollte wirklich tanzen gehen und sich ein Bitte-lächeln-Zettelchen an den Spiegel heften. Denn Lächeln verbindet Menschen, ist ansteckend und bringt gute Laune in einen tristen Alltag. Außerdem macht es uns produktiv und kreativ, ja, es verlängert sogar unser Leben. Viele Studien wurden bereits entwickelt, in denen bewiesen wurde, dass Menschen, die gerne lachen, älter werden als die Trauerklöße unter uns.

So baten Ernest Abel und Michael Kruger (Wayne State University, Michigan) Probanden, das Lächeln von 230 Baseball-Spielern einzuschätzen. Die Personen bekamen Fotos der Spieler aus dem Spielerregister von 1952 und sollten das Lächeln in drei Stufen einteilen: kein Lächeln, ein halbes (angedeutetes) und ein volles Lächeln. Danach analysierten die Forscher das Lächeln von 150 Spielern, die inzwischen verstorben waren. Das Ergebnis überrascht nicht unbedingt: Die Nicht-Grinser brachten es auf eine Lebenserwartung von etwa 72,9 Jahren, die Halb-Lächler auf 75 Jahre und die Julia-Roberts-Grinser auf stolze 79,9 Jahre! Es ist also wirklich empfehlenswert, ein Hobby, bestenfalls ein Leben zu haben, das einem Spaß macht. Oder sich wenigstens anstecken zu lassen. Haben Sie schon einmal von der Lachepidemie gehört? Drei Mädchen mussten am 30. Januar 1962 in Kashasha am Victoriasee plötzlich in der Schule lachen und konnten einfach nicht aufhören. Selbst, als sie von der Lehrerin vor die Türe geschickt wurden, konnten sie es nicht stoppen, es ging so weit, dass sie 95 der insgesamt 159 Schüler ansteckten und die Schule geschlossen werden musste. Die nach Hause geschickten Schüler verbreiteten das Lachen, sogar mehrere Kilometer entfernt, sodass auch hier Schulen einfach geschlossen werden mussten. Diese Lachepidemie, auch Tanganjika-Lachepidemie genannt, ging über viele Wochen und infizierte mehr als 1000 Menschen, bis sie langsam wieder abklang.

Das ist natürlich sehr speziell, doch auch ich kann mich an Situationen in meinem Leben, besonders aus der Schauspiel- und Tanzschulenzeit, erinnern, in denen ich über viele Minuten einfach nicht aufhören konnte, mit den Kollegen zu lachen. Die Gründe für meine Lachflashs habe ich (teilweise) schon wieder vergessen. Doch wenn ich nur an die Momente denke, muss ich schon wieder schmunzeln. Lachen ist einfach ansteckend, das wissen auch die Sitcom-Produzenten, deren Serien von vorgefertigten Lachern des Publikums begleitet werden.

Lachen ist eine sehr wichtige Zutat für ein schönes, langes Leben. Und diese Zutat können Sie gerne mit Tanzen produzieren.

91. Grund

Weil es Magie schafft

Tanzen ist eine Kunstform, die magische Momente erzeugen kann, in denen man die Luft anhält und sich fragt, wie der Tänzer das geschafft hat. Es bringt uns zum Staunen und kann eine Gänsehaut kreieren, ein Kribbeln im Bauch und den Wunsch, das auch zu können. Tanz versetzt sowohl den Zuschauer als auch den Tänzer in eine andere Welt. Das schafft keine andere Sportart. Unterstützt mit Musik, Licht und Kostüm sehen Tänzer oft aus, als wären sie gar keine Menschen mehr, sondern Wesen, die über die Bühne schweben, voller Anmut und Eleganz. Und all das in einer spielerischen Art, die die körperliche Anstrengung nicht erkennen lässt. Tänzer sind Künstler, Zauberer. Sie erzählen Geschichten mit ihrem Körper, teilweise auch durch humorvolle oder akrobatische Elemente. Da können Tänzer schon einmal zu Artisten werden und sich wie im *Tarzan*-Musical an Lianen abseilen. So wie in *Wicked* auf Besen reiten, in *Aladdin* auf einem fliegenden Teppich performen oder in *Tanz der Vampire* von Hochhäusern und sich neigenden Särgen springen. Vom *König der Löwen*-Musical ganz zu schweigen.

Jeder, der selbst tanzt, wird die Magie irgendwann einmal spüren, die auf das Publikum abfärbt, aber auch einen selbst berührt. Es gibt sie, die Tanzstunden, in denen alles stimmt. Die eigene Emotion, verbunden mit der passenden Musik und dem Gelingen der Tanzschritte. Wer diesen Moment erlebt, weiß, wie Bewegung Magie erschaffen kann. Wer sich nichts darunter vorstellen kann, sollte unbedingt einmal *Schwanensee* besuchen. Ein Ballettklassiker, in dem zahlreiche Schwäne in zart-weißen Kostümen in einer choreografischen Meisterleistung über die Bühne schweben (in der Choreografie von Marius Petipa sind 24 Schwäne vorgesehen, Neu-Inszenierungen haben teilweise sogar 48 (!) Tänzerinnen als Schwäne, was für viele Bühnen eine große Herausforderung darstellt). Wer diese Sphäre der Schwerelosigkeit und Eleganz erleben darf, wird den magischen Moment nicht mehr vergessen. Verknüpft mit für die Ewigkeit bestimmter Musik von Tschaikowsky wird diese märchenhafte Inszenierung hoffentlich auch Ihnen gefallen. Wenn nicht, auch nicht so tragisch. Es gibt noch genügend andere magische Tanzmomente, die auf Sie warten.

Mir geht es oft so, wenn viele Tänzer absolut synchron sind. Wie können Menschen so etwas schaffen? Exakt im selben Winkel im haargenau richtigen Moment Bewegungen auszuführen? Es ist mir immer noch ein Rätsel. Oft sitze ich dann mit offenem Mund da, von Gänsehaut überzogen und sehe nur noch die Bilder vor mir. Wenn es Tänzern gelingt, das Publikum abzuholen und derart staunen zu lassen, dann sprechen wir von Magie.

92. Grund

Weil es pädagogisch wertvoll ist

Jeder Dozent hat zwar seine eigenen Strukturen im Tanzunterricht, aber der Spaß und pädagogische Elemente kommen in keiner Einheit zu kurz. Gerade bei Stunden wie im kreativen Kindertanz werden zum Ende noch Spiele gespielt. Da findet man zum Beispiel den bei Jungs und Mädchen gleichermaßen beliebten »Stopptanz«. Hier tanzen die Kinder nach Lust und Laune freie Bewegungen, bis der Lehrer die Musik stoppt. Wer dann noch wackelt und nicht »eingefroren« ist, muss raus. Das ausgeschiedene Kind darf als nächstes die Musik stoppen und urteilen, wer noch gewackelt hat, und wählt jemanden aus, welcher dann der DJ ist. So geht es weiter, bis ein Gewinner übrig bleibt. Beim Stopptanz lernen die Kinder, genau hinzuschauen und auf die Musik zu achten. Je mehr Kinder ausgeschieden sind, desto größer wird die »Jury«, die bestimmt, wer sich noch bewegt hat. Hier lernen die Kids, teamfähig zu sein, sie schauen gemeinsam, wer eine Runde weiter ist und wer nicht, auch wenn es mal den besten Freund treffen kann. Durch das Abwechseln beim Stoppen der Musik darf jeder mal drücken, nicht immer die üblichen fordernden Kinder.

Auch beliebt bei Kindern ist »Körpermemory«, bei dem sich Kinder mit derselben Bewegung zusammentun. Die Aufgabe der Memoryspieler ist es, herauszufinden, welche Kinder ein Pärchen bilden. Mit einer großen Portion Spaß werden so Merkfähigkeit, Genauigkeit beim Nachahmen und Konzentration geschult.

Es gibt zahlreiche Spiele, welche beim Kindertanzen Themen des Unterrichts werden können. Auch für die älteren Kinder ist Tanzen eine gute Möglichkeit, das Sozialverhalten zu fördern, Teamwork zu leisten und dabei den Bewegungsdrang auszuleben. Junge Tänzer werden geschickt in ihren Bewegungsabläufen, sie lernen in Aufgaben (»Denkt euch in 4er-Gruppen eine eigene Choreografie aus«), Ideen einzubringen, eine Gruppe anzuleiten, sich zuzuhören und besonders dabei »echte« Sprache zu verwenden. Tanzunterricht funktioniert nicht mit »Jo, Digga«, sondern in korrektem Aufbau der Sätze, kurz, knapp, leicht verständlich und genau.

In Dehnübungen können sich zwei Kinder gegenseitig stretchen, man muss dabei vorsichtig mit dem Partner umgehen, ihm zuhören, ein »Stopp« akzeptieren, führen und führen lassen. Manche Kinder haben schon in jungen Jahren Angst, die Kontrolle abzugeben. Hier lernen sie, dem Gegenüber Vertrauen zu schenken und gleichzeitig in sich hineinzuhorchen, wie weit sie sich in die Übung fallen lassen möchten.

Auch Rollenspiele sind sehr beliebt, sie fördern die Kreativität und Fantasie der Kinder. Gerade beim Tanzen kann man in eine andere Welt eintauchen und je nach Alter der Kinder den Tänzern einen Rollenvorschlag an die Hand geben. So könnten sie kleine Mickymäuse sein, Prinzessinnen auf einer Blumenwiese, Roboter, die auf dem Mond tanzen. Mit Musik und Bewegung werden so eine Menge unterschiedlicher Bewegungsqualitäten gezaubert.

Das Zählen der Counts, die Rhythmik und Dynamik der Musik, eventuell sogar der Songtext fördern die auditive Wahrnehmung und Konzentration. Genaues Beobachten und Nachmachen von Bewegungen die visuelle. Für Kinder, die Erfahrung durch das Gefühl sammeln und neugierig sind, wie sich etwas anfühlt, wird so auch der kinästhetische Wahrnehmungstyp angesprochen.

Mit drei Jahren haben Kinder das Kindergartenalter erreicht und machen ab da enorme Sprünge in ihrer Entwicklung. Pädagogisch wertvolle Aktivitäten dürfen die komplette Kinder- und Jugendzeit Teil des Alltags werden. Tanzen ist dafür ein hervorragendes Mittel.

10. Kapitel

Was Tänzer lernen

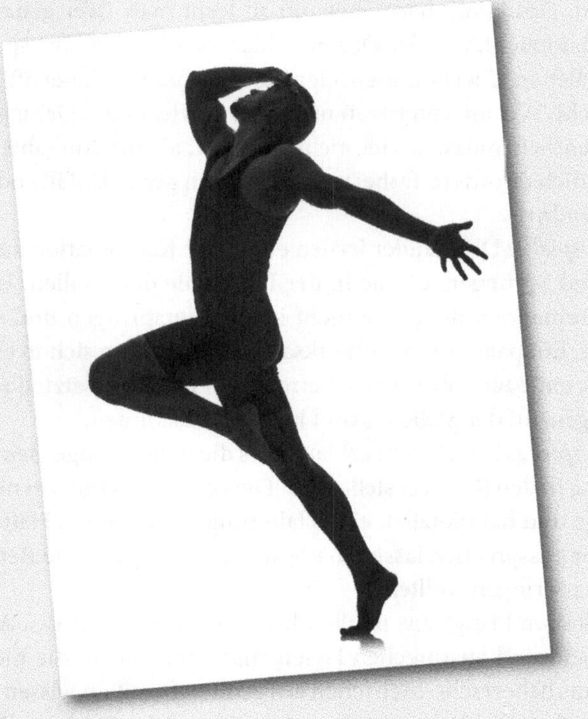

93. Grund

Weil man zuhören lernt

Der Tanzlehrer ist der Boss. Das gilt für jeden Tänzer, egal wie alt er ist, egal wie gut er ist. Wenn er das Gefühl hat, besser als der Tanzlehrer zu sein, kann er einen anderen Kurs besuchen. Der Schüler hat dem Dozenten zuzuhören und seinen Anweisungen Folge zu leisten. Das klingt hart, aber nur so lernt man. Wer genau zuhört und das macht, was der Dozent erklärt, wird sich Kräfte sparen und schneller ans Ziel kommen. Genaues Zuhören ist dabei oft gar nicht so leicht. Wir interpretieren meist viel zu viel in das Gesagte hinein, denken, wir müssten viel mehr machen, als die Aufgabenstellung eigentlich erfordert. Dabei passieren dann gerne Unfälle oder Missverständnisse.

Beispiel 1: Die Schüler lernen eine neue Kombination aus Schritten und Sprüngen, die sie in der Diagonale üben sollen. Und zwar hintereinander, damit sie nicht ineinanderspringen und sich verletzen. Ein paar hören aufmerksam zu und stellen sich in einer Reihe an, ein paar haben vor Übermut den hinteren Satzteil überhört, springen auf der Stelle los und krachen zusammen.

Beispiel 2: Der Dozent erklärt, dass die Ballettstange gleich für die Übung in den Raum gestellt wird. Die voreilige Schülerin nimmt die Stange und hat plötzlich eine Halterung in der Hand. Hätte sie den Lehrer aussprechen lassen, hätte sie gehört, dass er die Befestigung noch anbringen wollte.

Zuhören bringt uns in allen Lebenssituationen etwas. Aufmerksam sein und aussprechen lassen sind Fähigkeiten, die nicht jeder von uns beherrscht. Menschen aus großen Familien wissen das. Der Lehrer fragt im Biologieunterricht, wie groß der Fisch ist. Der Schüler antwortet, dass der Fisch orange ist. Wer zuhören lernt, hat viele Vorteile, außerdem ist alles andere respektlos. Tanzunterricht kann dabei ein gutes Training sein, Aufgabenstellungen genau umzusetzen. Wenn es also heißt, die Bewegung ist auf Count 1, dann sollte man bestmöglich versuchen, sie auch auf die 1 zu machen.

94. Grund

Weil man den Raum wahrnimmt

Um wie eben beschrieben im Unterrichtsraum keine Unfälle zu fabrizieren, ist nicht nur aufmerksames Zuhören von Vorteil. Auch ein Gefühl für den Raum mit seinen Ecken, Weiten, Diagonalen, Flächen und verschiedenen Ebenen kann dabei hilfreich sein.

Wir sprechen beim Thema Raum nun nicht von Lichtgeschwindigkeit, Materie, Energie und Kosmos. Wobei Albert Einstein formulierte: »Da wo Materie oder Energie ist, da ist auch Raum.«[10] Was bedeutet, dass durch die Anwesenheit von Energie Raum entsteht. Und dass Tänzer (Materie) eine enorme Energie haben, die sich im Raum entladen muss, ist auch bekannt. Ich möchte es nicht physikalisch beleuchten, aber Energie erzeugt Raum, Energie muss wo hin. Das Wo ist dabei entscheidend.

Wo bin ich, wo stehen andere, wie viel Platz kann ich mir zum Tanzen nehmen, ohne in den Tanzbereich des anderen einzudringen? Johnny hat uns ja in *Dirty Dancing* erklärt, wie das mit den Tanzbereichen abläuft. Jeder muss seinen eigenen Raum haben, darin hat kein anderer Tänzer etwas verloren. Es ist das Zusammenspiel von Raum nehmen und Raum geben. Das gilt bei Paartanz genauso wie in der Stunde beim Warm-up, in der Choreografie oder jeder anderen Übung.

Doch nicht nur zu verstehen, wo sein eigener Tanzpunkt ist, von dem aus man tanzen möchte, ist wichtig. Auch das Analysieren der Richtungen bei den einzelnen Bewegungen. In welchem Verhältnis zu meiner Körperachse bewegt sich der Arm zur Seite? Ist das Bein nun vorne oder etwas zu seitlich im Développé devant (Spielbein

»entwickelt« sich nach vorne) gelandet? Ein Verständnis und Gespür für Raumachsen zu erlangen ist notwendig für präzises Arbeiten und Ausführen der Bewegungen.

Außerdem kann ein Raum verschiedene Atmosphären haben, in denen der Körper auf die Musik antwortet. Ich fand es immer faszinierend, wenn wir zuerst eine Einheit Ballett, danach Modern Dance, dann Jazz Dance und schließlich Hip-Hop hatten. Meistens in ein und demselben Raum. Jedes Mal sah der Saal anders für mich aus, je nach Bewegung und Musik veränderte er sich für mich. Beim Ballett hatte ich manchmal das Gefühl, er wäre viel zu groß, wie sollte ich ihn mit den technisch exakten Bewegungen nur füllen können? Im Jazz Dance war er mir zu klein, die Diagonale (kurze Choreografie durch den Raum) war schon mit nur einer Wiederholung der Schrittfolgen zu Ende.

Auch fühlte sich der Boden oft anders an. Im Modern Dance beim Bodenteil kam er mir warm vor, weich, als würde er mich auffangen. Beim Hip-Hop hingegen gab es Übungen, an denen ich verzweifelte, der Boden war plötzlich kein Freund mehr, sondern lachte mich beim Versuch, lässige Bodenelemente zu vertanzen, aus.

Das Thema Raum bietet unendliche Schwerpunkte und zahlreiche Ansätze, ihn greifbar zu machen. Wer einmal selbst herausfinden möchte, wie sich die Raumwahrnehmung verändert, sollte sich im Training nicht auf seinen Lieblingsplatz stellen. Mit dem Verlassen der Komfortzone bekommen die Übungen plötzlich eine völlig andere Qualität. Das ist spannend, fordert heraus und schult das Gedächtnis.

95. Grund

Weil man sich selbst kennenlernt

Tänzer haben ein ungeheures Gespür für die Bedürfnisse des eigenen Körpers. Sie wissen genau, wie viel sie ihm zumuten können, wann sie sich Ruhe gönnen sollten und wodurch ein intensives Training sinnvoll gestaltet wird. Sie wissen auch, wann sie effektiv arbeiten können, welche Atemtechnik sie brauchen und wann Trinken zwischen/während den Einheiten ratsam ist.

Doch auch als Nicht-Profi lernen wir so einiges über uns selbst. Das beginnt schon mit der einfachsten Frage: Welcher Tanzstil macht uns überhaupt Spaß? Wir müssen in uns hineinhorchen, herausfinden, welche Musik uns gefällt, ob wir lieber alleine oder in der Gruppe tanzen, schnell oder langsam. Was anfangs nicht schwer klingt, kann einen plötzlich überfordern. Viel zu selten horchen wir in uns hinein und geben auf die inneren Bedürfnisse acht. Und jetzt müssen wir solche Entscheidungen treffen? Einfach so? Es geht nur ums Tanzen, und es hängt so viel daran. Denn unser Tanzstil spiegelt auch ein bisschen unsere Persönlichkeit wider. Und diese ist so vielschichtig, dass man sich vermutlich erst einmal gar nicht entscheiden kann, ob man jetzt zu den Tangotänzern, Hip-Hoppern oder Ballerinas zählt. Jeder von uns ist ein bisschen von allem, das ist ja die Krux.

Wer seine erste Tanzstunde schließlich besucht, ist vielleicht auch etwas aufgeregt. Oder überrascht sich selbst und bleibt total cool. Oder er denkt, er wäre gelassen, und spürt plötzlich doch ein Kribbeln im Bauch. Spannend herauszufinden, oder? Geht man eher offensiv auf die Leute zu und knüpft schnell Kontakte? Oder wartet man lieber einmal ab, beobachtet und stellt sich nach hinten in die Reihe?

Beim Tanzen finden Sie auch sehr schnell einiges über Ihre Fitness heraus. Manche Menschen merken vielleicht erst hier, dass es richtig anstrengend ist. Und dass sie ungeahnte Talente haben könnten. Es ist wichtig, sich selbst kennenzulernen, sich weiterzuentwickeln. Niemand hat gesagt, dass wir mit einem gewissen Alter oder dem Erreichen des Schulabschlusses einfach einen Entwicklungsstopp machen sollen. Keiner möchte mit seinem Erfahrungsschatz für immer da stehen bleiben, wo er gerade ist, Leben bedeutet, sich immer weiter zu erforschen. Tänzer lernen im Laufe der Zeit, sich Energiequellen zu suchen, um dem kraftraubenden Sport gelassen gegenüber stehen zu können. Durch Verletzungen müssen sie vielleicht ihr Training etwas abändern, neue Wege ausprobieren. Versuchen Sie das im Tanzen doch auch. Besuchen Sie einen Kurs, den Sie nie besuchen würden, Roboter-Dance oder Afro. Gehen Sie neue Wege. Nur so gibt es auch neue Erfahrungen, neue Resultate. Bleiben Sie dran, genießen Sie die Selbstreflexion, die dieser herrliche Sport auslösen kann. Vorausgesetzt, man möchte sich kennenlernen. Wer Angst vor sich selbst hat, wird seine Ressourcen leider nie ausschöpfen können.

An dieser Stelle möchte ich erzählen, wie mir das Tanzen in einem sehr traurigen und skurrilen Moment geholfen hat. Es war der Tag, an dem meine Oma beerdigt wurde und ich mit der Flut an Verzweiflung überfordert war. Mein Körper ließ sich einfach nicht kontrollieren, ich weinte und zitterte die ganze Zeit, ohne dass ich es hätte stoppen können. Ein komisches Gefühl, denn mein Körper und ich sind eigentlich ganz gut miteinander, ich habe gelernt, ihn zu beherrschen, auch wenn ich sehr traurig bin. Das gelingt natürlich nicht immer, manchmal muss man eben auch loslassen können, aber an diesem Tag wollte ich eigentlich stärker sein, als ich es war. Ich stellte mich neben meinen Vater, und wir versuchten, dem Pfarrer zuzuhören, der den Sarg am Friedhof segnete. Und plötzlich flüsterte mein ebenfalls weinender Papa in mein Ohr, ob ich die Schuhe des Pfarrers gesehen hätte.

Es gibt Situationen im Leben, da reagiert man in Übersprungshandlungen, man ist so durcheinander, dass man mit allem überfordert ist und völlig unangebracht handelt. Da stand ich vor dem Grab meiner geliebten Oma, musste so sehr mit der Trauer kämpfen, und plötzlich sah ich, dass der Pfarrer FiveFinger-Schuhe anhatte. Das sind die Schuhe, die Sandalen ähneln, in denen jeder einzelne Zeh seine eigene Kammer hat. Wie die Zehen-Socken, nur noch lustiger. Diese Schuhe sollen sehr gesund sein, um den Pfarrer hier in Schutz zu nehmen. Und mit einem Mal wollte mein Körper loslachen. Laut, unangebracht und aus Verzweiflung. Ich wollte so sehr lachen, dass mir mein Bauch wehgetan hat. Vielleicht hat meine Oma den Pfarrer auf diese Idee gebracht, um diesen traurigen Moment, in dem man absolut nicht lachen durfte, etwas aufzuheitern. Meinem Vater ging es genauso. Wir standen heulend nebeneinander und mussten losprusten. Und genau hier kommt das Wissen über den eigenen Körper ins Spiel. Ich begann, zu wippen. Ganz leicht, um nicht noch mehr Aufsehen zu erregen. Ich wippte, verlagerte ein Bein aufs andere, immer und immer wieder. Der Druck in mir musste irgendwohin, die Bewegungen halfen, mich wieder bewusst zu spüren. Es ist manchmal von Vorteil, genau zu wissen, was der Körper braucht, um ihn in Griff zu bekommen. Das wissen Menschen mit verspanntem Nacken, die in der Arbeit den Kopf kreisen lassen, genauso wie ich, die vor lauter Trauer gelacht hat.

96. Grund

Weil man flirten lernt

Statistisch gesehen lehnen weniger als 30 Prozent der Frauen eine Aufforderung zum Tanzen ab. 70 Prozent Erfolgschancen! Diese gilt es zu nutzen. Und auch umgekehrt dürfen sich Mädels nicht einschüchtern lassen, wenn ihnen der Tanzpartner gut gefällt. Tänzerinnen und Tänzer haben eine ganze Menge im Training gelernt. Sie sind selbstbewusst und strahlen Ruhe und Gelassenheit aus. Die aufrechte Körperhaltung gibt ihnen Präsenz und einen Hauch Glamour. Außerdem lächeln sie gerne und ehrlich (Grund 90). Sie sind aufmerksam und hören dem Gegenüber zu (Grund 93). Und sie sind kreativ (Grund 5), stellen keine abgekauten Kennenlernfragen.

All das sind wichtige Flirtfaktoren, die Sie durch Tanzen lernen können. Wer mit den Händen in den Taschen gelangweilt durch den Raum schlurft, sendet keine Signale für Kontaktbereitschaft. Wer sich jedoch aufgeschlossen und erhobenen Kopfes mit vielen Menschen unterhält, beweist soziale Kompetenz und strahlt Attraktivität aus. Die Angst, einen Korb zu bekommen, sollte Sie also nicht am Flirten hindern. Es gibt so viele Gründe, weshalb Sie ein »Nein« zur Antwort bekommen können. Aber die meisten werden vermutlich gar nicht an Ihnen liegen.

Nebenbei lernen Tänzer Blickkontakt herzustellen (Grund 102), was beim Flirten ungemein wichtig ist. Schauen Sie nicht gleich wieder weg, halten Sie es aus. Ein Tänzer lernt, die Kontrolle über seinen Blick zu bekommen. Auch ein vorsichtiges Lächeln darf man wagen, wird es erwidert, haben Sie schon vieles richtig gemacht.

Ich bin keine Expertin, das dürfen andere übernehmen. Ich verspreche aber, dass die positiven Effekte, die Sie durch das Tanzen erfahren, definitiv beim Flirten helfen werden. Tänzer sind entspannte Menschen, Tanzen findet in lockerer Atmosphäre statt. Nirgendwo anders (außer beim Arzt) wird so schnell Körperkontakt zu einem fremden Menschen hergestellt wie beim Tanzen. Man kann sich vom Rhythmus der Musik mittragen lassen, dabei bitte weder zu wild noch zu romantisch werden. Zwischen den Liedern könnte eine Konversation entstehen und eventuell eine weitere Verabredung zum Tanzen ausgemacht werden. Und ganz nebenbei übernimmt der Körper das Flirten. Wir alle kennen die Tanzposen, die in Tanzfilmen und Discoszenen aufwendig gedreht werden und doch so simpel sind. Die Frau wirft den Kopf lasziv in den Nacken, das Haar umschmeichelt ihre Schulter, nebenbei lässt sie ihre Hüften kreisen. Er drückt sie fester an sich, die Hand an ihrem Rücken, den Kopf zu ihr gebeugt. Wer tanzt, flirtet. Und wer sich beim Flirten schwertut, könnte sich dadurch also eine anziehende, selbstbewusste und geheimnisvolle Aura zulegen.

97. Grund

Weil man Taktgefühl entwickelt

Es gibt Menschen, die nur sehr wenig Taktgefühl besitzen. Und damit ist Taktgefühl nicht im sozialen Umgang gemeint, sondern dem Fühlen von Rhythmus, dem Spüren von Takt. Manche Leute klatschen immer gegen den Beat, sie hören das Einsetzen von Musik nicht, haben kein Gefühl für Pausen oder setzen Akzente stets an der falschen Stelle. Für solche Menschen ist Tanzunterricht die perfekte »Heilungsmethode«. Denn das Gespür für Musik ist eine Frage der Übung.

Alles im Leben unterliegt einem gewissen Rhythmus, der Wechsel der Jahreszeiten, Tag und Nacht, unser eigener Herzschlag, der Zyklus, in dem sich der Mond um die Erde dreht. Es ist etwas ganz Natürliches. Wer also Angst hat, kein Rhythmusgefühl zu haben, kann an dieser Stelle beruhigt werden. Jeder hat es, der eine mehr, der andere weniger. Es muss nur wieder herausgekitzelt werden. Wer in der U-Bahn selbstvergessen Musik hört und mit dem Kopf oder den Füßen mitwippt, macht sich keine Gedanken über den Takt. Sobald man ihn aber willentlich hören und Tanzschritte darauf anwenden soll, gerät man ins Stocken.

Beim Tanzen beginnt man, Musik bewusst zu hören und zu spüren. Wer es nicht selbst schafft, kann den Tanzlehrer bitten, mit ihm den Beat zu zählen und zu klatschen. Hören Sie auch zur Übung zu Hause Ihr Lieblingslied und versuchen Sie, sich bewusst auf den Beat zu konzentrieren. Sie werden mit etwas Übung ein Gespür dafür entwickeln, irgendwann können Sie sogar im Stillen mitzählen. Mit der Zeit können Sie versuchen, dazu in die Hände zu klatschen oder mit dem Fuß auf den Boden zu stampfen. Anfangs aber bitte nicht zu viel machen. Und schließlich versuchen Sie, das Geübte auch in den Tanzunterricht einfließen zu lassen. Irgendwann geht einem die Musikalität in Fleisch und Blut über, mit Geduld und Übung wird die Choreografie fast automatisch getanzt. Beim Tanzen fühlt man Rhythmus und Takt und lässt Musik und Körper miteinander verschmelzen. Außerdem begreift man, was jeder von uns schon einmal gehört hat und keiner richtig erklären kann: den Unterschied zwischen Metrum, Takt und Rhythmus.

Das Metrum, auch Beat genannt, beschreibt den wiederkehrenden und gleichmäßigen Schlag eines Liedes und ist quasi der Puls der Musik. Meine Schwester, eine ausgezeichnete Klavierspielerin, benutzt auch heute in ihren Klavierübungen manchmal ein Metronom, ein mechanisches Gerät, bei dem Gewichte auf einer Feder regelmäßige Schläge vorgeben. Von Takt sprechen wir, sobald beim Metrum bestimmte Schläge regelmäßig betont werden. Das kennen wir aus der Popmusik, die meist auf einem Viervierteltakt basiert. Hier bilden vier Schläge einen Takt, der erste, manchmal auch der dritte werden dabei stärker betont, wobei der dritte dann schwächer als der erste hervorgehoben wird. Der Takt gliedert also unseren Grundbeat in bestimmte Einheiten. Eine weitere bekannte Taktart ist der Dreivierteltakt, den wir zum Beispiel im Wiener Walzer finden. Wenn Töne eines Lieds nicht genau auf die Schläge des Metrums fallen, sprechen wir von Rhythmus. Jeder Tanz hat dabei seinen eigenen Rhythmus, auch wenn sie im selben Takt gespielt werden. Rumba und Cha-Cha-Cha werden beispielsweise beide im Viervierteltakt gespielt, ihr Rhythmus ist allerdings völlig verschieden.

Mit dem Lied *Jetzt fahr'n wir übern See* kann man Kinder spielerisch an Metrum, Takt, Rhythmus und das gezielte Einsetzen von Pausen heranführen. Hier wird beim Singen die letzte Silbe des Verses ausgelassen, wobei der Takt der Musik weiterläuft. Wer dann nicht im Stillen mitzählt, sondern lauthals weitersingt, scheidet aus dem Chor aus. So kann der Rhythmus eines Liedes also auch festlegen, dass einen Moment lang gar keine Musik zu hören ist.

Beim Tanzen begegnet uns auch der Begriff »Phrase«. Eine Phrasierung beschreibt kleine Sinneinheiten innerhalb der Melodie eines Lieds und kann über zwei, vier oder acht Takte gehen. Wenn die Choreografie mit den Phrasen zusammenpasst, eine Figur mit dem Ende einer Phrasierung also abgeschlossen wird und eine neue Figur mit der nächsten Phrase beginnt, empfinden wir das Tanzen als besonders schön und harmonisch.

Wer den Takt in Songs nicht leicht hört, könnte einen Discofox-Kurs besuchen. Der Discofox hat leichte Tanzschritte, er besteht aus zwei getanzten Schritten und einem Tap. Außerdem beginnt er immer mit demselben Fuß und wird »nicht« im Takt getanzt. Was bedeutet das nun? Dieser Tanz wird zu einem 4/4-Takt getanzt, obwohl der Grundschritt nur drei Schritte umfasst. Streng genommen wäre man also nach dem ersten Grundschritt nicht mehr im Takt. Beim Disofox kann man aber jederzeit in der Musik starten, da dieser Tanzschritt nur auf den Beat, aber nicht im Takt getanzt wird. Hauptsache man bleibt im Grundrhythmus der Musik. Also einfach im Lied beginnen und so richtig schön herumwirbeln. Viel Spaß!

98. Grund

Weil man von Tänzern im Alltag lernen kann

Mein Auto ist kaputtgegangen. Ich stand irgendwo auf dem mittleren Ring in München, hinter mir eine Horde hupender Blödmänner, die mir nicht halfen, sondern den Vogel zeigten. An dieser Stelle muss ich erwähnen, dass ich zu den (sehr) emotionalen Menschen gehöre. Ruhe bewahren gehört nicht immer zu meinen Stärken. Aber genau das können wir uns von Tänzern abschauen. Bleiben Sie cool, bewahren Sie Ruhe. Egal, ob Ihr Auto in der unmöglichsten Situation kaputt ist, ob Sie zu spät zum Meeting kommen oder Ihr Hund die weiße Hose der unbeliebtesten Nachbarin im Ort beschmutzt.

Bleiben Sie in diesen Momenten auf Kurs. Jeder darf die Kontrolle verlieren. Aber das Entscheidende ist, wie Sie damit umgehen.

Sehen Sie sich Videos von Tänzern an, die ausrutschen oder einen kurzen Blackout haben. Profitänzer brechen nie ab! Sie machen weiter. Jeder darf Fehler machen, jedem passieren blöde Dinge. Aber verlieren Sie nicht die Fassung, bleiben Sie ruhig und cool. Das Selbstvertrauen und die Lockerheit dazu haben Sie in Grund 17 gelernt. Geduld bewahren, in allen Situationen. Egal, ob Sie etwas dringend haben möchten oder neu lernen. Tänzer arbeiten hart an sich, jeden Tag. Sie müssen sich Ruhephasen gönnen und mit Verstand den Körper zu Höchstleistungen bringen. Wer hier nur schnell Erfolg haben möchte, wird sich selbst überholen und stolpern. Affentempo bringt Sie nicht zum Ziel. Geben Sie sich Zeit, schauen Sie sich Geduld und Gelassenheit von den Profis ab. Nehmen Sie Momente, in denen etwas schiefläuft, nicht zu wichtig. Tänzer, die ausrutschen, müssen trotzdem die Vorstellung weitertanzen. Da hilft es nicht, böse auf sich selbst zu sein oder die Fehler bei anderen zu suchen. Bewahren Sie Ihre Fassung, und seien Sie nicht nachtragend.

P.S.: Beim Verfassen dieses Grundes gab mir die Waschmaschine zu erkennen, sie sei jetzt fertig und ich möge doch bitte die Wäsche aufhängen. Ich stehe auf und bleibe an meinem Laptopkabel hängen, welches den Überraschungskuchen, den ich für meinen Bruder gebacken habe, auf den Boden befördert. Ich kann nicht sonderlich gut backen und habe mir Mühe dabei gegeben. Frustration also vorprogrammiert. Der liebe Tanzgott hat sich wohl gedacht, dass ich meine Coolness jetzt gleich unter Beweis stellen darf. Wie gesagt, manches passiert einfach. Also nicht lange aufregen, sauber machen, Krone richten, neu backen. Manchmal kann man nichts als weitermachen.

99. Grund

Weil es Methoden gegen Muskelkater gibt

Wir kennen ihn alle. Mal ist er so heftig, dass wir nicht aus dem Bett kommen, mal ziept er mehrere Tage unangenehm an der absurdesten Stelle. Der gute alte Muskelkater. Manche Leute sagen, man soll am nächsten Tag sofort weitermachen, andere sind der Meinung, Ruhe sei dann das Richtige für den Körper. Doch was genau ist Muskelkater eigentlich?

Es handelt sich dabei um feinste Mikroverletzungen in den Muskelfasern (anatomische Grundeinheit des Muskels), Risse in den sogenannten Z-Scheiben der Sarkomere. Bei ungewohnten Bewegungen, nach längeren Pausen oder Aktivitäten, die den Muskel überlasten, werden die einzelnen Sarkomere (kleinste Untereinheit dieser fadenartigen Struktur) innerhalb einer Muskelfaser unterschiedlich gefordert. Schwächere Sarkomere können dabei durch die Überdehnung reißen. Die Mikroverletzung entsteht bereits während der Belastung, den Schmerz spürt man erst später, wenn der Druck im Gewebe ansteigt und die Schmerzrezeptoren gereizt werden. Nach einem Muskelkater, der übrigens keine bleibenden Schäden hinterlässt, wird der Muskel stärker und belastbarer.

Wer also nach dem Training Muskelkater verspürt, kann folgende Tipps beachten:

- Entspannung im Schaumbad
- Wohlige Wärme in der Sauna
- Sanftes Einreiben mit Arnika oder Franzbranntwein
- Vorsichtiges Dehnen
- Wechselduschen
- Leichtes Training
- Sich auslaufen

Tiefe Massagen bringen hier nichts und können den mechanischen Schmerz sogar noch verschlimmern.

Das Trainingsziel sollte nie der Muskelkater sein. Klar, man ist stolz, den Körper zu spüren, fleißig etwas geleistet zu haben. Doch wenn Körperpartien schon schmerzen, ist es nicht ratsam, »darüber hinwegzutrainieren«. Außer Schmerzen bringt es nichts. Lieber am Tag danach ein Päuschen machen oder mit geringer Intensität weitermachen. Das beschleunigt den Reparationsvorgang, fördert die Durchblutung und sorgt für Spannungsabbau.

100. Grund

Weil man in Bildern denkt

Es gibt auditive, kinästhetische und visuelle Menschen, wobei jeder von uns in unterschiedlichem Maße auf alle Merkmale anspringt. Gerade diejenigen, die nicht in Wort oder Zahl, sondern visuell-räumlich beheimatet sind, sind in der Bildsprache des Tanzes gut aufgehoben. Die Statistiker können neben den Grafikern hier selbstverständlich auch dazulernen, die rechte Hirnhälfte, die für visuelles Denken zuständig ist, kann und sollte bei jedem Menschen trainiert werden. (Die kinästhetischen Menschen lieben das Tanzen ohnehin, sie setzen mit Gefühl den gesamten Körper ein und erlangen über Bewegung Zugang zu ihm.)

Im Tanzunterricht muss genau erklärt werden, was der Schüler zu tun hat. Es gibt aber Menschen, die wenig mit Wort, aber sehr viel mit Vorstellung anfangen können. Also versuchen Tanzlehrer mit präzisen Bildern verständlich zu formulieren, was vom Schüler erwartet wird. Die Wortsprache in Bildsprache umzusetzen ist manchmal nicht leicht, da man das richtige Bild wählen muss, das weder Emotionen noch falsche Interpretationen auslöst.

Oft sind es hochsensible Menschen, die in Bildern denken. Zu viele Eindrücke und Bewegungen können sie überfordern und zu einer Reizüberflutung führen. Sie sind aber auch sehr fantasievoll und kreativ. Für Tanzschüler kann es spannend sein, die verschiedenen Denktypen und Erklärungsmethoden kennenzulernen. Wir alle können von visuell begabten Menschen lernen, Kinder genauso wie Erwachsene. Außerdem machen Bilderklärungen den Unterricht spannend, bieten kreative Erläuterungen und sind alles andere als langweilig. Bilder bieten ein pädagogisches Werkzeug, bei dem man aber im Gebrauch gut aufpassen muss, da jeder ein anderes Bild im Kopf hat, wenn eine Erklärung auf diese Weise dargestellt wird. So erzählte mir eine Dozentin, wie sie bei der Wahl eines Bildes danebengegriffen hat. Sie wollte mit »ein kleines Männchen zieht den Bauchnabel nach innen und oben« vermutlich an einer aufrechten Körperhaltung arbeiten. Eine Kursteilnehmerin brach plötzlich in Tränen aus, da sie vor wenigen Wochen ihr Kind verloren hatte. Die Problematik an dem Bild ist verständlich, konnte von der Dozentin aber nicht geahnt werden. Die Aufgabe des Tanzlehrers ist also nicht immer einfach, wenn er versucht, für jeden Tänzer die passende Erklärungsmethode zu finden.

Bilder, die sich in den Tanzstunden für jeden hilfreich erwiesen haben, sind beispielsweise folgende:

»Eine Schnur läuft durch den Rücken und zieht uns hinauf.«

»Sitzbeinhöcker in Richtung Boden.« Dieses Bild wirkt einem Hohlkreuz entgegen und hilft bei der Aufrichtung des Beckens. Dabei auf den Gegenpol der Bewegung achten: Der Kopf sollte mit dem Becken gemeinsam die leichte Einrollbewegung initiieren. So wird die gesamte Wirbelsäule aufgespannt, die Bewegung harmonisch verteilt und die Lendenwirbelsäule entlastet.

Zur Unterstützung von Hüftkreisen: »Rock soll schwingen.«

Weil man die neutrale Haltung entdeckt

Die meisten von uns wissen nicht, was die neutrale Haltung ist. Wir leiden unter Schulter- und Nackenschmerzen, beklagen uns über Kopfweh und ein schmerzendes Hohlkreuz und merken bei jedem Schritt, wie unsere Knie um Hilfe betteln. Dass dabei die neutrale Haltung eine große Rolle spielt, ist uns vielleicht schon als Kind verloren gegangen. Mit dem Bild »Bauch rein, Brust raus« soll uns ein Weg gezeigt werden, ein selbstbewusstes Auftreten zu zaubern. Aber unser Brustbein mag das gar nicht. Es möchte viel lieber mit den Rippen abhängen dürfen und sich freuen, dass der Atem so viel leichter fließen kann. Mir wurde in einer Tanzstunde das System der neutralen Körperhaltung anhand des »5-Kugel-Systems« erklärt, eine Erkenntnis, die man sowohl für den Tanz als auch im Alltag gebrauchen kann. Denn wer begriffen hat, wie dieser Aufbau in unserem Körper Leichtigkeit, Freiheit der Gelenke und Flexibilität erzeugen kann, wird seinen Bewegungen mehr Qualität und seinem Körper Erholung schenken.

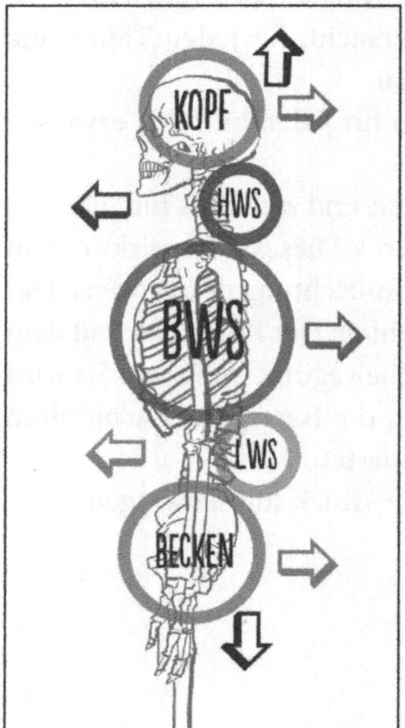

In dieser Grafik sind unsere fünf imaginären Kugeln gezeichnet. Sie zeigen die Kopfkugel, Kugel der Halswirbelsäule HWS, Kugel der Brustwirbelsäule BWS, Kugel der Lendenwirbelsäule LWS und die Beckenkugel. Die Pfeile sind unsere Schubrichtungen, durch die wir

Stabilität und die Freiheit unserer Gelenke erzielen. Wichtig ist, dass es sich um einen Schub, nicht aber um einen Zug in die entsprechende Richtung handelt. Merken Sie schon einen Unterschied? Das Bild unserer Kopfkugel, die nach hinten gezogen wird, führt schon beim Lesen zu einem beklemmenden Gefühl, es kann dadurch zur Überstreckung kommen. Ein sanfter Schub hingegen erzeugt die gewünschte Länge, die wir für die neutrale Haltung, von der aus alle Bewegungen starten, brauchen. Die S-Form der Wirbelsäule wird dabei nicht verändert, sie ist die natürliche Ausrichtung unseres Skeletts.

Unsere Kopfkugel erfährt also einen leichten Schub nach hinten, während die Halswirbelsäule als Gegenspieler fungiert und leicht nach vorne ausgerichtet ist. Schon die Erkenntnis über diese beiden Körperpartien hat bei mir damals zu einem völlig anderen Körperbewusstsein geführt. Die Brustwirbelsäule wird demnach etwas nach hinten, die Lendenwirbelsäule nach vorne und die Beckenkugel zurückgeschoben. Et voilà. Die neutrale Körperhaltung besteht aus einem Bausteinsystem von fünf übereinander ausbalancierten Kugeln, die dafür sorgen, dass sich unser Körper natürlich und unverkrampft aufrichtet, sich sogar unser Herz öffnet. Wer seinem Brustbein erlaubt, durch den sanften Schub nach hinten gleichzeitig auch mal hängen zu dürfen, wird mit der Zeit spüren, wie auch das Gesicht weich wird. Unser Atem kann fließen, und wir werden anders von unserer Umwelt wahrgenommen.

Unsere Beckenkugel ist eine besondere. Sie wird nicht nur nach hinten, sondern auch nach unten geschoben. Die Vorstellung, dass sie mit dem Boden verbunden ist und dabei auch noch etwas Gewicht hat, kann uns helfen, die Füße auf dem Boden zu spüren, sich zu erden. Die Sitzbeinhöcker werden in Richtung Boden geschoben, während man beiden Fußsohlen Aufmerksamkeit schenkt. Das Bild, dass die Füße mit dem Boden verwurzelt sind, kann hier für Stabilität sorgen. In unserer Erziehung lernen wir, unser Becken anzuspannen. Doch wer dieser Körperpartie erlaubt, rund zu werden, loszulassen, die Spannung aus dem Blasenmuskel und dem Anus herauszunehmen (ja, es ist schwer, aber man wird sich nicht in die Hose machen), spürt plötzlich, was ein entspannter Körper bedeuten kann.

Unser Kopf schwebt wie ein Ballon (im Gegensatz zum schweren Becken) leicht und entspannt in Richtung hinten und nach oben.

Es ist anfangs sehr schwer, sich die Kugeln mit ihren Schubrichtungen immer wieder ins Bewusstsein zu rufen. Besonders, da der Kopf und das Becken zu ihrer »Hauptrichtung« auch noch nach oben und unten ausgerichtet sind (in der Abbildung oben mit schwarzen Pfeilen gekennzeichnet). Außerdem ist zu beachten, dass die gegengleichen Pfeile immer weiter gehen, um Weite und Raum der Kugeln zu schaffen. Andernfalls würde beispielsweise das Brustbein einfach nach innen fallen, was die Atmung und Körperhaltung beeinträchtigt und für einen Quetscheffekt sorgen würde. Das Brustbein darf also hängen, während der obere Rücken nach hinten geschoben wird und durch die Aufrichtung des Kopfes Länge gewinnt. Wem das zu kompliziert ist (zugegeben, es sind viele Pfeile, aber es ist höchst wirksam), der wirft einen Blick auf die untere Grafik im »Streberzusatz«.

Da kann einem vor lauter Bewusstseinserweiterung schon einmal schwindelig werden. Aber es lohnt sich sehr, einen genauen Blick auf unsere neutrale Haltung zu werfen.

Beim Tanzen verändert sich die Wirbelsäule ständig in ihrer Position, Statik und Form. Damit die dynamischen dreidimensionalen Bewegungen im Raum, oft in Kombination aus Beugung, Streckung, Seitneigung und Rotation harmonisch sind, braucht der Tänzer enorme Stärke und Flexibilität der Muskeln, Gelenke und eine gute Balance. Die Wirbelsäule ist wie eine Mittelachse im Körper und hat in ihrer Doppel-S-Form unser Kugelsystem. Aus der neutralen Ausgangsstellung, der Neutral-Null-Position, werden dann alle Bewegungen abgeleitet: Aufrechter Stand, die Füße stehen parallel nach vorne, die Arme hängen entspannt seitlich am Körper herunter, Daumen nach außen, die Finger sind gestreckt.

Mit der richtigen Platzierung des Körpers erreicht der Tänzer die Offenheit des Brustkorbs, Körperlänge (besonders im Rücken und den Beinen) und ein Gespür dafür, aus jeder Position die stabile Mitte wiederzuerlangen.

Kleiner Streberzusatz: Gerne wird dabei auch mit dem Bild einer »offenen Acht« gearbeitet. Man stelle sich eine Linie vor, die das Brustbein und die Rippen nach unten zeichnet, über die geraden Bauchmuskeln durch den Bauchnabel (durch den Körper hindurch) geht und an der oberen Lendenwirbelsäule wieder herauskommt. Dies erzeugt einen Schub gegen das Hohlkreuz. Von hier zeichnen wir die Linie am Becken entlang, unsere Acht geht durch den Beckenboden wieder in Richtung Bauchmuskeln, diesmal unsere unteren langen. Die Linie nimmt ihren Weg erneut durch den Bauchnabel in Richtung »BH-Verschluss« und zieht über die Rückenstrecker schräg vor. So erhalten wir das Bild der »offenen Acht«, welche mit ihren Schubrichtungen das 5-Kugel-System perfekt ergänzt. Cool, oder?

Wer sich hier weiter schlaumachen möchte, sollte sich ein Seminar bei Körperbewegt (vormals Performdance, www.koerperbewegt.com) in Linz durch den Kopf gehen lassen. Tolle Dozenten vermitteln hier mit einer Menge Ahnung, was die neutrale Haltung alles so kann. Oder Sie fragen Ihren Tanzlehrer, der bestimmt auch gerne informiert.

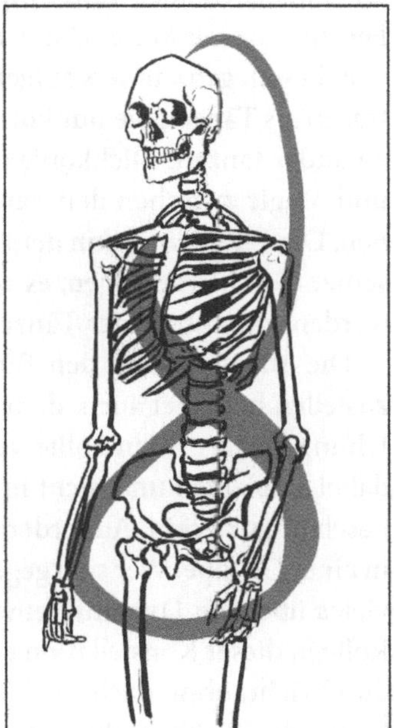

Weil man Blickkontakt aushält

Beim Tanzen lernt man Blickkontakt herzustellen und auszuhalten. Viele Menschen fühlen sich unwohl, wenn sie einem Blick standhalten sollen, sie sehen sofort auf den Boden oder weg. Es fällt uns schwer, jemanden wirklich anzuschauen, ihn wahrzunehmen und nicht nur das zu interpretieren, was wir glauben zu sehen.

Beim Tanzen werden Blicke bewusst eingesetzt, um mit ihnen eine Geschichte zu erzählen. Da umkreist man sich in Kampftänzen, wer wegschaut, verliert. Da spielt man mit der Mimik und den Augen beim Tango oder führt eine Bewegung durch den Raum, die beim Partner mit Augenkontakt aufgefangen wird. Durch Blickkontakt entstehen auch Tanz-Improvisationen, die Augen werden zum Fenster unserer Seele. Und wer seine Seele dem Partner zeigt, wird von diesem ganz anders aufgefangen und durch die Choreografie getragen als Tänzer, die nur körperlich anwesend sind, aber nicht miteinander tanzen. Blickkontakt hält uns wach, er erzeugt Spannung und Magie zwischen den Tänzern. Genauso wie bewusstes Wegsehen. Das Publikum kann dem Tänzer plötzlich viel aufmerksamer in seiner Geschichte folgen, es versteht mit einem Mal, was vermittelt werden soll, sobald der Tänzer bewusst seine Blicke einsetzt.

Die Augen sind für den Tänzer enorm wichtig. Blickkontakt herzustellen bedeutet auch, dem Dozenten zu folgen, während er eine Übung erklärt. Man sollte versuchen, jeden Input aufzunehmen, dabei zu bleiben und nicht in sich gekehrt oder mit etwas anderem beschäftigt zu sein. Außerdem schult Blickkontakt das Miteinander in einer Gruppe. Wer sich gegenseitig ansieht und wahrnimmt, wird vieles über die Dynamik einer Gruppe erfahren und seine eigene Rolle in dieser Konstellation einnehmen. Wer stur sein eigenes Ding durchzieht, ohne nach links oder rechts zu sehen, wird nicht weit kommen. Blickkontakt bedeutet, sein Gegenüber wahrzunehmen, den eigenen Standpunkt mutig zu zeigen, den des anderen zu akzeptieren. Er bedeutet auch, dass man zu sich steht, sich nicht verstecken muss. Wer die Kontrolle über seinen Blick hat, lernt zu flirten, lernt, sich zu behaupten. Und entdeckt dabei vielleicht sogar Dinge beim Partner, die ihm noch nie aufgefallen sind. Außerdem schafft Blickkontakt Vertrauen, wer nicht wegsieht offenbart sich dem Gegenüber und zeigt: »Ich habe nichts zu verbergen.« Gerade Pokerspieler wissen haargenau, wie viel ihre Augen verraten können, und setzen daher, ähnlich wie ein Tänzer, ihre Blicke ganz bewusst ein. Manchmal tragen sie sogar Sonnenbrillen, um dem Gegenüber nicht zu viel über ihre Gefühlslage preiszugeben. Welche große Rolle unsere Augen spielen, wird hierbei ganz deutlich. Und wer beim Tanzen einen ehrlichen Blickkontakt herstellen kann, schafft so beim Partner ein gutes Gefühl und schenkt seinem Tanzstil eine wunderschöne, feine Qualität. Eine Fähigkeit, die auch im Alltag sehr vorteilhaft sein kann.

103. Grund

Weil man Dynamik in der Gruppe erfährt

Man ist nur so stark wie das schwächste Mitglied einer Gruppe, das gilt auch beim Tanzen. Wer den DSDS-Publikumsliebling Menderes kennt, hat ihn 2016 eventuell auch bei der RTL-Show *Dance Dance Dance* verfolgen können. Er tanzte mit Profitänzern eine Michael-Jackson-Nummer und war dabei leider so gut wie nie im richtigen Timing. Etwas zu schnell, falsche Drehung, kurzes Blackout oder zu langsam. Und dennoch wurde der Auftritt von Publikum und Jury gefeiert, er tanzte im Übrigen auch sehr gut, nur eben nicht immer an der richtigen Stelle. Was auffiel: Der Support seiner Backgroundtänzer passte sich Menderes sofort auf der Bühne an. Sie verlangsamten oder beschleunigten die Choreografie an den Stellen, so gut es ihnen möglich war. Ohne Absprache, jeder von ihnen. Menderes muss wirklich sehr gemocht worden sein. Und er konnte seinem Team vertrauen. Man beginnt eine Choreografie gemeinsam und beendet sie auch als Gruppe.

Tanzen erzeugt eine Dynamik in der kompletten Mannschaft, die Bewegung im gemeinsamen Rhythmus fördert auch in der Gruppe gemeinsam zu handeln. Nicht umsonst wurde schon damals durch die Entwicklung der Zivilisation Gruppendynamik begünstigt:

Allianzen wurden geschmiedet, um sich für die Jagd zu stählen und sich auf diese Weise gegenseitig aufzuputschen.

»Alle für einen, einer für alle« – das gilt auch fürs Tanzen.

Welche Kraft der Rhythmus einer Gruppe erzeugen kann, sieht man auch auf Konzerten oder Festivals. Der Moment, in dem alle zusammen ihre Handytaschenlampen anschalten, mitsingen und sich der Bewegung der Masse hingeben. Eine große Menschengruppe, die einfach nur mitwiegt, im selben Timing, mit demselben Herzschlag.

Auch auf Seminaren, welche spirituell angelegt sind und dem »Freimachen des Kopfes« dienen, erlebt man die Urkraft von Rhythmus in einer Gruppe. Die Bilder von Körpern, die sich wie von selbst im Einklang mit den anderen Tänzern bewegen, kennen wir alle. Eine Gruppe, die gemeinsam ihre kreativen Ressourcen ausschöpft und tiefe Entspannung sucht.

Es ist schon erstaunlich, wie Gruppendynamik wirken kann. Alleine geht man nicht zum Sport, in der Gruppe gerne. Alleine sehen manche Bewegungen der Choreografie seltsam und verloren aus; werden sie von mehreren Tänzern ausgeführt, prasselt eine geballte Ladung Power auf uns ein. Gruppendynamik entsteht auch durch gemeinsames Erarbeiten einer Aufgabe, ein tänzerisches Miteinander erfordert Kooperation der Tänzer untereinander. Erfolg wird durch gemeinsames Handeln möglich, steigert die Sozialkompetenz und hilft jedem Einzelnen, sich mit einer Gruppe zu identifizieren. Mitreißende Musik und Tänzer, die Spaß haben – Teil einer starken

Gruppendynamik zu sein, kann sehr befreiend wirken. Es regt die Kommunikation der Tänzer untereinander an und steigert nebenbei das Können jedes Einzelnen. Außerdem hilft es uns, Aufregung zu bewältigen. Wer sich alleine dem Publikum stellt, spürt nicht den Support der Gruppe, die einen fast mühelos durch den Tanz trägt.

Die Macht des Gemeinschaftsgefühls kennen wir noch aus Schulzeiten, in denen man immer zu zweit zum Kopierer rennen wollte und im Team zum Lehrer gegangen ist, wenn es Ungerechtigkeiten gab. Die Dynamik einer Gruppe kann Wunder bewirken. Sie hilft, souverän aufzutreten, gestärkt aus Aufgaben herauszugehen und Teil eines Zahnrades zu werden, in dem jeder einzelne Part wichtig ist und nur gemeinsam funktioniert.

Natürlich ist es auch schön, solo zu tanzen. Doch die Power einer Tanzgruppe sollte jeder von uns einmal gespürt haben. Wie ein Wasserfall, dessen einzelner Tropfen wir sind, kann diese Energie den Zuschauer zum Staunen bringen. Und diese Dynamik und Energie sind ein sehr erhabenes Gefühl.

11. Kapitel

Keine Hemmungen vorm Tanzen

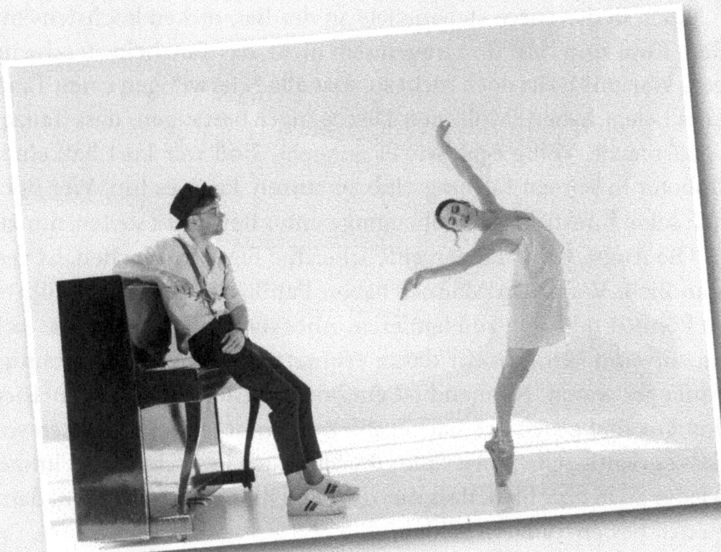

104. Grund

Weil niemand bewertet

Jeder tanzt für sich selbst, niemand bewertet uns im Hobbybereich. Man muss sich keiner Jury stellen, die Höchstleistungen erwartet. Meistens sind wir selbst unsere größten Kritiker, dabei dient Tanzen in erster Linie dem Spaß und dem Vertrautwerden mit dem eigenen Körper. Keiner hält dabei ein Schild mit einer Minusziffer hoch!

Auch in der Disco stehen viele an der Bar, nicken höchstens mit dem Kopf zum Beat und trauen sich nicht, das Tanzbein zu schwingen. Warum? Es ist doch nicht so, dass alle Feierwütigen einen Tanzkurs belegt haben. Millionen Discogänger bestätigen, dass Tanzen Spaß macht. Völlig egal, wie es aussieht. Und wer Lust hat, einen Roboter in seinem Lieblingsclub zu tanzen, kann es tun. Wer Bock hat, seine Künste im »Headbanging« unter Beweis zu stellen, nur zu.

Die Angst, beim Tanzen eine schlechte Figur zu machen, ist verständlich. Vor allem Männer haben Panik, die Frau nicht führen zu können und sich zu blamieren. Aber die Wahrheit ist, dass sich irgendwann keiner mehr daran erinnert, dass wir alle mal blutige Anfänger waren. Niemand ist ein hoffnungsloser Fall, die meisten von uns sind gleich normal begabt. Es kommt tatsächlich selten vor, dass es richtig schwierige Fälle gibt. Und auch in solchen ist es immer wieder zu beobachten, dass die, die den Durchbruch schaffen, dann zu den besten Tänzern zählen.

Mir begegnen als Tanzpädagogin oft Fälle (egal ob Kind oder Erwachsener), in denen sich der Teilnehmer schüchtern in die letzte Reihe stellt. Er hat Angst, jemandem im Weg zu stehen, traut sich nicht, die Schritte groß zu tanzen, und bewertet jeden seiner »Fehler« sofort. Da wird dann der Kopf geschüttelt, sich selbst ausgelacht oder verbissen weitergeübt. Aber warum? Haben wir nicht schon genug Stress in unserem Leben? Muss ein Hobby auch noch leistungsorientiert sein? Mit der Zeit tauen diese Tänzer immer mehr auf, da wird dann auch einmal etwas nachgefragt, einfach aus Neugierde. Ja, man darf gerne besser werden wollen, man sollte dranbleiben, um etwas zu erreichen, aber es sollte niemand aus Angst, ausgelacht oder bewertet zu werden, Hemmungen vorm Tanzen entwickeln. Das Bewertetwerden darf den Profis überlassen werden, das Spaßhaben ist Ihr Job!

105. Grund

Weil der Haushalt leichter wird

»Das bisschen Haushalt macht sich von allein, sagt mein Mann.« Ja, wie gerne würde ich an dieser Stelle behaupten, dass sich der Haushalt von allein macht. Aber er ist nun einmal anstrengend, jede Hausfrau kann wie Johanna von Koczian ein Lied davon singen. Jeder Hausmann im Übrigen auch. Man hat eine ganze Menge zu tun, wenn es darum geht, ein Haus mit all seinen Aufgaben instand zu halten. Wenn dann noch Kinder und Haustiere dazukommen, kann man schon täglich ein paar Stunden mit Kochen, Putzen und Waschen verbringen. Und dass das anstrengend und sogar Kalorien verbrennend ist, wissen wir auch.

Ich möchte nun auf ein Video von YouTuberin »mirellativegal« hinweisen, in welchem sie, mit ihrem Staubsauger tanzend, das Angenehme mit der häuslichen Pflicht verbindet. Ja, sie tanzt durch das Zimmer, singt und putzt sich fröhlich bewegend und voller Elan durch ihre Bude. Mir ist klar, dass man manchmal Berge an Wäsche und Geschirr bewältigen muss und einem dabei ganz und gar nicht nach Tanzen zumute ist. Aber wer gut gelaunt und mit Spaß seine Aufgaben angeht, wird zum einen viel schneller fertig werden und merkt zum anderen überhaupt nicht, dass er gerade eine unangenehme Tätigkeit ausübt. Musik an, die Hüfte schwingen lassen, und schwups ist es schon nur noch halb so schlimm. Dass dabei noch mehr Kalorien verbrannt werden, weil »House-Care« plötzlich zu einem Tanzwork-out wird, ist ein herrlicher Nebeneffekt. Am Ende des Tages hat man eine saubere Wohnung und einen knackigen Hintern.

Ein Grund, den man vermutlich nicht immer umsetzen kann, aber doch das eine oder andere Mal den bitteren Geschmack von Aufräumen-Müssen versüßt. Der Staubsauger wird sich freuen, endlich einmal den Tanzpartner geben zu dürfen, mit dem Schwamm hat man ein herrliches Tanzrequisit, und der Kochlöffel dient dem Tänzer als Mikrofon, das die Bewegungen als Hilfsmittel unterstützt.

Wer so seinen häuslichen Pflichten nachkommt, wird garantiert von seinen Kindern Hilfe beim Aufräumen bekommen. Denn so macht es einfach Spaß. Möglicherweise denkt sich der Hund allerdings auch, dass Sie nun völlig übergeschnappt sind.

106. Grund

Weil es eine Lebenseinstellung ist

Tanzen ist eine Lebenseinstellung. Es ist ein Gefühl, das man als Tänzer verinnerlicht, der Rhythmus, der die Beine automatisch zum Wippen bringt, und die Freude, sich zu bewegen. Damit geht auch oft ein gewisser Lebensstil einher, der den Tänzer begleitet. Gesunde Ernährung und genügend Wasserzufuhr werden dabei oft zum Thema für Menschen mit Gespür für sich und den eigenen Körper. Sie wissen, was sie brauchen, sowohl im Sport als auch auf dem Speiseplan. Mal möchte der Körper gefordert werden, mal bevorzugt er weniger intensive Bewegungen. Nach der Tiefkühlpizza schmeckt plötzlich ein Apfel, und das Glas Wein am Abend genießt man nach einer Tanzstunde eventuell intensiver.

Wenn man kubanische Tänzer im Club fragte, ob sie sich als glückliche Menschen bezeichnen würden, wäre die Antwort vermutlich, ja. Man tanzt, man genießt das Leben.

Wenn man ein tanzendes Kind fragte, ob ihm Tanzen Spaß macht, sagt es wahrscheinlich, ja.

Genauso wie beim Balletttänzer, Yogaausführenden, Zumba-, Tango- oder Hip-Hop-Liebhaber. Es ist völlig egal, welcher Tanzstil dabei ausgeführt wird, es geht darum, dass es glücklich macht. Und Glück kann zu einem Lebensmotto werden; wen das Tanzen begleitet, den begleiten ein gesunder Körper und ein offener, freudiger Geist.

Die Bewegungen gehen dem Tänzer dabei irgendwann in Fleisch und Blut über, nicht selten habe ich schon Leute am Bahnhof gesehen, die aus dem Nichts heraus einen Tanzmove fabriziert haben. Manche sind danach erschrocken, andere haben es gar nicht gemerkt oder es als selbstverständlich empfunden. Für den Tänzer nimmt Bewegung einen sehr hohen Stellenwert im Leben ein, den er genauso wie Atmen, Gehen oder Sprechen in seinen Alltag integriert hat.

Für Menschen, die tanzen, wird es wichtig, sich regelmäßig zu bewegen. Sie üben dabei oft mehrere Tanzstile aus, wer Jazz Dance tanzt, besucht wahrscheinlich irgendwann auch Modern Dance oder eine andere Form der Sportart. Bewegung wird zum Lebensmotto, man möchte die Musik fühlen, oft und intensiv.

»Tanz und Rhythmus gehören zum Menschen wie die Sprache oder der aufrechte Gang. […] Es ist leicht zu erkennen, wie kulturübergreifend wichtig der Tanz für den Menschen ist.«[11] (Kognitionsforscher Tecumseh Fitch, Universität Wien)

Das Lebensmotto meines Großvaters war immer »Probieren muss man alles«. Mein Vater schrieb mir als Fünfjährige in mein Freundebuch: »Lebe wild und gefährlich und pass auf dich auf!« Meine Mama erklärte mir bei jeder Niederlage: »Wennst heiratest, ists vorbei.« (Wenn du heiratest, ist es vorbei, es tut, wenn du erwachsen bist, nicht mehr weh.) Was für andere Menschen nur Sprüche waren, war/ist bis heute für meine Familie eine Lebenseinstellung, ein Motto, an dem sie sich festhalten. Und all diese Sätze beeinflussten mich in meiner Art zu leben, sie begleiteten mich in meiner Neugier, die

Dinge anzugehen, und brachten mir meine heutige Einstellung zum Tanz. Probieren muss man alles – mein Opa meinte damit nicht nur Omas Essen, das wir zwar liebten, das aber manchmal auch von interessanten supergesunden Gemüsesorten begleitet wurde. Er erklärte mir, dass man im Leben alles ausprobieren muss, unbedingt auch aus der Komfortzone ausbrechen sollte, wenn man neue Erfahrungen machen möchte. So stand ich als Grundschülerin in Steppschuhen und zog mir als Teenager Spitzenschuhe an. Ich war aufgeregt, dachte, ich kann das nicht. Aber immer wieder waren da die Worte meines Großvaters, und so machte ich es mir zum Motto, auch im Tanzen neue Dinge auszuprobieren. Und dabei wild, gefährlich und mit Bedacht zu leben. Wie mein Papa nicht nur im Scherz zu sagen pflegt. Und wenn ich abends nach dem Training meine schmerzenden Füße und blauen Flecken betrachtete, war da nie der Gedanke, das Tanzen aus Bequemlichkeit aufzugeben. Im Gegenteil – es waren die Blessuren, auf die ich als Kind sehr stolz war und die mir zeigten, dass ich wild und gefährlich lebte. Und die bis zu meiner Hochzeit als Erwachsene längst wieder verschwunden sein würden.

All diese Gedanken prägen mich bis heute und sind für mich nicht nur im Tanz zur Lebenseinstellung geworden. Wenn es mir nicht gut geht, denke ich an Mamas Worte. Schmerz, sei er noch so groß, geht irgendwann wieder vorbei. Papa, der mir als Kindergartenkind geraten hat, das Risiko zu suchen und gleichzeitig auf mich aufzupassen. Mein Opa, der mir zeigte, dass das Leben bunt ist. Unser Leben ist ein Tanz durch die Welt, mal langsam, mal schnell, mal gegen den Rhythmus, mal in Einklang mit der Melodie. Wer sich dem Tanzen hingibt, wird verstehen, was ich meine. Es ist der Kick, den viele Menschen vergeblich in ihrem Leben suchen. Es ist dieses spezielle Gefühl der Zufriedenheit, wenn alle Probleme und Sorgen in den Hintergrund treten und es nur noch die Musik und den Körper gibt. Es ist eine Einstellung zum Leben, die ich wunderschön finde und die nichts mit Klischees wie »Yogis leben nur vegan« zu tun hat.

107. Grund

Weil man seine Mitmenschen motivieren kann

Begeisterungsfähige Menschen können ungeheuer ansteckend sein. Wer von etwas sehr überzeugt ist und Spaß an einer Sache hat, wird einem sogar einen Kühlschrank in Alaska verkaufen können. Und was macht am meisten Spaß, wenn einem jemand von seinen Problemen erzählt? Genau, im Idealfall für die Lösung verantwortlich zu sein. Jeder möchte einmal der Held sein, zu einer Person werden, mit der sich andere gerne unterhalten und wohlfühlen. Man möchte anderen neuen Input schenken, der Spaß macht und den Mitmenschen etwas »mitgibt«.

Menschen, die das Tanzen lieben, teilen mit jedem unheimlich freudig, wie wunderbar das Tanzen für sie ist. Sie lassen keine Möglichkeit aus, auf die gesundheitlichen Vorteile und die Kraft dieses Sports auf unsere Seele aufmerksam zu machen.

Da saßen wir bei meiner Oma und ihren betagten Freundinnen bei Kaffee und Kuchen, als meine Großmutter über Schmerzen im Knie klagte. Ihre Freundin wurde hellhörig und sprudelte sofort über ihre Dienstagnachmittag-Beschäftigung los. Ein sehr langes Gespräch über die Tanzstunden im Seniorentreff kam in Gang, sie genoss den Ansporn, der Runde zu beschreiben, was Tanzen für sie bedeutete. Als sie dann auch noch von Manfred, einem älteren Herrn, der ebenfalls mittlerweile verwitwet war, erzählte, war die Damenrunde ganz angetan.

Auch ich begeistere gerne Freunde und Familie für das Tanzen. Meinen jetzigen Freund, Hobbytänzer und Schauspieler, habe ich schon mit dem Gedanken angesteckt, öfter Choreografien in unsere Theaterstücke einfließen zu lassen, und auch meine Freundinnen teilen die Leidenschaft immer mehr. Da werden dann Tanzworkshops ausgesucht, die wir auch in anderen Städten besuchen und mit Erkundungstouren verbinden. Oder wir treffen uns spontan zur

Tanzstunde und genießen gemeinsam, uns zum Rhythmus auszupowern. Zu meinen Auftritten sind sie immer dabei und feuern an, sogar zu den Tanzmeisterschaften konnte ich auf den Support der Mädels und Familie zählen.

Und so motiviert auch mein Umfeld seine Liebsten, das Tanzbein zu schwingen und Körper und Geist fit zu tanzen. Die Geschichten, die wir erleben, setzen sich auf diese Weise fort und erreichen auch Menschen, die sich als Tanzmuffel oder unmusikalisch bezeichnen würden. Und auch diese Menschen kommen irgendwann nicht drum herum, wenigstens einmal mit der Gruppe mitzutanzen und sich ihr eigenes Urteil zu bilden. Wer dann dazu verführt wird und plötzlich auch vom Tanzfieber gepackt wird, macht uns Motivatoren eine sehr große Freude.

Und Motivatoren sind so wichtig! Manchmal braucht es jemanden von außen, der uns an der Hand nimmt und einfach mitzieht. Wir kennen alle den Moment, an dem der Kopf leer ist und man keine eigenen Entscheidungen mehr treffen kann. Ein Kollege erzählte mir, wie er zu seiner Frau sagte: »Inge, heute bist du der Chef, ich kann einfach nicht mehr denken.« Und Inge packte die Sportsachen ein, schnappte sich ihren Mann und ging mit ihm zum Kieser Training. Mein Kollege hätte das ohne seine Frau vermutlich niemals ausprobiert. Doch an diesem Tag fing er Feuer, seitdem motiviert auch er sein Umfeld, dieses Krafttraining wenigstens einmal auszuprobieren.

Es ist völlig egal, für was jemand brennt. Die Hauptsache ist doch, dass es begeisterungsfähige Menschen gibt, die uns ein bisschen was von ihrem Glitzerstaub abgeben möchten und damit vielleicht ja auch unser Leben ein Stück weit bereichern.

108. Grund

Weil man nun ein Hobby hat

Ein Hobby, das Sport und Kunst vereint? Es soll gesund sein, Spaß machen, auch für Anfänger geeignet, am liebsten sowohl in der Gruppe als auch spontan alleine. Puh, das sind aber eine Menge Anforderungen an ein Hobby. Ach so, am besten auch für Menschen, die nicht gerne Sport treiben. Und gefährlich soll es auch nicht sein.

Na dann ab in die nächste Tanzschule! Hobbys wie Musik hören, Chillen, sich mit Freunden treffen – na ja, ins Freundebuch haben wir vermutlich alle etwas in dieser Art geschrieben. Aber es gibt doch so viele aktive Hobbys. Fußball, Joggen, Wandern, Schwimmen und eben auch das Tanzen. Das, was wir als kleine Kinder schon regelmäßig gemacht haben und auf Pampers zu Papas Lieblingsmusik mitgewackelt haben. Und als Teenager die ersten zarten Bande in der Diskothek geknüpft haben, nervös, unsicher, aber tanzend und am Gegenüber festhaltend.

Es ist ein Hobby, das jedem etwas bietet. Zu jeder Musik und jedem Stil kann getanzt werden, schwere Choreografien, leichte Levels, mit dem Partner, in der Gruppe oder alleine. Wer den Fokus auf Abnehmen und Muskelaufbau legen möchte, muss nicht mehr ins stickige Fitnessstudio, um spaßlos Gewichte zu schieben. Auch für konzentrationsschwache, aufgedrehte Kinder bieten Tanzformen wie Streetdance, freies Tanzen oder Capoeira eine hervorragende Freizeitgestaltung.

Meine Mutter hat vor Kurzem endlich ihre ersten Steppschuhe bekommen. Immer war sie der Meinung, sie habe keine Zeit zum Tanzen, sie könne als Erwachsene nicht mehr damit anfangen, und überhaupt, Steppen sei viel zu schwierig für sie. Unser Nachbarsjunge, der immer nur lustlos im Hof am Handy herumhing und nicht so recht wusste, was er mit seiner Zeit anfangen sollte, besucht nun regelmäßig die Tanzstunden, zu denen seine Kumpels ihn mitgenommen haben. Meine Kollegin vom Theater schwört mittlerweile auf ihre Modern Dance Stunden, die sie beweglich halten und an ihrer Körperhaltung so einiges verändert haben. Jeder dieser Menschen hat das Tanzen für sich entdeckt und es als Hobby erklärt. Es sorgt für Spaß und wird niemals langweilig. Es inspiriert, macht kreativ und hilft, Gefühle und Gedanken zu sortieren und den Körper zu aktivieren. Menschen, die denken, talentfrei zu sein, werden beim Tanzen ebenso auf ihre Kosten kommen wie die Bewegungskünstler unter uns. Denn es macht jedem Spaß, und darauf kommt es an. Völlig egal, ob Frau, Mann, Kind, alt oder jung. Sogar Kakadus tanzen in ihrer Freizeit.

109. Grund

Weil man wieder Kind sein darf

Als Kind freute ich mich über Sternchen, Fleißbilder und Kommentare wie »Super!« unter meinen Hausaufgaben. In der Tanzstunde hüpfte ich vor Freude, wenn mir schwierige Schrittfolgen glückten oder ich ein positives Feedback der Lehrerin bekam. Als Kind hatte ich oft keine Vorstellung von Situationen und wie ich sie lösen könnte, ich versuchte es einfach, stolperte, stand wieder auf, immer und immer wieder, begleitet von meinem Ehrgeiz, das Ziel zu erreichen. In Tanzstunden war ich auch sehr oft beeindruckt, wenn mir jemand etwas vortanzte und es hieß, ich sollte das auch lernen. Mit dem Grundvertrauen eines Kindes glaubte ich daran, dass ich das schon irgendwie schaffen würde, egal, wie schwer die Choreografie auch war. Ich platzte vor Stolz, wenn es mir gelang, ich war neugierig, wie man den Körper in die Bewegungen bringen könnte, ich fragte viel nach, und es fühlte sich an, als würde ich etwas wie laufen lernen. So geht es mir immer noch, wenn ich mich mit Schrittfolgen schwertue, aber vom Ehrgeiz gepackt wurde. Kinder geben nie auf, sie lieben Herausforderungen. Tänzern geht es dabei nicht anders.

Begeisterungsfähigkeit, Lust auf Bewegung und Erlernen neuer Dinge sowie einen Hauch Naivität haben Tänzer und Kinder gemeinsam. Außerdem den Willen, etwas durchzuziehen. Egal, wie hart das Training sein mag, es wird nicht aufgegeben. Eine Tanzstunde ist dabei wie eine Verabredung mit Freunden auf dem Spielplatz. Man hat Spaß, lernt neue Dinge, kann sich auf dem Parkett austoben. Alles kann, nichts muss.

Als Teenager war es dann wichtig, die Tanzschritte nach einem Workshop oder einer erfolgreichen Tanzstunde der Familie zu zeigen. Alle mussten zuschauen. Genauso wie ich in der Grundschule vor Stolz platzte, wenn Erfolg gezeigt werden konnte, mochte ich damals allen offenbaren, was ich gelernt hatte. Tanzen bewahrt eine kindliche Art, an Dinge mit Leichtigkeit und Überzeugung heranzugehen, sich Situationen zu stellen und dabei Spaß am Lernen zu haben.

In vielen Tänzen kann man dabei in Rollen schlüpfen, jemand anderes sein, neue Welten erschaffen und sich seiner Fantasie hingeben. Genau das, was wir als Kinder mühelos schafften und als Erwachsene plötzlich verlieren, können wir hier wieder ausleben. Und das tut in einem stressigen Alltag so gut. Tanzschuhe an, schlechte Gedanken weg, einfach nur Spaß haben. Wann hat man das denn noch?

Leider beobachte ich immer mehr Erwachsene, die keinen Blick mehr für das Detail haben, die immer nur dem großen Ganzen hinterherlaufen, nicht im Moment leben und die Faszination für die besonderen Kleinigkeiten verloren haben. Wie wunderbar war es als Kind, wenn die erste Schneeflocke vom Himmel fiel! Wie sehr haben wir uns auf das komische Brennen in den Augen gefreut, wenn wir endlich im lang ersehnten Urlaub ins Meer gesprungen sind und im Salzwasser stundenlang getaucht sind. Ein Kinobesuch war etwas Besonderes, ein Happy Meal hat man sich mit Tischabräumen verdient, und die Tatsache, dass man sich mit der Schwester heimlich Plätzchen, die es erst zum ersten Advent gibt, stibitzt hat, war ein

Geheimnis, das man selbst unter Folter niemals erzählt hätte. Wir waren alle Kinder, wir waren alle in unserer eigenen großartigen Welt, die uns täglich zum Staunen gebracht hat. Und wir haben alle durch Stress, Verantwortung und Druck einen Teil unserer kindlichen Faszination verloren. Tanzen schenkt uns dabei die wunderbare Möglichkeit, sich diesen unverfälschten Blick ein Stückchen zurückzuholen. Viel lachen, Bewegungen genau unter die Lupe nehmen, ohne Peinlichkeit einfach mal etwas ausprobieren, den Moment bewusst wahrnehmen und genießen. Beginnen wir, wenigstens beim Tanzen wieder Kind zu sein, egal wie alt wir sind. Das tut so gut!

110. Grund

Weil es eine Sportart mit enormen Vorteilen ist (ein kleines Fazit)

Wir haben in unseren Gründen gelernt, dass Tanzen ein sehr vielfältiger Sport ist. Jeder liebt es, viele tun es, und es hat großen Einfluss auf unseren Körper und Geist. Es ist eine Sportart, die sogar Vorteile gegenüber anderen Sportarten hat und bei der man immer etwas Neues ausprobieren kann. Ob es anstrengend, ruhig, entspannt oder wild sein soll – Ihr Herz-Kreislauf-System wird ordentlich in Schwung gebracht und die Ausdauer gesteigert. Dabei bietet Tanzen den Vorteil, dass man eine aufrechte Haltung, eine gestärkte Wirbelsäule, weniger Rückenprobleme, Training des Gleichgewichts und der Koordination erzielt. Man hält sich beim Tanzen gerade und muss die Beweglichkeit auch mit exakten Bewegungen und Körperkontrolle kombinieren. Dadurch wird der gesamte Körper mit den unterschiedlichsten Muskelgruppen trainiert, nicht nur einige wenige Partien, wie es bei anderen Sportarten der Fall ist.

Auch für Schwangere bietet Tanzen eine sichere Möglichkeit, beweglich zu bleiben, die Muskeln zu stärken und Herz und Lunge zu trainieren. Oft bieten Tanzschulen sogar spezielle Tanzkurse für Schwangere an, bei denen auf Sprünge und ruckartige Bewegungen verzichtet wird. Das Ziel sollte dabei sein, fit zu bleiben und nicht durch besonders schwierige und anstrengende Übungen Fitness aufzubauen. Gerade für Frauen, die sich gerne auspowern und oft im Training ans Limit gehen, hilft Tanzen dem Körper (besonders in den ersten Schwangerschaftswochen), gezielt Bewegungen auszuführen und sich nicht zu überhitzen. So haben (gesunde!) Schwangere die Möglichkeit, gelenkschonend Sport zu treiben, aber gleichzeitig etwas Fahrt herauszunehmen. Denn nicht nur die hormonelle Umstellung während der Schwangerschaft macht manche Frauen anfälliger für Verletzungen.

Auch die körperlichen Veränderungen können mit wachsendem Babybauch zu starker Belastung des Rückens und der Hüftgelenke führen. Wichtig ist, sich vor dem Training gründlich aufzuwärmen, um den Körper auf die Anstrengung vorzubereiten. Andernfalls werden die Gelenke und Bänder zu sehr belastet, das Verletzungsrisiko steigt. Mit fortschreitender Schwangerschaft müssen die Tanzstunden weniger intensiv gestaltet werden. Tanzformen wie Hip-Hop, Street Dance, Ballett oder Stepptanz sollten vermieden werden, da die Bewegungen hier sehr ruckartig sind, Streckungen zu viel Druck auf die Gelenke, besonders im Beckenbereich, ausüben können und plötzliche Richtungsänderungen wie Drehungen zum Sturz durch Balanceverlust führen können. Standardtänze, Aerobic- oder Zumba-Tanzklassen eignen sich dagegen perfekt, um während dieser besonderen Zeit in Form zu bleiben. Auch Bauchtanz hilft, die Beckenmuskulatur zu stärken und den Rücken beweglich zu halten. Am besten informieren Sie Ihren Tanzlehrer, wie weit Sie gehen können, und hören während des Unterrichts genau auf Ihren Körper.

So ist die Gefahr, »falsche« Übungen auszuführen und zu übertreiben, gering. Also während des Tanzens immer die Intensität der Bewegungen an das eigene Wohlbefinden anpassen, damit Sie und das Baby genug Sauerstoff bekommen und gesund trainieren. Und bitte niemals in Haltungen hineinzwängen, wenn etwas wehtut oder nicht mehr so leicht auszuführen ist, die Übung etwas abändern oder auslassen. Außerdem ist es wichtig, genug zu essen und zu trinken, zwischendurch auch im Studio die Fenster zu öffnen. Bei Problemen mit dem Rücken oder dem Becken ist es empfehlenswert, einen Arzt zu Rate zu ziehen und es sanft angehen zu lassen. Mit diesen Sicherheitsmaßnahmen können Sie bei einer gesunden Schwangerschaft fast so tanzen, wie Sie es gewohnt sind, und weiterhin Spaß an dieser herrlichen Sportart behalten. Meine Tanzlehrerin unterrichtete sogar noch, als sie sich nicht mehr selbst die Schuhe binden konnte, weil der dicke Bauch im Weg war. Wir halfen ihr in ihre Ballettschläppchen und staunten nicht schlecht, wie geschmeidig und anmutig sie die Übungen vormachte.

Neben den Vorteilen in einer Schwangerschaft steigert Tanzen auch grundsätzlich die Leistung des Gehirns. Sowohl für die Damen, die ein Kind erwarten, als auch für alle anderen Tänzer. Die rechte Gehirnhälfte (zuständig für Kreativität) wird neben dem logischen Denken im Training sehr beansprucht. Das Lernen der verschiedenen Schrittfolgen, die Koordination mit den Bewegungen des Partners und das räumliche Vorstellungsvermögen werden in keiner anderen Sportart so gefördert wie beim (Paar-)Tanz.

Jeder von uns kann immer mit dem Tanzen beginnen. Es ist der ideale Sport für alle Altersklassen und Fitnesslevel. Man benötigt keinen großen Geldbeutel, um anzufangen, es ist keine teure Ausrüstung nötig. Wer sich nicht sicher ist, ob es wirklich die perfekte Sportart für einen ist, kann es einfach im Schnupperkurs oder Workshop ausprobieren. Oder man dreht die Musik daheim laut auf und beginnt im Wohnzimmer loszutanzen. Es ist eine der spontansten Sportarten der Welt, bei der man weder Vorkenntnisse noch Sprache braucht.

Vermutlich kennt das jeder von uns: Der Tag war anstrengend, Sie sind müde und mit dem Kopf schon halb auf der Couch. Vielleicht regnet es sogar, es ist kalt und schon dunkel. Keiner möchte hier noch joggen gehen. Der Gedanke, neben 100 anderen Menschen im Fitnessstudio zu stehen und monoton Gewichte zu heben, ist auch nicht gerade reizvoll, und so haben Sie den Gedanken an Sport schon fast wieder vertrieben. Wäre da nicht die Verabredung mit Freunden oder dem Partner, heute noch tanzen zu gehen. Eine solche Verpflichtung wirkt bei manchen Menschen Wunder. Sie haben selbst keine Lust, aber jemand anderen möchten Sie auch nicht enttäuschen und versetzen. Tanzen ist der ideale Sport für diejenigen, die gerne dem inneren Schweinehund nachgeben. So bekommen auch die Sportmuffel unter uns die nötige Bewegung und Fitness.

Wer nicht gerade spektakuläre Stunts oder halsbrecherische Breakdance-Moves ausprobieren möchte, kann sich beim Tango oder Cha-Cha-Cha ziemlich sicher fühlen. Tanzen ist für die Gelenke viel schonender als so manche Laufrunde, bei der sich ehrgeizige Jogger ohne Aufwärmung und Dehnen auf harten Untergründen wie Asphalt die Knie ruinieren. Also genießen Sie die geringere Verletzungsgefahr und zahlreichen Vorteile. Nichts wie ab in die nächste Tanzschule!

111. Grund

Weil es einfach wunderschön ist

Der Mensch ist ein Tänzer. Es fühlt sich zwar nicht jeder gleichermaßen dazu berufen, doch seit es den Menschen gibt, wird aus den unterschiedlichsten Gründen heraus getanzt.

Für mich ist Tanzen genauso wichtig wie Atmen. Es bietet die Möglichkeit, dem Alltag zu entfliehen, sich zu spüren und dem eigenen Körper zu vertrauen. Es schenkt wunderschöne Aspekte, lässt uns neugierig werden und Rhythmen, Bewegungen und Musik aus aller Welt erfahren. Man lernt viele unterschiedliche Menschen kennen, die alle ihre eigene Lebensgeschichte in ihre Bewegungen einfließen lassen. Es ist ein Lebensgefühl, aus dem neue Geschichten entstehen. Erlebnisse, die man für immer fest im Herzen behält, die einen zu dem machen, wer man heute ist.

Ich vergesse nie, wie stolz ich bei meinem ersten Tanzworkshop bei IWANSON in München auf jeden meiner blauen Flecken war. Wie ich mich im Unterricht schüchtern nach ganz hinten gestellt habe und am Schluss etwas vormachen durfte. Wie wir tagsüber in den Studios trainiert haben und nachts auf dem Boden auf Isomatte und Schlafsack dem Muskelkater entgegengefiebert haben. Die vielen Bananen, die überlebenswichtig wurden und mir zwischen den Einheiten den Allerwertesten gerettet haben. Oder wie man mich beim Vortanzen an der Akademie begutachtet hat, weil ich keinen Ballettanzug anhatte und mir mein Namensschild immer abfiel.

Seit meinen ersten Tanzschritten als Erstklässlerin habe ich noch zu manchen Leuten Kontakt. Zu anderen (leider) nicht mehr. Es sind Freundschaften entstanden und die Erkenntnis, welche Menschen mir guttun und welche nicht. Ich habe viele Tanzlehrer kennenlernen dürfen, jeder hat mich auf seine Art geprägt. Nicht nur im Finden des eigenen Tanzstils, sondern besonders in meiner Persönlichkeit. Und ich bin gespannt, wer mich noch alles beeinflussen und inspirieren wird, wer mir noch so viel Neues in diesem Bereich und fürs Leben beibringt. Man lernt nie aus, es gibt immer jemanden, der etwas Interessantes beisteuern kann.

Durch das Tanzen habe ich auch meine Leidenschaft für das Schauspiel entdeckt. Ich habe mich früher nie für die Theater-AG in der Schule begeistert, und wenn ich gesanglich erfahrener wäre, wäre ich Musical-Darstellerin geworden. Es gab für mich immer den Tanz, meinen treuen Begleiter, der über die Jahre hinweg für mich da war. Auch nach Verletzungen haben wir uns wieder angefreundet. Doch während meiner Ausbildung zur Bühnentänzerin wurde mir durch eine Schauspieldozentin bewusst, dass ich meinen Körper auch mit Wort und Sprache einsetzen möchte. Und so begann meine Ausbildung zur Schauspielerin, während ich Tanzpädagogik studierte und mich viele tolle Dozenten auf meinem Weg zur Künstlerin (oder was man darunter verstehen mag) begleitet haben.

Ich verdanke dem Tanzen eine ganze Menge. Es hilft mir, mich körperlich und seelisch in andere Charaktere zu verwandeln. Es ist meine Art, Gefühle zu sortieren und meinen Körper zu spüren, bei Anspannung, Freude, Unsicherheit und all den Facetten, die dazwischenliegen. Es ist wunderschön, Kindern und Erwachsenen das im Tanzunterricht beizubringen, was mich geprägt hat.

Ohne das Tanzen wäre ich nur eine Hülle. Es ist meine Art, in dieser verrückten, schnellen und wunderschönen Welt glücklich zu sein und auch meinem Beruf als Schauspielerin gerecht zu werden.

Danke!

Ich danke meiner Mama, die damals beim Kinderarzt den Flyer für das Tanzstudio Pöcking gefunden und mich ab da regelmäßig zum Tanzunterricht gebracht hat. Mein lieber Papa holte mich immer ab. Sie bezahlten die Schulen, unterstützen mich mit Rat und Tat und helfen mir, nicht aufzugeben. Es gibt Phasen, in denen auch das/der schönste Hobby/Beruf der Welt sehr deprimierend werden kann.

Danke an meine liebe Tanzlehrerin Doris, die während meiner Kinder- und Jugendzeit die tollste Dozentin war, die ich mir hätte wünschen können. Auch mein lieber Schatz verdient ein riesengroßes Dankeschön, das Buch wäre ohne seiner konstruktiven Kritik nicht das, was es jetzt ist (meine Nerven im Übrigen auch). Genauso wie die Dozenten, die mich bis jetzt begleitet haben, sowie Alexander Valcioiu, der mir das wunderschöne Bild zur Verfügung gestellt hat. Meinen Geschwistern, Freunden und Verwandten, die mich gern haben, wie ich bin – ich danke euch!

Vielen Dank an Herrn Brinkmann, der mich auf die Idee zu diesem Buch gebracht hat, und dem gesamten Team vom Schwarzkopf & Schwarzkopf Verlag, besonders Ulrike Bauer, Jana Moskito, Daniel Spitzer und Oliver Schwarzkopf.

Und zu guter Letzt: Vielen Dank an Sie, liebe Leser, Entschuldigung, liebe Tänzerinnen und Tänzer. Ich freue mich, dass wir nun dieselbe Leidenschaft teilen. Tanzen.

Quellenverzeichnis und Links

Grund 2: www.scinexx.de/news/biowissen/tanzen-liegt-menschen-im-blut/

Grund 4: www.entertainment.unitymedia.de/10-beste-tanzfilme-aller-zeiten/

Grund 5: www.bundesregierung.de/breg-de/aktuelles/kreativitaet-macht-kinder-stark-326570

Grund 6: www.heftig.de/move-it/

Grund 10: www.spiegel.de/wissenschaft/natur/verhaltensforschung-papageien-koennen-tanzen-a-622254.html
www.spiegel.de/wissenschaft/natur/tanzender-seeloewe-tiere-besitzen-gefuehl-fuer-rhythmus-a-953714.html

Grund 26: Liane Simmel: Tanzmedizin in der Praxis: Anatomie, Prävention, Trainingstipps. Henschel Verlag, 2009 (Seite 243)

Grund 27: www.m.spiegel.de/spiegel/evolutionsbiologie-warum-menschen-so-gerne-tanzen-a-1193003.html

Grund 28: www.spiegel.de/wissenschaft/mensch/kuenstler-talent-taenzer-sind-genetisch-anders-a-398870.html

Grund 29: Liane Simmel: Tanzmedizin in der Praxis: Anatomie, Prävention, Trainingstipps. Henschel Verlag, 2009 (Seiten 202-204)

Grund 32: www.medizinpopulaer.at/archiv/bewegung-fitness/details/article/tanzen-10-triftige-gruende-fuer-den-wiegeschritt.html

Grund 33/74: Die Foren werden nicht angegeben, um die beteiligten Personen zu schützen.

Grund 34: www.m.fitforfun.de/sport/fitness-studio/kalorienrechner_aid_2032.html
www.fid-gesundheitswissen.de/sportmedizin/tanzen/

Grund 37: www.freudentanz.net | www.kindertanz-muenchen.de/projekte/grenzen-los-tanzen.html

Grund 44: www.giessener-zeitung.de/wettenberg/beitrag/56462/tanzen-fuer-das-immunsystem/

Grund 45: www.eatsmarter.de/gesund-leben/fitness/tanz-dich-fit
www.m.brigitte.de/gesund/ernaehrung/ernaehrungs-wissen-so-sehen-200-kalorien-aus-10441586.html

Grund 48: Trudi Schoop: … komm und tanz mit mir! Hug & Co Verlag, 2016

Grund 49: www.netzathleten.de/fitness/richtig-trainieren/item/3264-mythos-hohlkreuz-runder-oder-gerader-ruecken-beim-krafttraining

Grund 53/55: www.m.spiegel.de/gesundheit/ernaehrung/wie-tanzen-als-medizin-wirkt-und-gluecklich-macht-a-881579.html

Grund 55: www.m.apotheken-umschau.de/Sport/So-gesund-ist-Tanzen-503769.html
www.menschenswetter.de/editorial_articles/show/501/tanzen-hilft-gegen-stress-und-depressionen

Grund 56: www.karrierebibel.de/tanzen-lernen-intelligent/

Grund 60: www.medizinpopulaer.at/archiv/bewegung-fitness/details/article/tanzen-10-triftige-gruende-fuer-den-wiegeschritt.html

Grund 63: www.gesuendernet.de/gesundheit/koerper-a-geist/item/155-knackende-gelenke-ungesund?.html
Liane Simmel: Tanzmedizin in der Praxis: Anatomie, Prävention, Trainingstipps. Henschel Verlag, 2009 (Seite 44)

Grund 65: persönliche Mitschriften aus Workshops und Seminaren.

Grund 66: www.de.m.wikipedia.org/wiki/Rhythm_Is_It!

Grund 68: Amelie Soyka: Tanzen und tanzen und nichts als tanzen. Aviva Verlag, 2004

Grund 69: www.conny-fritsche.de/wissenswertes-ueber-tanzen-und-taenze/tanzarten-und-tanzstile.htm
www.de.m.wikipedia.org/wiki/Tanzverbot

Grund 71: www.m.spiegel.de/spiegel/evolutionsbiologie-warum-menschen-so-gerne-tanzen-a-1193003.html

Grund 79: www.de.m.wikipedia.org/wiki/Volkstanz
Grund 80: www.swr.de/naturwunder/thema-9-experiment-tanzen/-/id=1223312/did=4114338/nid=1223312/wtxbh3/index.html
Grund 81: www.de.m.wikipedia.org/wiki/Laban-Bewegungsstudien
Grund 83: www.en.m.wikipedia.org/wiki/World_of_Dance
Grund 86: www.welt.de/gesundheit/psychologie/article9457381/Wie-Maenner-tanzen-sollten-um-Frauen-rumzukriegen.html
www.spiegel.de/spiegel/evolutionsbiologie-warum-menschen-so-gerne-tanzen-a-1193003.html
Grund 88: www.de.m.wikipedia.org/wiki/Brautwalzer
Grund 90: www.karrierebibel.de/lacheln/
Grund 94: www.abenteuer-universum.de/einstein/raum.html
Grund 97: www.tanz-lehrer.com/takt-und-rhythmus-im-tanzsport/
Grund 99: Liane Simmel: Tanzmedizin in der Praxis: Anatomie, Prävention, Trainingstipps. Henschel Verlag, 2009 (Seiten 220-221)
Grund 106: www.m.spiegel.de/spiegel/evolutionsbiologie-warum-menschen-so-gerne-tanzen-a-1193003.html

Fußnoten

1 www.scinexx.de/news/biowissen/tanzen-liegt-menschen-im-blut/ (05.12.2018)

2 www.entertainment.unitymedia.de/10-beste-tanzfilme-aller-zeiten/ (05.12.2018)

3 www.bundesregierung.de/breg-de/aktuelles/kreativitaet-macht-kinder-stark-326570 (05.12.2018)

4 www.spiegel.de/wissenschaft/natur/tanzender-seeloewe-tiere-besitzen-gefuehl-fuer-rhythmus-a-953714.html (05.12.2018)

5 www.spiegel.de/spiegel/evolutionsbiologie-warum-menschen-so-gerne-tanzen-a-1193003.html (05.12.2018)

6 www.medizinpopulaer.at/archiv/bewegung-fitness/details/article/tanzen-10-triftige-gruende-fuer-den-wiegeschritt.html (05.12.2018)

7 www.apotheken-umschau.de/Sport/So-gesund-ist-Tanzen-503769.html (05.12.2018)

8 www.spiegel.de/gesundheit/ernaehrung/wie-tanzen-als-medizin-wirkt-und-gluecklich-macht-a-881579.html (05.12.2018)

9 www.en.m.wikipedia.org/wiki/World_of_Dance (05.12.2018)

10 www.abenteuer-universum.de/einstein/raum.html (05.12.2018)

11 www.spiegel.de/spiegel/evolutionsbiologie-warum-menschen-so- gerne-tanzen-a-1193003.html (05.12.2018)

MILF-MÄDCHENRECHNUNG

WIE SICH FRAUEN HEUTE ZWISCHEN FUCKABILITY-ZWANG UND KINDERSTRESS AUFREIBEN

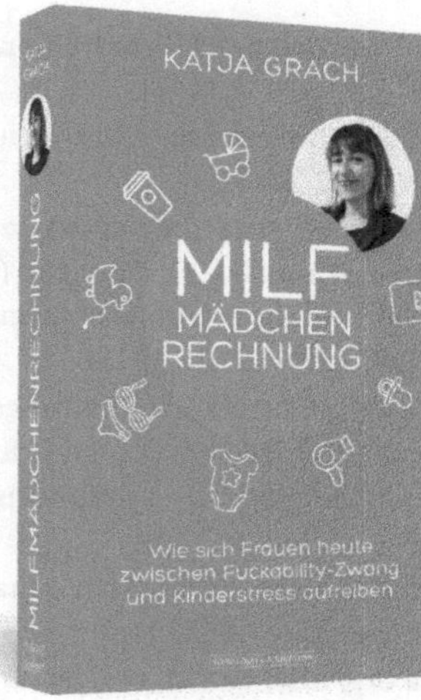

MILF-MÄDCHENRECHNUNG
WIE SICH FRAUEN HEUTE ZWISCHEN FUCKABILITY-ZWANG UND KINDERSTRESS AUFREIBEN
Von Katja Grach
256 Seiten, Klappenbroschur
ISBN 978-3-86265-697-4 | Preis 14,99 €

So schmeichelhaft die Bezeichnung MILF (Mother I'd like to fuck) für manch eine sein mag, die gerade erst Schwangerschaftshängebauch und Spuckflecken auf der Schulter überwunden hat, so bitter ist ihr Nachgeschmack.

Nicht erst seit gestern mischen Kirche, Politik und Wirtschaft ordentlich mit, wenn es um weibliche Selbstbestimmung über Sexualität und Mutterschaft geht. Heute passiert die Sache nur viel subtiler als zu Zeiten der Hexenverbrennung. Katja Grach hat sich mit der Entstehung des Begriffes »MILF« als kulturelles Gütezeichen auseinandergesetzt und zeigt auf, wo sich die Grenzen zwischen Pop- und Pornokultur immer stärker vermischen.

Die Autorin will endlich mit den alten Klischees und Vorurteilen aufräumen und geht der Frage nach, wo für Frauen heute gesellschaftlicher Zwang beginnt und persönliche Freiheit endet.

WWW.SCHWARZKOPF-SCHWARZKOPF.DE

DER WAHNSINN UND SEINE GEFÄHRTEN

WENN VATER STERBEN MUSS UND MUTTER STERBEN WILL: VON KREBS, DEPRESSIONEN UND ANDEREN WEGEN DER ZERSTÖRUNG. EINE FAMILIENTRAGÖDIE.

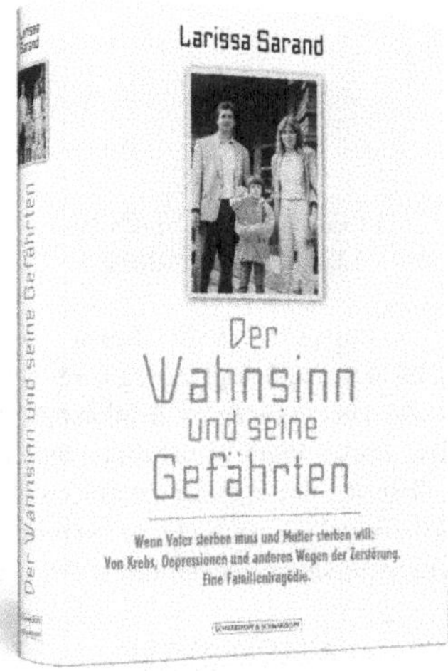

DER WAHNSINN UND SEINE GEFÄHRTEN
WENN VATER STERBEN MUSS UND MUTTER STERBEN WILL: VON KREBS, DEPRESSIONEN UND ANDEREN WEGEN DER ZERSTÖRUNG. EINE FAMILIENTRAGÖDIE.
Von Larissa Sarand
224 Seiten, Klappenbroschur
ISBN 978-3-86265-703-2 | Preis 14,99 €

Larissa Sarands Mutter ist ebenso plötzlich wie schwer psychisch erkrankt. Woran genau sie leidet, kann nie geklärt werden. So sehen sich Larissa und ihr Vater hilflos den Wahnvorstellungen und Wahrnehmungsstörungen ihrer immer aggressiver werdenden Mutter und Ehefrau ausgeliefert, die bald ihren ersten Suizidversuch unternimmt.

Kurz danach wird bei ihrem Vater ein unheilbares Krebsleiden diagnostiziert. Fortan spielt der Tod die zentrale Rolle im Leben aller Beteiligten: Die Mutter will sterben, der Vater muss sterben, und Larissa versucht verzweifelt, beides zu verhindern.

Irgendwann wird Wahnsinn für die Familie zur Normalität. Mutter, Vater und Tochter unterhalten sich am Esstisch mit der gleichen Selbstverständlichkeit über Selbstmord und Sargholz, wie andere Leute über das Wetter plaudern. Die Katastrophe ist unabwendbar.

WWW.SCHWARZKOPF-SCHWARZKOPF.DE

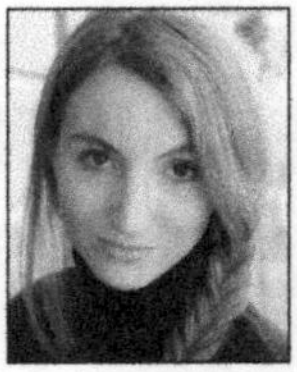

LISA BALES, 1990 in München geboren, tanzte schon seit ihrer frühesten Kindheit mit Begeisterung. Ihre Liebe zum Schauspiel entdeckte sie als Teenager. Seit ihrer Ausbildung zur Tanzpädagogin und Schauspielerin ist sie als Dozentin tätig, spielt an diversen Bühnen Theater und genießt es, im Synchronstudio oder vor der Kamera zu stehen. Mit 111 GRÜNDE ZU TANZEN feiert sie ihr Debüt als Autorin. *www.lisabales.de*

Lisa Bales
111 GRÜNDE ZU TANZEN
Eine Liebeserklärung

ISBN 978-3-86265-769-8

BILDNACHWEIS
Titelfoto: © Wisky/stock.adobe.com | Kapitel 1: © SvetaOrlova; Kapitel 2: © inspiring.vector.gmail.com; Kapitel 3: © epic22; Kapitel 4: © MoniQcCa; Kapitel 5: © DepositNovic; Kapitel 6: © marzolino; Kapitel 7: © everett225; Kapitel 8: © lorabarra; Kapitel 9: © AleksaD; Kapitel 10: © Elnur_; Kapitel 11: © AllaSerebrina. Alle Bilder im Buch: © depositphotos.com, außer Kapitel 8: © stock.adobe.com

VERLAG
Schwarzkopf & Schwarzkopf Verlag GmbH
Kastanienallee 32, 10435 Berlin
Telefon: 030 – 44 33 63 00
Fax: 030 – 44 33 63 044

INTERNET | E-MAIL
www.schwarzkopf-schwarzkopf.de
www.facebook.com/schwarzkopfverlag
info@schwarzkopf-schwarzkopf.de